Emmanuel Cauchy

SOS IM HOCHGEBIRGE

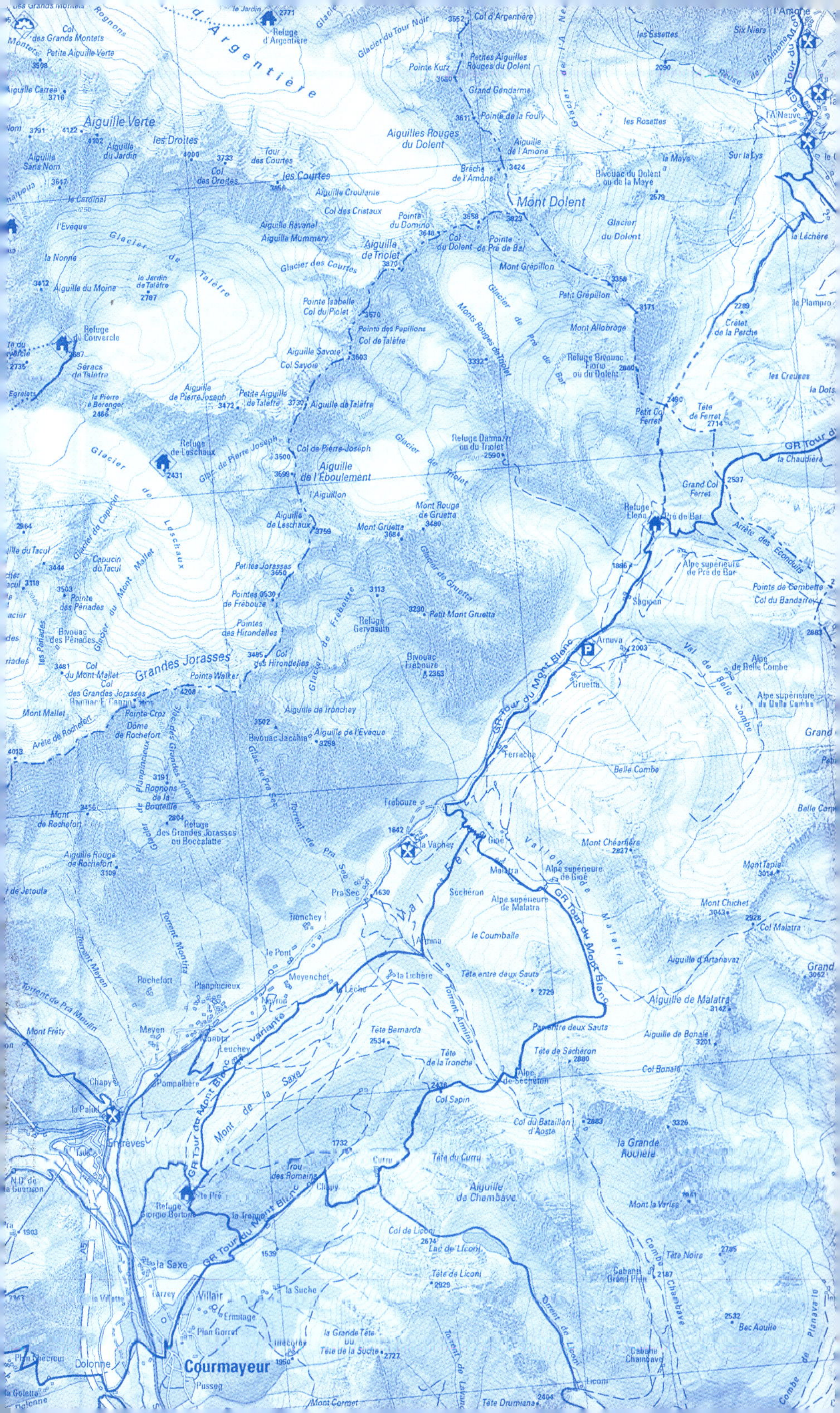

Glacier d'Argentière
le Jardin
2771
Refuge d'Argentière
Col des Grands Montets
Petite Aiguille Verte
Aiguille Carrée
Aiguille Verte
les Droites
Aiguille Sans Nom
Aiguille du Jardin
Tour des Courtes
Col des Droites
les Courtes
le Cardinal
l'Evêque
Glacier de Talèfre
la Nonne
Aiguille du Moine
le Jardin de Talèfre
Refuge du Couvercle
Séracs du Talèfre
la Pierre à Bérenger
Glacier du Tour Noir
Col d'Argentière
Petites Aiguilles Rouges du Dolent
Pointe Kurz
Grand Gendarme
Pointe de la Fouly
Aiguilles Rouges du Dolent
Aiguille de l'Amône
Brèche de l'Amône
Mont Dolent
Aiguille Croulante
Col des Cristaux
Aiguille Ravanel
Aiguille Mummery
Glacier des Courtes
Pointe du Domino
Aiguille de Triolet
Col du Dolent
Pointe de Pré de Bar
Mont Grépillon
Glacier du Dolent
Petit Grépillon
Mont Allobroge
Pointe Isabella
Col du Piolet
Pointe des Papillons
Col de Talèfre
Aiguille Savoie
Col Savoie
Monts Rouges du Triolet
Glacier de Pré de Bar
Refuge Bivouac Fiorio ou du Dolent
Bivouac du Dolent ou de la Maye
la Maye
Sur la Lys
les Essettes
Six Niers
l'A Neuve
les Rosettes
Reuse de l'Amône
GR Tour du Mont Blanc
la Léchère
le Plampro
Crêtet de la Perche
les Creuses
la Dotse
Petit Col Ferret
Tête de Ferret
la Chaudière
Grand Col Ferret
Refuge Elena
Pré de Bar
Arrête des Econduits
Alpe supérieure de Pré de Bar
Pointe de Combette
Col du Bandarray
Aiguille de Pierre Joseph
Petite Aiguille de Talèfre
Aiguille de Talèfre
Refuge de Leschaux
Glacier de Pierre Joseph
Col de Pierre-Joseph
Aiguille de l'Eboulement
l'Aiguillon
Glacier de Triolet
Refuge Dalmazzi ou du Triolet
Mont Rouge de Gruetta
Glacier de Leschaux
Glacier du Capucin
Capucin du Tacul
Aiguille de Leschaux
Mont Gruetta
Glacier de Gruetta
Petites Jorasses
Pointes de Frébouze
Pointes des Hirondelles
Glacier de Frébouze
Refuge Gervasutti
Petit Mont Gruetta
Bivouac Frébouze
Pointes des Périades
Bivouac des Périades
Glacier du Mont Mallet
Grandes Jorasses
Col du Mont Mallet
Col des Grandes Jorasses
Bivouac E. Canzio
Pointe Walker
Col des Hirondelles
Aiguille de Tronchey
Mont Mallet
Pointe Croz
Dôme de Rochefort
Arête de Rochefort
Bivouac Jacchia
Aiguille de l'Evêque
Glacier de Planpincieux
Glacier des Grandes Jorasses
Glacier de Pra Sec
Rognons de la Bouteille
Torrent de Pra Sec
Mont de Rochefort
Refuge des Grandes Jorasses ou Boccalatte
Aiguille Rouge de Rochefort
Frébouze
la Vachey
Arnuva
Gruetta
Val de Belle Combe
Alpe de Belle Combe
Alpe supérieure de Belle Combe
Ferrache
Belle Combe
Val Ferret
Gioé
Vallon de Malatra
Mont Chéarfière
Alpe supérieure de Gioé
Malatra
Séchéron
Alpe supérieure de Malatra
Pra Sec
Tronchey
Armina
le Coumballe
Mont Tapie
Mont Chichet
Col Malatra
Aiguille d'Artanavaz
le Pont
Torrent Montita
Torrent Meyen
Rochefort
Planpincieux
Meyenchet
la Lichère
Tête entre deux Sauts
Pas entre deux Sauts
Aiguille de Malatra
Aiguille de Bonalé
Torrent de Pra Moudin
Mont Fréty
Meyen
Leuchey
variante
Tête Bernarda
Torrent Armina
Tête de la Tronche
Tête de Séchéron
Alpe de Séchéron
Col Bonalé
Chapy
Pompalliere
Mont de la Saxe
Col Sapin
la Palud
Entrèves
Col du Bataillon d'Aoste
la Grande Rochère
Tête du Curru
N.D. de la Guérison
Trou des Romains
Curru
Refuge Giorgio Bertone
le Pré
la Trappe
Aiguille de Chambave
Mont la Varisa
Col de Liconi
Lac de Liconi
Tête Noire
la Saxe
la Suche
Tête de Liconi
Cabane Grand Plan
Combe Chambave
Villair
Ermitage
Plan Gorret
la Villette
la Grande Tête du Tête de la Suche
Torrent de Liconi
Bec Aoulie
Plan Chécrouit
Dolonne
Courmayeur
Pusseg
Cabane Chambave
Mont Cormet
Tête Drumiana
Liconi
Combe de Planaval

Emmanuel Cauchy

SOS IM HOCHGEBIRGE

Meine spannendsten Einsätze mit der Bergrettung

Aus dem Französischen
von Gaby Funk

MALIK

Die französische Originalausgabe erschien 2005 unter dem Titel »Docteur Vertical. Mille et un secours en montagne« bei Glénat in Grenoble.

ISBN 978-3-89029-334-9

Fotos: Archiv Emmanuel Cauchy
Karte: Institut Géographique National, Paris
Satz: Satz für Satz. Barbara Reischmann, Leutkirch
Druck und Bindung: Ebner & Spiegel, Ulm
Printed in Germany

www.malik.de

Für Jacotte, meine Mutter, und Jean-Pépé »Seewolf«,
meinen Vater, dem das Boot gehörte, das ich versenkt habe.
Für Cécile, Pierrot, Alix und Khando.
Für Grand Chef.
Und für Don Quichotte!

Inhalt

Vorwort 9

1. Teil **Erinnerungen**

Als ich klein war … 19
Die erste Ohrfeige 24
»Unter den Farben der Fahne« 33
Crampon Cassepipe 40

2. Teil **Winter**

Der Notar aus Puy-de-Dôme 51
Bernie 66
Dropping Zone 73
Paris 85
Die Schweizer 89
Der Tscheche am Tacul 106
Jamie 118
Mike 125
Jarvis 132
Khando will bleiben 147

3. Teil **Sommer**

Rob 152
Gervasuttipfeiler, Freitag 155
Unterkühlte am Montblanc 160
Der Tote lebt 165
Erinnerungen aus dem Dolpo 173
Gervasuttipfeiler, Samstag 189
Im Handy-Zeitalter 197
Eisberg 204
Berufung 206
Gervasuttipfeiler: Das Ende der armen Teufel 210
Schlangenbiss 215
Hitzewelle 235
SMUR 256
Nachtwache 265
Den Kopf voller Ideen 268
Durchkreuzte Pläne 269
Micky 271
Stania 277
Brenva 282
Die große weiße Hand 284
Arnold 287
Am Leben 290
Eine große Klinik ist nicht alles 297
Clocheton 304

Epilog 315

Vorwort

Dieses Buch ist eine Fiktion, die auf Tatsachen beruht. Es ist ein autobiografisches Buch, das ich meinen Arbeitskollegen widme, von denen sich die meisten hier leicht wiedererkennen werden. Ich hoffe, dass sie meinen kühnen Versuch mit dem Schreiben dieses Buches nur als Ausdruck meiner tiefen Freundschaft verstehen und dass sie bei den Geschichten, die ich erzähle, jene großen Momente des Kämpfens noch einmal erleben, die uns in der Not vereint haben.

Ob davongekommen oder nicht – den Respekt, den ich jenen zolle, die mir den Stoff geliefert haben, um von diesen Rettungseinsätzen zu berichten, ist grenzenlos. Alle haben sie in mir den Wunsch reifen lassen, mich auf diesem Wege dafür einzusetzen, dass unser Beruf Anerkennung findet. Dieses Buch ist eine Hommage an alle, die ihr Leben dem Rettungsdienst gewidmet haben und dabei umgekommen sind, und an jene Freunde, die praktisch vor meinen Augen in den Bergen verschwunden sind.

1. Teil

Erinnerungen

Ein Uhr dreißig ... Wieder einmal bin ich sofort eingeschlafen und mitten in der Nacht aufgewacht, weil sich die Gedanken in meinem Kopf überschlugen. Ich habe heiße Füße.

Eingewickelt in mein kirgisisches Nachtgewand aus rotem Samt schleiche ich leise ins untere Stockwerk hinab, um mich in meinem Büro zu verkriechen. Nur das Knarren der Dielen verrät meine Flucht. Der Kampf um dieses Zimmer ist derzeit hart, die Kinder versuchen mit allen Mitteln, es mir wegzunehmen. Ich stolpere über ein Lego-Raumschiff, das auf dem Boden liegt. Wenn sie doch wenigstens ihre Sachen aufräumen würden!

Wieder einmal verfluche ich die ständigen nächtlichen Bereitschaftsdienste, die ich seit vielen Jahren habe. Dies und die Zeitverschiebung verpfuscht einem den Tag-und-Nacht-Rhythmus für den Rest des Lebens! Ich schwöre, dass ich, wenn ich mal vierzig bin, alles dransetzen werde, um tagsüber zu leben.

Ich hatte mich voll und ganz meiner Berufung verschrieben, an die ich sehr lange geglaubt habe, aber, wie bei so vielen, hat auch mich die Arbeit schließlich geschafft. Inzwischen zweifle ich oft an meiner Wahl.

Ich schaue aus dem Fenster Richtung Bourgeat. Der Mond ist fast voll, weiß und kalt. Die Gletscherkappe des Dôme du Goûter schimmert hoch über dem Taconnazgletscher in einem metallisch tiefblauen Himmel. Diese Landschaft aus Fels und Eis, die sowohl durch ihre Weite als auch durch ihre Aura beeindruckt, ist der einzige Grund dafür, dass ich meinen Beruf noch immer lieben kann. Das Montblanc-Massiv hat mich voll im Griff.

In dieser Nacht spukt mir Khando im Kopf herum. Khando ist ein Mädchen aus dem Dolpo, einer Region im Nordwesten von Nepal, das wir mehr oder weniger adoptiert haben. Sie nimmt seit einiger Zeit viel Platz in meinen Gedanken ein. Ich schalte den Computer ein, um den etwas naiven Brief noch einmal zu lesen, den ich an die Französische Botschaft in Nepal geschickt habe. Ich muss mir endlich Klarheit verschaffen über diese ganze Geschichte. Dieses Dolpo-Kind, von dem wir nicht einmal genau wissen, wie alt es ist, hat unser wohlgeordnetes Leben in letzter Zeit durcheinandergebracht. Es ist fast so, als ob jemand sie uns ganz bewusst in den Weg gestellt hätte, damit sie eine neue Familie findet. Die berühmte Berufung, die generell jenen zugesprochen wird, die im medizinischen Bereich tätig sind, hat uns auch ein wenig dazu gezwungen, ihr zu helfen.

Während ich mein Schreiben lese, kann ich mir nur schwer vorstellen, dass eine solche Geschichte einen Diplomaten noch erschüttert. Angelegenheiten dieser Art muss er zuhauf kennen.

»An den Konsul der Französischen Botschaft, Kathmandu: Nepal ist ein attraktives Land für einen, der die Berge liebt. Ich lebe schon lange in Chamonix und bin Bergretter von Beruf.

Ich weiß, dass im Himalaja die Bergrettung nicht ganz einfach ist und dass kaum Mittel dafür zur Verfügung stehen. Vor einigen Jahren habe ich in diesem Land eine Geschichte erlebt, die mich berührt hat.

Ich hatte drei Monate im oberen Dolpo verbracht, wo ich als Arzt beim Dreh eines Films über die Salzkarawanen beschäftigt war. Meine Frau hatte mich während der letzten beiden Wochen meines Aufenthaltes besucht, und wir wollten zusammen nach Kathmandu zurück, als Tinle, der Hauptdarsteller des Films, mich bat, seiner Enkelin zu helfen, die in Dunai im Sterben lag. Khando, so heißt das Mädchen, hatte eine Tuberkulose des Magen-Darm-Trakts. Sie wollte nichts mehr essen und hatte sich aufgegeben. Sie war ernsthaft unterernährt und von Parasiten befallen.

Wir pflegten sie, so gut wir konnten, dann brachten wir sie in die nepalesische Hauptstadt, wo sie ins Krankenhaus eingeliefert wurde. Nach ihrer Entlassung wurde sie einer Tibeterin aus Kathmandu anvertraut, der wir jährlich Geld für ihre Verpflegung und Schulausbildung schicken.

Ich habe Khando bei meinen Reisen nach Nepal mehrmals wiedergesehen. Gesundheitlich geht es ihr gut, ihre Mutter ist jedoch tot und ihr Vater ist verschwunden. Wir möchten, dass sie nach Frankreich kommt. Sie würde sehr gerne kommen, und ihr Großvater wünscht das auch, da er sich im Dolpo nicht mehr um sie kümmern kann. Khando selbst legt keinen Wert darauf, ins Dolpo zurückzukehren.

Letztes Jahr haben wir den offiziellen Antrag auf Einschulung in unserem Land gestellt. Dank unserer Freunde in Nepal sind alle Papiere in Ordnung: Visum, Reisepass und Genehmigung des gesetzlichen Erziehungsberechtigten liegen vor. Wir haben auch alle erforderlichen Schritte unternommen, um sie in Frankreich zu empfangen. Wir glauben, dass es möglich wäre, dass sie während des Schuljahres bei uns lebt und in den Ferien nach Nepal zurückkehrt. Diesen Winter würden wir sie gerne eine Weile zu uns einladen, damit sie sehen kann, ob ihr das Leben fern von ihrer Heimat gefällt.

Leider verläuft nichts wie erhofft. Nepal steckt voller Überraschungen: Bei der Ausreise wurde Khando zweimal mehr oder weniger grundlos abgewiesen, zweifellos in Erwartung der gewohnten Schmiergelder.

Sehr geehrter Herr Konsul, wir haben alles versucht, und die Papiere sind in Ordnung. Vielleicht könnte uns Ihre Unterstützung helfen. Ich bin überzeugt davon, dass alle Probleme beseitigt wären, wenn es möglich wäre, Khandos Visum um einen Monat zu verlängern und sie bei der Ausreise durch eine Begleitperson zu unterstützen. Der nächste Flug ist jetzt am 19. Januar geplant. Khando wird von Norbu, einem Maler aus dem Dolpo, begleitet, der seine Werke regelmäßig in Frankreich ausstellt. Auf Ihre wertvolle Hilfe hoffend, verbleibe ich mit freundlichen Grüßen.«

Das Kinn in die Hand gestützt, denke ich nach. Seit fünfzehn Tagen versuche ich mit aller Macht eine Lösung zu finden, damit diese Geschichte ein gutes Ende findet. Ich will keinen Rückzieher machen. Das wäre zu leicht. Ich kann Khando nicht einfach ihrem Schicksal überlassen.

Man wird plötzlich von Emotionen überwältigt und von einem Gefühl der Solidarität angetrieben. Jeder sagt einem, die Idee sei genial … Die Kleine ist wirklich rührend. Man wird schwach, weil man in einem »exotischen« Land ist und fern der Zwänge unserer westlichen Zivilisation. Und weil man die notdürftig und kunterbunt gekleideten nepalesischen Kinder vor sich hat, mit ihren schmutzigen, lachenden Gesichtern und den Nasen voller Rotz. Dann steigt man ins Flugzeug, und wenn es später dann darum geht, sich nach ihnen zu erkundigen, die Schule zu bezahlen, Kleider zu schicken und das fortzusetzen, was man zu tun beschlossen hatte, lässt die Motivation nach.

Eine Adoption schien uns keine ideale Lösung zu sein. Khando fühlte sich in Kathmandu offenbar wohl. Die meisten Kinder der Mount Kailash High School, in der wir sie eingeschrieben hatten, waren Tibeter. Sie hatte dort Freunde gefunden, und eine ihrer Tanten kümmerte sich während der Ferien um sie. Dennoch hatte sie mir mitgeteilt, dass sie uns sehr gerne wiedersehen würde. Für sie war ich zum

Vater geworden, den sie nicht hatte. Und für mich war es Ehrensache, dass ich eine stärkere und bessere Beziehung aufbauen wollte als eine einfache Patenschaft. Ich wollte durchhalten. Bisher hatte ich in meinem Leben nichts für andere getan, außer sie medizinisch zu behandeln. Einen Briefumschlag an Amnesty International oder an Reporter ohne Grenzen zu schicken ist nicht mein Ding. Ich brauche den direkten Kontakt und muss mich völlig für etwas einsetzen. Khando zuliebe wollte ich der Sache voll und ganz gewachsen sein.

Gestern bin ich allein von Paris zurückgekommen. Ich habe die Hin- und Rückfahrt an einem Tag vergebens gemacht. Dank Anne, einer französischen Freundin, die in Kathmandu lebt, hatten wir alle erforderlichen Papiere zusammen, damit Khando für einen Monat nach Frankreich kommen kann. Es wäre so wichtig gewesen, dass sie Alix und Pierrot kennenlernt. Ich freute mich darauf, sie alle zusammen zu sehen. Das Aufeinandertreffen von zwei so verschiedenen Kulturen ist in diesem Alter eine sehr wichtige Erfahrung.

Khando sollte um 16.30 Uhr mit den Royal Nepal Airlines ankommen. Am Abend davor hatte mir Anne aus Nepal noch bestätigt, dass alles in Ordnung sei. Aber was heißt schon Ordnung in einem korrupten Land, in dem alles mit Bakschisch geregelt wird? Um 17.15 Uhr beobachtete ich, wie die Passagiere des Flugs den letzten Zollposten bei der Einreise in Roissy passierten. All diese Gesichter unterschiedlichster Herkunft, all diese Männer und Frauen, die ihre Eltern oder Freunde umarmten – aber keine Khando. Colette sah mich schließlich zuerst. Den Tränen nahe kam sie auf mich zu. Khando war nicht bei ihr. Als Nepalfan und Leiterin einer Organisation, für die sie sehr oft dorthin reisen muss, hatte Colette Anne vorgeschlagen, sich bis Paris um Khando zu kümmern und ihr bei eventuellen Schwierigkeiten mit den Behörden zu helfen. Aber es war ihr nicht gelungen. Unter dem Vorwand, dass ein Dokument fehle, hatte ein Zöllner versucht, Schmiergeld zu bekommen. So ein Mist! Colette hatte sich aufgeregt, wollte sich aber nicht erpressen lassen. Der Kerl war verärgert, also musste Khando in Kathmandu bleiben. Mit der Puppe im Arm, die wir ihr geschickt hatten, und ihrem kleinen rosafarbenen Rucksack hatte sie sich hingesetzt und geweint.

Als ich klein war ...

Als ich klein war, wollte ich Tierarzt werden. Ich liebte Tiere, und abgesehen von zwei oder drei Kötern, die mich in die Waden gezwickt hatten, mochten die Tiere auch mich. Ich sammelte alle kranken Tiere ein, sogar jene im Endstadium, und verabreichte ihnen Aspirin, ohne die jeweils tödliche Dosis zu kennen. Nur wenige haben überlebt!

Zusammen mit meinem Vater hatte ich in einer Ecke des Esszimmers einen Käfig für die Aufzucht von Wachteln gebaut. Es ist kaum zu glauben, wie diese Tiere stinken. Wenn sie wenigstens pfeifen könnten – aber nein. Sie können ja nicht einmal richtig fliegen. Überall waren Federn und Kies, außer im Käfig selbst. Ich habe den Verdacht, dass meine Mutter am Vergiften der Tiere beteiligt war.

Selbstverständlich habe ich Fernsehserien verschlungen wie »Daktari« mit Clarence, dem sympathischen Löwen, der schielte. Es gab auch die Sendung »Flipper« mit dem Delfin, der genauso schaute wie mein Lehrer in Gemeinschaftskunde, aber viel gewitzter war als er.

Nachdem ich mühsam die Stufen zum französischen Abitur bewältigt und dabei auch die nicht zu umgehende Selektion kennengelernt hatte, die den Zugang zur Tiermedizinischen Fakultät regelt, beschloss ich, bescheiden zu sein und mich um die Behandlung der menschlichen Spezies zu kümmern. Da ich eher praktisch als intellektuell veranlagt war, hatte ich die Chirurgie ins Auge gefasst, zumal mein Onkel, der diesem Beruf nachging, scheinbar sehr zufrieden damit war, in den Innereien seiner Patienten zu wühlen.

Ich schaffte mein Abi knapp beim ersten Versuch und die Zulassungsprüfung für Medizin beim zweiten – zur Überraschung meiner Eltern, die mich eher als Profi-Fußballer sahen.

Um mit dem Chaos klarzukommen, das aus unverdaulichen Vorlesungsskripten entstand, die in der Beschränktheit meines Gehirns steckenblieben, reagierte ich meine Energie beim Segeln ab. Von frühester Kindheit an mit dem Segeln vertraut, war ich im Grunde meines Herzens Seemann. Ich kreuzte in den kalkhaltigen Gewässern des Ärmelkanals auf der Suche nach gesalzenen Abenteuern. Vielleicht hatte ich ein wenig zu viel Selbstvertrauen, das mich auch dazu brachte, die Leinen zu lösen und andere Felsmassive aufzusuchen als die Klippen der Normandie.

Eines Tages, als ich meinen besten Freund Michel und seinen Bruder an Bord nahm, um vor Cabourg zu segeln, wäre ich fast ertrunken.

Der ersten Gischt trotzend, hatten wir uns einige Seemeilen von der Küste entfernt. Wir segelten hart am Wind. Das knapp fünf Meter lange Boot meines Vaters schoss durch die stürmische See. Immer mehr Schaumkronen bildeten sich und klatschten gegen den Rumpf. Zugegeben: Das Boot war nicht gerade das neueste. Der Bruder meines Freundes hatte nicht viel Ahnung vom Segeln, aber er war stark und vor allem wahnsinnig lustig. So beschlossen wir, ihn für seine Seemannstaufe ans Trapez zu hängen. Das bedeutete, dass wir ihn als Gegengewicht zur Krängung des Boots in einem Gurt an einem der Stützstahlseile des Mastwerks befestigten. Da er kein standfester Seemann war, flog er bei jeder Welle umher und bekam wahre Berge von Wasser ins Gesicht.

Etwas abgelenkt durch dieses Herumalbern, fiel mir erst nach einer Stunde Segeln auf, dass sich das Boot eher mit

Wasser füllte, als dass es sich leerte, und dass es ungewöhnlich tief im Wasser lag. Das Ausschöpfen des Wassers half auch nicht, da wir mehr Wasser aufnahmen als rausschöpfen konnten. Die Küste war weit entfernt. Die Stimmung war längst im Keller.

Das Wendemanöver, das uns auf Kurs Richtung Küste bringen sollte, machte alles noch schlimmer, und das Boot begann langsam zu sinken. Während ich im Geiste die technischen Argumente durchging, wonach moderne Materialien angeblich das Sinken des Bootes verhindern, dachte ich, dass die einzige Möglichkeit, dieses Boot zu entleeren, nur noch darin bestand, es umzudrehen. Das war auch die einzige Chance, der Küstenwache, die dieses Gebiet überwachen sollte, zu signalisieren, dass wir ein Problem hatten.

Von wegen! Nach einer halben Stunde war noch immer niemand zu sehen. Die Schlafmützen, die hier zuständig waren, zogen sich wohl sämtliche Zeitungen der Woche rein – und zwar nicht nur die fetten Überschriften.

Meine zwei Kumpel, die beide sehr gute Schwimmer waren, brachen schließlich im Kraulstil Richtung Küste auf, während ich die Regel befolgte, dass ein Kapitän sein Schiff niemals verlässt: Ich klammerte mich an einem Schot fest und wartete auf die Rettung, an die ich noch glaubte.

Zwanzig Minuten später war ich bis zum Hals im Wasser, nur das Hinterteil der Jolle ragte noch wie ein Eisberg aus dem Wasser. Ich plantschte herum, da ich sehr fror. Dann kletterte ich auf den Rumpf, um über die Wellenberge hinwegzuspähen. Mit gefährlichen Verrenkungen konnte ich sie schließlich entdecken: Meine Kumpel waren nur 200 Meter von mir entfernt! Die Rettungswesten, die Strömung, die Wellen – alles bremste sie aus.

Ich ließ mich wieder ins Wasser fallen. Plötzlich fiel mir ein, dass mich das Boot zweifellos mitreißen würde, wenn es sank. Ich musste da weg.

Ich schwamm, stundenlang. Ich hatte zwar meinen Rhythmus gefunden, kam aber nicht voran. Dabei vermied ich es, mir zu viele Fragen zu stellen, die Realität war aber nicht zu verkennen: Die Erschöpfung würde mich irgendwann in die Tiefe ziehen. Ich erahnte die Abgründe, die sich mit mehreren Hundert Meter schwarzen Wassers unter meinem Bauch auftaten. Ich geriet in Panik: Es war genauso schwindelerregend, wie wenn man über einem Abgrund hängt.

Motorengeräusche und Rufe unterbrachen meine Agonie. Meine beiden Freunde waren an Bord eines Zodiac-Schlauchboots, das sie entdeckt hatte. Sie suchten mich. Ich werde nie wissen, auf welch wundersame Weise sie es geschafft hatten, mich zu finden.

Kein Boot mehr, der Vater wütend – ein neues Kapitel begann.

Ich beschloss, mich den Bergen zu widmen.

Ich bin schon früh auf den Geschmack gekommen. Im Alter von drei Jahren hatte man mich auf Skier gestellt. Die einzige Erinnerung, die ich an diese Zeit habe, ist die, dass ich jeden Abend gebrüllt habe, wenn man mir die vereisten Schnürsenkel dieser verdammten Lederskischuhe öffnete.

Im Alter von fünf Jahren hatte man mir das erste Sternchen, das erste Leistungsabzeichen, verweigert. Ich habe mir damals geschworen, nie wieder einen Skikurs zu machen. Da niemand fähig war, das Potenzial eines Champions in mir zu erkennen, kaufte ich mir Rossignol Stratos und entwickelte meine eigene Technik!

Jeden Winter herrschte kurz vor Ferienbeginn dieselbe Hysterie: Mit der Nähmaschine meiner Mutter hatte ich mir einen James-Bond-Skianzug aus schwarzem Stretch genäht. Zur Vervollständigung der Ausrüstung lieferte ich mir dann mit meinem Kindheitsfreund Damien Wettbewerbe im Stricken. Die Abende am Ofen des Bauernhofes im Herzen von Champsaur waren heilig: Wir strickten Socken sowie eine Auswahl an Schals.

Schon früh fingen wir mit Skitouren an. Von der Lust an der Anstrengung betäubt wie Zombies und mit den Köpfen voller Pulverschnee kehrten wir von den Ferien heim, und dann vermissten wir den Winter bis zum Beginn des nächsten.

Die Jahre vergingen, teils auf den Bänken der medizinischen Fakultät von Rouen, die mir schließlich den Studienabschluss in klinischer und therapeutischer Medizin überließ. Das öffnete mir die Tür zur Ausbildung als Assistenzarzt und bot mir vor allem die Möglichkeit, mich in der Umgebung von Grenoble zu bewerben.

Ich hatte mit meinem besten Freund Michel mehr Zeit beim Klettern in den Kalkfelsen der Normandie verbracht als damit, die ungenießbaren Skripte meiner Vorlesungen durchzuackern. Angetrieben vom selben Elan und inspiriert vom selben Projekt zog es uns zum Genfer See, wo wir unser erstes Klinikpraktikum im Krankenhaus von Evian absolvierten.

Die erste Ohrfeige

Alles oder nichts, durchkommen oder umkommen! Das sagt man gewöhnlich, wenn man jene Verrückten sieht, die das Schicksal beim Hinabsurfen durch furchterregende Hänge herausfordern. Sie sind meist jung, wild entschlossen und nehmen jedes Risiko in Kauf. Die härtesten Routen, für deren Bewältigung eine Seilschaft von sehr erfahrenen Bergführern früher mehrere Tage benötigte, gelingen heutzutage den jungen Wunderknaben, die bereits im Grundschulalter mit einem intensiven Training begonnen haben, in wenigen Stunden. Die Gefahren sind zwar dieselben geblieben, aber da man lieber von denen redet, die es geschafft haben, als von denen, die dabei ums Leben gekommen sind, wird einem das oft erst recht spät bewusst. Meist sogar erst dann, wenn man selbst Kinder hat, die dieselben Dummheiten machen.

Ich darf dazu nichts sagen, ich war genauso wie sie. Ich habe überlebt, aber mehrmals war's knapp. Und zwar so knapp, dass ich heute denke, dass es zwischen »alles« und »nichts« noch eine dritte Möglichkeit gibt, nämlich: die Ohrfeige. In den Bergen holt sie einen runter auf den Boden der Tatsachen, dich, dein Ego und deine Illusionen. Die Ohrfeige ist wichtig fürs Überleben.

An die erste, die ich bekam, kann ich mich sehr gut erinnern. Mein Kumpel Michel und ich hatten uns einen regelmäßigen Trainingsplan aufgestellt. Wir wurden immer besessener, und alles drehte sich um die Berge: Trainingseinheiten am Fels, Ausflüge in der Luft mit dem Drachen und Skitouren bei jedem Wetter im Chablais-Massiv. Hatten wir einige Tage Urlaub am Stück, dann waren sie für Bergtouren reserviert.

In diesem Winter hatten wir mit einer erstaunlichen Leichtigkeit und in Rekordzeit die Begehung der Courtes-Nordwand geschafft. Der Abstieg war besonders genial, denn wir rutschten die 800 Höhenmeter einfach hinab, indem wir uns an unseren bremsenden Eispickeln festhielten und darauf vertrauten, dass es gut gehen würde. Anstatt zwei Stunden, die wir am Seil für den Abstieg benötigt hätten, waren wir eine Viertelstunde später bei unseren Skiern und konnten – stolz wie Oskar – ins Tal abfahren. Das hatte uns großen Auftrieb gegeben.

Überzeugt davon, über genügend Erfahrung zu verfügen, um ernsthafte Touren anzugehen, schlug Michel vor, die Matterhorn-Nordwand zu versuchen. Und danach die Eiger Nordwand. Michels Fehler war, dass er zu selbstsicher war, und meiner, dass ich nicht selbstsicher genug war. Zusammen erreichten wir einen Mittelwert.

So brachen wir also auf, um die mythische Nordwand des Matterhorns zu bezwingen.

Am Morgen dieses bemerkenswerten Tages begleiten uns zwei andere Seilschaften mit demselben Ziel zum Wandfuß. Der Wetterbericht lässt keine Wünsche offen: Hochdrucklage, trockene Kälte und blauer Himmel. Bald wird uns allerdings klar, dass die Eisverhältnisse nicht gut sind. Das Eis am Einstieg ist glasig-schwarz, und die erste Seilschaft, die direkt vor uns eingestiegen ist, kehrt bereits um. Die andere Seilschaft steigt etwas weiter entfernt ein, damit es ihnen nicht genauso ergeht. Fünfzig Meter weiter oben opfert der Vorsteiger mit brennenden Waden eine Eisschraube, und sein Seilgefährte lässt ihn daran ab. Wir sind die Einzigen, die weitergehen. Was wir als ersten Sieg betrachten, ist nur eine moralische Überlegenheit. Schon beim Beginn der eigentlichen Route sind die Würfel gefallen. Wir können nur weitergehen. Keine Spuren, keine Standplätze, die Routenführung wirkt recht verwirrend für eine so berühmte Tour.

Die ersten 300 Meter sind brüchig und gefährlich. Kein Vergleich zur Courtes-Nordwand. Das Eis ist dünn, und man weiß nie, wo man klettern soll. Ständig schlängelt man sich zwischen instabilem Fels und mürben Eisplatten hindurch. Wir beschließen, am laufenden Seil zu gehen, um Zeit zu gewinnen, außerdem eignet sich das Gelände nicht gut für das Legen von Sicherungspunkten. Im besten Fall befinden sich drei Sicherungen zwischen uns – und dann auch noch schlechte. Sie dienen eher als psychologische Stützen. Solide Felszacken sind selten, besser gesagt, es gibt keine. Nach zwei Stunden Aufstieg sind wir völlig erschöpft. Die Rucksäcke sind schwer, und der zu bewältigende Weg noch unendlich lang. Wir haben ein gutes Drittel der Wand durchstiegen und sind dabei völlig unkalkulierbare Risiken eingegangen. Beim Vorstieg haben wir uns abgewechselt. An einigen sehr heiklen Stellen musste ich mich zusammenreißen, da ich genau wusste, dass ich mir hier keinen Sturz erlauben durfte. Ich weiß, dass Michel, der genauso gut klettert wie ich, dieselben Probleme hat wie ich und denselben Druck aushalten muss. Ich habe trotz allem viel Vertrauen zu ihm, da er die Fähigkeit hat, sich in heiklen Momenten zu konzentrieren.

Gegen zehn Uhr gönnen wir uns eine Pause, um Bilanz zu ziehen. Das ist der erste korrekte Standplatz seit dem Einstieg. Bisher haben wir kaum miteinander gesprochen, jetzt ist es an der Zeit, miteinander zu reden. »Wir werden hier draufgehen, Michel, das ist alles brüchig!«

»Ja, und dann habe ich auch noch den Eindruck, dass wir zu weit links von der Route sind.«

»Bist du sicher?«

»Nicht so ganz, ich habe Schwierigkeiten, mich zurechtzufinden.«

»Ich bin nicht richtig fit. Wir sind nicht akklimatisiert für diese Höhe. Am Genfer See kann man die Zahl seiner Blutkörperchen nicht erhöhen.«

»Kann man wohl sagen!«

Wir ziehen den Nordostgrat in Erwägung, der sich etwa 150 Meter über uns abzeichnet. Hier müsste das rettende Schlupfloch für uns sein. In einer solchen Wand wäre es purer Selbstmord, ohne sichere Standplätze abzuseilen.

»Denkst du, was ich denke, Michel?«

»Ja, ich glaube auch, dass das die sicherste Lösung wäre. Einverstanden, wir brechen ab. In der Wand sind die Verhältnisse zu schlecht ... Schade, das Wetter sieht stabil aus«, fügt er mit einem bedauernden Ton hinzu.

»Wenn wir die kleine Eisrinne links nehmen, müssten wir ohne größere Probleme die Solvayhütte erreichen und könnten über den Normalweg absteigen.«

Nachdem wir diesen Weg noch einmal überprüft haben, finden wir uns mit dieser Lösung ab. Die Wand wird steiler bis zum Grat, aber man kann eine Rinne erkennen, in der das Eis ganz passabel ausschaut.

»Gehst du, oder soll ich dich sichern?«, fragt Michel, wie wir das immer tun, wenn es beängstigend wird.

»Puh, ich geh' schon, ich bin dran ...«

Das hätte der größte Fehler meines Lebens werden können. Ich klettere mit neuem Elan los, vielleicht aus dem Grund, weil ich den Gedanken ermutigend finde, dass wir diesen Mist bald hinter uns haben werden. Zehn Meter weiter oben hänge ich einen Karabiner in den ersten alten Haken der Wand ein. Er ist verrostet und steht über fünf Zentimeter heraus. Zwanzig Meter darüber gelingt es mir, einen kleinen Klemmkeil zu legen, dem ich aber überhaupt nicht vertraue.

Die Eisrinne wird steiler. Das Eis darin scheint mir bei genauer Betrachtung doch etwas zweifelhaft zu sein. Es ist unnötig, Energie bei dem Versuch zu verschwenden, in diesem brüchigen Gelände Sicherungen zu legen: Ich setze alles auf die darüberliegende Eisplatte, in der Hoffnung, dort eine bombenfeste Schraube eindrehen zu können. Es wird immer steiler und ausgesetzter.

Als ich mich dieser Platte nähere, spüre ich, wie langsam die ersten Anzeichen von Angst in mir hochsteigen, was nichts Gutes verheißt. Das Eis ist überhaupt nicht fest mit dem Fels verbunden. Ich muss aber an diesem Abschnitt vorbei und dann auf den linken Pfeiler klettern, bevor ich im oberen Teil wieder zurück kann ins Eis.

Ich bin am Limit und erschöpft von diesem Manöver. Zehn Meter über meinem Keil habe ich eine Heidenangst. Michel lässt mich nicht aus den Augen. Er kennt mich schon so lange, dass er mich auch ohne viel Worte versteht.

Mit einer überaus heiklen Querung nach rechts erreiche ich die Eisplatte. Ich bringe meine Steigeisen in eine stabilere Position und schlage meine beiden Eisgeräte über meinem Kopf ein. Dann hole ich mir eine Schraube vom Gurt. Beim Eindrehen ins Eis keimt für einige Sekunden lang Hoffnung auf. Als ich jedoch die Hälfte dieser absichtlich lang gewählten Schraube eingedreht habe, spüre ich, wie sich die ganze Platte, auf der ich mich befinde, mit einem unheilvollen Knacken leicht vom Fels löst. Von Panik ergriffen drehe ich die Schraube um eine Umdrehung zurück und will ein bisschen zu schnell in die Handschlaufe meines Pickels schlüpfen, um weiterzugehen. Es sind immer solche Augenblicke, in denen alles schiefläuft. Mein Handschuh stört, als ich in die Schlaufe reinschlüpfen will, und während ich noch darüber fluche, passiert mir genau jene Ungeschicklichkeit, die unbedingt vermieden werden sollte: Der Pickel rutscht mir aus der Hand! Ich höre das metallene Klimpern des Gerätes, das beim Hinabfallen immer wieder aufschlägt. Ich klammere mich am einzigen Pickel fest, der mir bleibt, und warte ohnmächtig darauf, dass sich die Platte löst und mich mitreißt in die Tiefe.

Aber sie hält. Mir wird eine letzte Chance gewährt, davonzukommen. Die einzige Möglichkeit, die ich habe, ist die, mich vorsichtig zum Rand hinüberzuschieben und dort einen kleinen Felssockel zu erreichen, auf dem ich eine behelfsmäßige Sicherung anbringen kann. Bis zum Äußersten konzentriert gelingt es mir auf wundersame Weise, einen Teil meines Hinterns auf einen lächerlichen Stein zu schieben, der im Eis festgefroren ist. Hier sitze ich also, körperlich völlig erschöpft und mit den Nerven am Ende, wie ein Schiffbrüchiger auf einem Eisberg. Ich fluche, um mich abzureagieren: »So eine Scheiße, Michel.«

»Ja«, antwortet er 35 Meter unter mir.

»Ich wäre fast draufgegangen! Ich höre auf, ich bin halb tot vor Angst.«

Unten am Wandfuß sehe ich die zwei Kletterer der letzten Seilschaft, die umgekehrt ist. Sie sitzen etwa hundert Meter von der Wand entfernt und lassen es sich bei einem Picknick auf einem sonnigen Felsen gut gehen. Ich verfluche mich, dass ich nicht wie sie im richtigen Moment die Entscheidung getroffen habe umzudrehen. Und das nur, weil wir uns für die Stärksten hielten.

Und was nun? Es ist unmöglich, irgendetwas für einen Standplatz zu legen. Sogar die beiden Friends, die ich dabei habe, nützen mir hier nichts.

Alles ist beängstigend. Und wir haben kein Funkgerät …

Nach einem längeren Moment der Stille ruft Michel: »Manü, was machen wir jetzt?«

»Keine Ahnung, aber ich geh nicht weiter!«

»Kannst du einen Standplatz bauen?«

»Von wegen, in dieser doofen Wand ist alles brüchig.«

Michel fällt immer etwas ein. Er zieht einen Biwaksack aus dem Rucksack und schwenkt ihn in Richtung der beiden Kletterer, die uns von unten beobachten. Sie haben bestimmt auch den herabfallenden Pickel gehört und ahnen sicher, dass bei uns nicht alles in Ordnung ist. Zehn Minuten später gehen sie los in Richtung Hörnlihütte. Hoffentlich haben sie verstanden, was los ist.

Drei unendlich lange Stunden des Wartens. Wir sind immer im Schatten und werden es auch bleiben. Michel, der sich an einer etwas bequemeren Stelle befindet als ich, hat sich angezogen. Ich kann mich aber nicht bewegen. Aus Angst davor, das Gleichgewicht zu verlieren, wage ich nicht einmal meinen Rucksack abzulegen, obwohl er mich abdrängt. Aber ich wüsste auch nicht, wohin ich ihn stellen sollte. Ich bin völlig durchgefroren und zittere ununterbrochen. Dafür lässt die Wärme meines Hinterns das Eis schmelzen, in dem der Stein festgefroren ist, auf dem ich sitze. Ich spüre, wie sich der Block langsam löst.

Etwa alle fünfzehn Minuten dringt Motorenlärm zu mir herauf und lässt mich wieder hoffen. Aber das sind immer nur »Rot-weiß-Karierte«, die spazieren fliegen und mir zuwinken. Ich würde sie am liebsten umbringen.

Ich versinke zunehmend in einer Art verzweifelter Lethargie, als plötzlich aus dem Nichts ein Lama-Hubschrauber auftaucht und auf uns zukommt. Als er auf unserer Höhe ist, wird uns klar, dass es ein Rettungshubschrauber ist. Der Pilot macht Zeichen, als wolle er mich fragen, ob wir es sind, die in der Scheiße sitzen. Zuvor zitterte ich so, dass ich mir nicht sicher war, ob ich es noch lange auf meinem Hochsitz aushalten würde, aber jetzt finde ich sofort wieder Geschmack am Leben. Michel, der die Hände frei hat, signalisiert ihm mit den üblichen Zeichen, dass wir Hilfe benötigen. Der Heli fliegt aber davon! Eine Stunde lang kein Zeichen von ihm. Hat er die Botschaft verstanden?

Wieder Rotorengeräusche. Diesmal sind es zwei Helikopter. Ein Lama und ein Ecureuil. Sie stehen vor uns in der Luft, als könnten sie sich nicht entscheiden. Dann nichts mehr.

Zurück zum Ausgangspunkt. Das fängt an, an den Nerven zu zehren. Ich bin kurz davor zusammenzubrechen.

Eine weitere Stunde später kommt der Lama-Hubschrauber allein zurück. Er plaziert sich über meinem Kopf, sodass mich der Luftwirbel des Rotors fast von meinem Sockel stürzt. Ich gehe davon aus, dass ein Seil mit Haken zu mir abgelassen wird, stattdessen kommt ein Bergretter. Welches Manöver will er denn durchführen? Wo will er hin? Ich habe Angst, dass er auf mir landet und mich aus der Wand schleudert. Ich habe nur eine vage Vorstellung davon, wie man mich hier rausholen kann. Ich stellte mir die Rettung so vor, dass man mir ein Kabel mit Haken herunterlässt und ich nur den Knoten des Seils lösen müsste, bevor man mich mit der Winde zur Maschine hochzieht. Offensichtlich haben sie aber beschlossen, das Ganze komplizierter zu machen. Der Typ kommt schließlich zu mir herunter, mit einem Pickel in der rechten Hand und zwei Friends am Gurt. Entweder ist er ein echtes Tier und wird mich lächerlich machen, oder aber er wird sich sehr fürchten.

Er stellt sich neben mich in ein Konglomerat aus Eis, schlägt seine Frontalzacken ein und verankert seinen Pickel, so gut es geht. Dann löst er den Haken von seinem Gurt, aber anstatt ihn mir zu geben, damit ich hier wegkomme, signalisiert er dem Piloten, dass er abfliegen kann … Das ist die absolute Krönung!

Dann spricht er mich auf Deutsch an, einer Sprache, die ich nicht beherrsche. »Kein Haken? Haken?«, schreit er und versucht eine Stelle zu finden, wo er einen Friend legen kann.

»Nein, kein Haken!«

Das ist alles, was ich ihm antworten kann. In dem Moment sehe ich, dass sein rechter Fuß rutscht und sein linkes Bein verkrampft und unkontrolliert zittert. Es ist völlig klar, dass der Junge in fünf Sekunden runterfallen wird. Ich sehe, wie sein Gesicht weiß wird. Angesichts der Situation, in der ich mich befinde, stütze ich ihn leicht zögernd mit meinem Arm, um ihm zu helfen. Die Möglichkeit ist groß, dass er mich mit sich reißt. Wie durch ein Wunder gelingt es ihm, eine stabile Position einzunehmen. Ich halte ihn fest, während er mit der freien Hand sein Funkgerät nimmt, um den Heli zurückzurufen.

Wieder der Luftwirbel des Rotors. Der Haken taucht über unseren Köpfen auf. Mit bemerkenswerter Fairness reicht mir der Bergretter den Haken. Ich mache ihn an der Anseilschlaufe meines Gurtes fest, binde mich aus, und der Heli zieht mich hoch.

Das Glücksgefühl, das mich in dem Moment überschwemmt, in dem ich durch die Lüfte davonschwebe, hat sich unauslöschlich in mein Gedächtnis eingebrannt. Als ich mich von der Wand entferne, wird mir erst das wahre Ausmaß des Unternehmens bewusst, in das wir uns gestürzt hatten. Die Wand, die ich entdecke, ist unerhört steil.

In weniger als zwei Minuten sitze ich vor der Hütte in der Sonne. Michel landet eine Viertelstunde später auf dieselbe Art. Unsere bedeutungsschweren Blicke treffen sich. Wir sind gerettet, da gibt es nichts hinzuzufügen, aber wir haben eine heftige Ohrfeige bekommen!

Ich bin so durchgefroren, dass ich noch kein Wort herausbringe, ohne zu stottern. Ich brauche eine Stunde, bis ich wieder lachen kann. Ich bin gekränkt, gedemütigt, aber sehr glücklich. Mein ganzes Leben lang werde ich den Hubschraubern dankbar sein, und später einmal werde ich Bergretter!

»Unter den Farben der Fahne«

Mit dem versenkten Boot und dem »Dr. med.« in der Tasche sah ich nur einen Weg für meine Zukunft: Arzt in den Bergen zu werden, Sennerinnen in Not zu helfen und den Everest zu besteigen.

Ich stellte mir vor, wie ich in den Alpen mitten in der Nacht mit den Fellen unter den Skiern im Schneesturm über makellose Hänge aufsteige, um einer armen, an einem entlegenen Ort Gebärenden zu Hilfe zu eilen, dem Opfer einer unerwarteten Entbindung. In Erwartung dieses ersehnten Augenblicks und weil ich festgestellt hatte, dass die wenigen Frauen, die zu früh gebären, dies meist im Feuerwehrauto tun, hatte ich die Gelegenheit wahrgenommen, meinen Wehrdienst an der EMHM, der Hochgebirgsmilitärschule, als angehender Arzt zu absolvieren.

Meine Arbeit bestand darin, auf den Gesundheitszustand der Rekruten zu achten, die man mehr oder weniger freiwillig eingezogen hatte, um möglichst in Zweierreihen ein glitzerndes Universum aus Schnee und Eis zu durchqueren, mit dem einzigen Ziel, der Pflicht genüge zu tun und dabei einigen sich aufspielenden Chefs als Prügelknabe zu dienen.

Wie dem auch sei, ich vermisse nichts von diesem Pflichtjahr, in dem ich gelernt habe, wie man das berühmte Käppi der Alpinjäger aufsetzt und dem Hornisten am frühen Morgen mit einer stolzen Begrüßung des Tageslichts antwortet, wie das ein unterer Dienstgrad eines Tages nannte. Kurz und gut, ich habe gelernt, nichts zu tun, aber das schon früh am Morgen!

Während meines Militärdienstes hatte ich die Gelegenheit, meine ersten Bergrettungsdienste beim PGHM, der Hochgebirgsgendarmerie, zu leisten. Diese Einheit war vor allem in Chamonix die Autorität schlechthin in diesem Bereich. Sie bestand aus Bergrettungsgendarmen, die manchmal ziemlich dickköpfig waren, manchmal auch mehr Gendarm als Bergretter. Es gab aber zum Glück auch welche, die diesen Weg gewählt hatten, weil sie das Bergsteigen zu einem Beruf machen wollten. Diese waren mehr Bergretter als Gendarmen. Schnell fand ich Freunde in beiden Bereichen. Was man auch immer dazu sagen mag, so muss man doch anerkennen, dass die Härte, an die sie gewohnt waren, mit der Härte dieser Aktivität einherging. Einige von ihnen waren Meister der Seiltechnik und Chefs der Seilwinde in den Wänden. Der Hubschrauber war ihr wichtigstes Fortbewegungsmittel, und es überraschte mich, dass so wenige Rettungen zu Fuß durchgeführt wurden.

Im medizinischen Bereich war man dagegen ziemlich rückständig. Das war noch die heroische Epoche der »fliegenden Tragen«, wobei man den Verletzten so schnell wie möglich wie eine Wurst in einer eisernen Transportwanne verschnürte und ihn der Kälte, dem Wind und dem Lärm der Maschine aussetzte, um seine Schreie zu ersticken und ihn dann so nah wie möglich am Krankenhaus abzusetzen. Die medizinische Unterstützung war so gut, wie sie das medizinische Korps eben erbringen konnte – das heißt nicht besonders gut. Mal nahm am Rettungseinsatz ein Augenarzt teil, mal ein Psychiater, in dessen Augen das Gebirge generell den idealen Hintergrund für existenzielle Überlegungen darstellt, die einem Schwerverletzten bekanntlich viel Trost bieten. Der Arzt war nur zur Dekoration dabei, eine Art von Label, das man anlässlich von Zeremonien zur Schau stellte.

Als ich in Chamonix ankam, war ich also weder bekannt für meine bergsteigerischen Qualitäten noch für meine Fähigkeiten als Notfallmediziner, da diese Spezialisierung damals noch nicht gelehrt wurde. Ich hatte gerade mein Studium beendet, war also ein Anfänger. Ich erinnere mich nicht mehr genau an die Umstände, die damals die Anwesenheit eines Arztes bei der Rettung erforderlich machten, aber ich nehme an, dass bei einer heiklen Angelegenheit kurz zuvor die fehlende medizinische Behandlung aufs Tapet gebracht worden war.

Da ich nicht in der Ambulanz des Krankenhauses von Chamonix integriert werden konnte, ließ ich mich als Aushilfsarzt einstellen. Man hatte mir auch bezüglich einer späteren Festanstellung im Krankenhaus, das schon lange geschlossen werden sollte, keinerlei Hoffnungen gemacht.

Trotz der sehr beschränkten Mittel, die uns dafür gewährt wurden, hatten wir auf Initiative unseres Vorgesetzten im Krankenhaus von Chamonix beschlossen, die Notfallmedizin im Gebirge weiterzuentwickeln, für die es damals noch gar kein Konzept gab. Unserem Grand Chef, einem Anästhesisten und Reanimationsspezialisten mit Ausbildung in Paris, war die Alpinkultur nicht fremd. Seit frühester Kindheit streifte er mit seinem Bruder kreuz und quer durchs Massiv, wobei beide vom Ferienchalet der Familie profitierten. Grand Chef und sein Bruder überragten jeden um einen ganzen Kopf. Sie waren so spindeldürr wie große Stelzvögel, vor allem Grand Chef, dessen Stimme ebenfalls überdurchschnittlich laut war. Beide hatten etwas Herrschaftliches an sich, vor allem Grand Chef, der Ältere der beiden. Ich stellte mir gerne vor, wie sie früher gemeinsam die größten Touren des Massivs machten, ohne dabei zu trinken, zu essen oder zu reden.

Während der Bruder ein berühmter Bergführer und Meister des Granits wurde, war Grand Chef unbestritten der Boss im Krankenhaus. Ich hatte dort gerade angefangen, als er die

Leitung übernahm. Sein Vorgänger hatte keinen guten Eindruck hinterlassen, aber als ich Grand Chef erstmals sah, war ich zunächst einmal perplex – er sah beeindruckend aus! Vielleicht hätten wir doch besser seinen Vorgänger, den kleinen, sich aufspielenden Chef behalten sollen, der eher zur Klasse der allwissenden Ärzte gehörte, selbst wenn er feuchte und zitternde Hände hatte? Die erste Begegnung fand nicht unter den besten Voraussetzungen statt: Ich versuchte gerade hartnäckig, einer armen dehydrierten Oma einen zentralen Zugang zu legen, obwohl die Venen schon zu fragil dafür waren.

Einen zentralen Zugang zu legen ist eine heikle Angelegenheit, bei der es darum geht, einen Katheter in eine große Vene einzuführen, die auf der Hautoberfläche nicht zu erkennen ist. Mehrere Techniken werden dazu gelehrt. Bei den klassischen Methoden muss man entweder die Vene am Oberschenkel oder die Vene direkt unter dem Schlüsselbein finden. Dann muss man einen Trokar, eine dicke Nadel, unter dem unteren Rand des Schlüsselbeins einführen und blindlings in einem genau festgelegten Winkel die Vene suchen, um den Katheter anzulegen. Die Schwierigkeit liegt darin, sie zu finden und dann einen Führungsdraht einzuschieben, der an den Kettenschaltzug eines Fahrrads erinnert. Der wird dann dazu benutzt, den langen Katheter einzuführen und danach den Draht zu entfernen. Das alles, ohne sich aufzuregen, ohne zu zittern und ohne die Arterie zu durchstechen, die sich ebenfalls dort befindet. Natürlich gerät jeder Anfänger mal ins Schleudern: Ich hatte anstatt der Vene die Arterie unter dem Schlüsselbein erwischt und komprimierte wie ein Verrückter, um den Schaden in Grenzen zu halten. »Doktor Allwissend«, der seinen Nachfolger herumführte, stellte mich mit einer herablassenden Miene vor und würzte sein Gewäsch dabei mit erbärmlichen Witzen, erfreut darüber, mich erniedrigen zu können.

Nach einer eher stillen Beobachtungszeit von mehreren

Monaten begann Grand Chef mit dem Aufräumen und gab sich nicht damit zufrieden, offene Türen einzurennen. Jeder erkannte rasch, dass Grand Chef begabt war, aber einen starken Charakter hatte. Er konnte manchmal sogar richtig nervtötend sein. Sein großes Vergnügen war das Wortgefecht, ein Bereich, in dem er hervorragend war. Ich liebte das, auch wenn ich manchmal selbst was aufs Dach bekam. Aber nicht alle waren dieser Meinung. Im Laufe der Jahre machte sich Grand Chef viele Freunde, aber auch viele Feinde.

Er übernahm dann die Verantwortung für die medizinische Bergrettung, einen Bereich, den zuvor unser Chirurg inne hatte. Dieser überließ sie ihm gerne, zumal er wusste, dass er selbst auf keinen Fall je einsteigen würde in das, was er »den fliegenden Viehtransporter der Bergrettung« nannte.

Ich hatte meine ersten Rettungseinsätze bei der Hochgebirgsmilitärschule im Jahr vor meinem Eintritt in die Notaufnahme des Krankenhauses absolviert. Ich kann mich noch gut an meinen ersten Kontakt erinnern. Ich stellte mich zum ersten Mal in der Dropping Zone, kurz DZ genannt, der Hubschrauber-Landestation, im Ortsteil Bois vor, indem ich mit meinem feuerroten Talbot-Kleintransporter dorthin fuhr. Der Empfang war süßsauer. Der alte Drachen, der das Dach meiner Klapperkiste um drei Meter überragte, entsprach nicht gerade dem Bild, das man von einem Arzt hat. Dann ließ ich mich auf dem kaputten Sofa im Gemeinschaftsraum des kleinen Chalets nieder und war eher zurückhaltend. Ich wartete, etwas verängstigt, auf den ersten Alarm und wusste weder so recht, warum noch wie ich diesem Team meine bescheidenen Dienste anbieten sollte. Es war schwer einzuschätzen, ob sie mich als Gegner oder als Teammitglied betrachteten. Die meisten waren Bergführer, und ich hatte noch nichts vorzuweisen, was meine Kompetenz im Gebirge bezeugte. Abgesehen davon fand zu dieser Zeit die Fernsehübertragung der Tour de France statt, sodass dieses tägliche Ritual die Wartezeiten ausfüllte und mir jede Möglichkeit nahm, einige Auskünfte über diesen Beruf einzuholen.

Unter den Bergrettern, die schon am längsten dabei waren, waren einige Autoritäten, die Entscheidungen treffen konnten, insbesondere die, ob die Mitnahme eines Arztes bei einem Einsatz erforderlich war oder nicht.

Da war Jack, genannt »Lehrer«, der das Wissen und die Fähigkeit hatte, die Techniken der Bergung und der Reanimation mit chirurgischer Präzision zu vermitteln. Ich hörte ihm begeistert zu, wenn er mir jeden einzelnen Handgriff bei der Herzmassage erläuterte, obwohl ich ganz genau wusste, dass ein Herz dann zu schlagen beginnt, wenn es will, ganz unabhängig von der Technik. Ich habe die Älteren aber immer respektiert.

Da war auch der etwas mürrische Douge, für den die Medizin nicht mehr Nutzen brachte als die Parapsychologie. Paradoxerweise war er einer derjenigen, die mich rasch akzeptierten, und ich werde unsere gemeinsamen Rettungseinsätze immer in bester Erinnerung behalten. Douge war ein begeisterter Radfahrer. Er besaß ein funkelnagelneues Fahrrad. Eines Abends fuhr es mein Kumpel Jean-Bernard, der auch Arzt war, dummerweise bei der Heimfahrt nach dem Bereitschaftsdienst über den Haufen. Das Rad wurde dabei zusammengefaltet wie ein Buch. An diesem Abend war die Stimmung bei der Tour de France sehr schlecht.

Da war auch noch der kompetente und diskrete Yvan. Er war der Hundeführer von Adja. Adja war das Gegenteil von Yvan: Sie war impulsiv und schwer zurückzuhalten. Wie all diese durch Dressur gezähmten Hunde hätte sie etwas mehr Arbeit gebraucht, um sich ausleben zu können. Sie stand immer unter Druck. Warten – das ist der Preis, den ein Hund zahlt, wenn er »nur« als Lawinenhund betrachtet wird. Sobald die Turbine des Helikopters zu pfeifen begann, musste man sich irgendwo festklammern, um sie halten zu können.

Adja war dann im Startblock und stand kurz vor einem epileptischen Anfall. Beim kleinsten Signal von Yvan explodierte sie auf einer Strecke von 100 Metern. Wehe, wenn ihr dabei jemand in die Quere kam. Die Landung im Cockpit war oft brutal.

Viele dieser Bergretter sind nicht mehr da, aber die alten Geschichten werden hie und da bei nostalgischen Gesprächen am späten Abend wieder auf den Tisch gebracht. Im Jargon der Rettungsdienste nannte man sie »Crampons«, also Steigeisen. »Crampon« wurde normalerweise dem Namen des Bergrettungsgendarmen vorangestellt. Aber jeder konnte das Wort nach Belieben auch mit einem Attribut kombinieren, das am besten zu der jeweiligen Person passte. Logischerweise gab es Abwandlungen. »Crampon Foie gras«, Crampon Gänseleber, war der Spitzname jenes Gendarms, der jedes Jahr kurz vor Weihnachten aus seinem heimatlichen Périgord diese wertvolle Spezialität mitbrachte und ein kleines Geschäft damit machte. »Crampon Télé« redete immer über die neuesten Nachrichten. Es gab aber auch »Crampon pénible« für den Peniblen oder »Crampon Les boules« für einen Genervten und viele Namen mehr.

»Crampon Cassepipe«, also Crampon Draufgänger, war ein Bergretter, der aus den östlichen Pyrenäen stammte. Er ist eine Legende. Er hatte mehrere Generationen von Faulenzern miterlebt und konnte viel darüber erzählen. Ständig wurde er aufgezogen. Um ihn etwas anzustacheln, nannten ihn viele spaßeshalber »Crampon Casse-burnes«, also Crampon Hodenzertrümmerer. Wenn er so aussah, als fände er das nicht lustig, musste man aufpassen. Er hatte nämlich einen harten Schlag.

Meinen ersten großen Einsatz, nämlich die Rettung von Bill, dem Amerikaner, habe ich mit Crampon Cassepipe erlebt. Es ist unmöglich, jenen bedeutenden Augenblick zu vergessen, in dem man jemandem das Leben rettet.

Crampon Cassepipe

Es war im Sommer an einem ruhigen Tag gegen Ende der Saison. Ich hatte nichts zu tun und klebte spaßeshalber Sport-Test-Patches auf die Brust des Piloten und die von Didier, seinem Mechaniker, um ein bisschen Wissenschaft zu machen. »La Buse«, Bussard, war der Spitzname dieses Piloten, dessen Name für immer im Granit von Chamonix verewigt ist. Dieser Spitzname hatte nichts mit seinem Profil zu tun, sondern mit seiner Flugtechnik. Er hatte eine sehr persönliche und vermutlich sehr unkonventionelle Art des Umgangs mit dem Steuerknüppel und war berüchtigt für seine diesbezügliche Effizienz. Einige behaupteten, dass er mit dem Steuerknüppel im Hintern zur Welt gekommen sei.

Als wir eines Tages zur Basis von Mégève zurückkehrten, hatte ich ihn gefragt, ob er mit seiner Alouette in der Lage wäre, wie ein Linienflugzeug auf einer Rollbahn zu landen. La Buse, eine Spielernatur, nahm mich beim Wort und raste mit 150 Stundenkilometern so dicht über der Rollbahn entlang, dass ich schon glaubte, wir würden etwas Farbe darauf zurücklassen.

Ich fragte mich, wie er das beenden wollte, zumal der Hangar rasch näher kam. Dann war der Augenblick da, in dem es nur noch zwei Möglichkeiten gab: entweder eine Bruchlandung im Gebäude oder einen Lateralschaden des Hangars beim Versuch, seitlich davonzukommen. Ich muss zugeben, dass ich etwas angespannt war. Ich hatte schon begonnen, einige Gebete aufzusagen, als er die geniale Idee hatte, den Steuerknüppel gewaltsam hochzuziehen. Wie die Raumfähre Columbia bis zur Absprengung des Shuttles gingen wir senkrecht hoch. Als wir auf der linken Seite wieder abtauchten, klatschte ich gegen die Glaskanzel des Cockpits. Schließlich setzte La Buse den Hubschrauber sanft wie ein fallendes Blatt haargenau auf den Markierungen auf, ohne die geringste Erschütterung und mit einem spöttischen Lächeln.

Mit La Buse, dem Mechaniker Didier und Crampon Cassepipe sowie einem zweiten Rettungsgendarm namens Fred flogen wir an diesem Tag am späten Nachmittag noch zu einem ruhigen Einsatz auf dem Amethystgletscher. Wir sollten dort einen Flugzeugmotor holen, den das Eis ausgespuckt hatte. Es handelte sich dabei um eine alte Mühle, die während eines Sturms im letzten Weltkrieg abgestürzt war. Der Motor war wieder an die Oberfläche des Gletschers gekommen, und wir sollten ihn herausziehen und nach Chamonix bringen. Eine Säuberungsaktion mit dem Code EWBSL – Es Wird Beim Sammler Landen.

Der Motor war schwerer, als er aussah, die Aufgabe also heikler als gedacht, und an Bord waren alle konzentriert.

»Bravo Lima, hier Cordial. Ihr müsst einen Abstecher machen in die Südwand der Droites. Da ist offenbar einer abgestürzt.«

Bravo Lima ist der Codename des blauen Helikopters der Gendarmerie und Cordial der vom Bereitschaftsdienst der Bergrettungs-Kommandozentrale in Chamonix, die zu dieser Zeit noch an der Place du Montblanc war. Wir ließen den Motor also liegen, um nachzuschauen. Bei der Ankündigung des Programmwechsels empfand ich eine starke Anspannung, gepaart mit Angst. Das hörte sich endlich nach einem richtigen Alarm und einem richtigen Einsatz an!

Im Argentièrebecken angekommen, hielten wir auf die

Südseite der beeindruckenden Droites zu. Ich hatte den Berg einmal im Winter über seine direkteste Route, die »Voie Jackson« von Ginat, bestiegen, mit Teddy, einem kräftigen Kerl aus dem Hochgebirgszug GMHM. Es ist eine herrliche Eiswand, 1000 Meter hoch, durchgehend steil und genauso kalt wie düster. Sie gehört ins Tourenbuch eines jeden Bergsteigers, der Heldentum beweisen will. Wir waren gegen Mittag zu einer nächtlichen Begehung nach meinem zunächst etwas paradox wirkenden Prinzip eingestiegen, das mir wichtig war, nämlich im Winter nicht zu biwakieren. So gesehen ist es viel besser, nachts zu klettern! Hält man den Zeitplan nicht ein, ist das Schlimmste, das einem dann passieren kann, dass man vom Tag überrascht wird. Wir verbrachten also die Nacht kletternd und stiegen vom Col des Droites durch jenes Couloir ab, das nun fünf Augenpaare nach Hinweisen absuchten.

Es war gegen Ende des Sommers, und die Sonne brachte den Schnee in dieser südseitigen Exposition zum Schmelzen. Schneematsch rutschte in regelmäßigen Abständen hinab und nährte den Lawinenkegel am Auslauf des Couloirs. Als wir den Fuß dieser Rutschbahn überflogen, entdeckten wir schließlich einen Schatten, der aussah wie ein Mensch und unter einer Menge Steine begraben zu sein schien.

Die letzte Abseilstelle war wohl ausgebrochen. Viele Steine kamen noch herab. Es sah ganz danach aus, als wäre der Typ, der da unten lag, erledigt, außer er war aus gehärtetem Stahl. La Buse näherte sich vorsichtig, um sich zu vergewissern. Am Rand des Auslaufs, nur wenige Meter vom Pfeiler entfernt, spürte man, wie der Berg bebte. Das Risiko war groß, mit dem Luftwirbel des Rotors Steinschlag auszulösen. Es war tatsächlich unser Mann: Man konnte nun die Farbe seiner Jacke ahnen, die einmal gelb gewesen sein musste, bevor sie durch den Schneematsch gezogen wurde.

»Da ist er, dort unten!«, schrie Fred, der glaubte, er habe ihn vor allen anderen entdeckt.

»Na ja, sieht schlecht aus«, meinte Cassepipe, »mit allem, was auf den draufgefallen ist!«

Es schien klar zu sein, dass da nicht mehr viel zu machen war. Der Seilgefährte des Bergsteigers war zu Fuß abgestiegen, um an der Couverclehütte die Bergrettung zu alarmieren. Da ich wusste, dass man zu Fuß bis zur Hütte eine gute Stunde braucht, konnte ich durch kurzes Nachrechnen in etwa die Zeit abschätzen, die der Mann schon da unten lag.

La Buse flog eine kleine Schleife, damit wir die Beschaffenheit des Geländes und den Zustand des armen Kerls aus einem anderen Blickwinkel begutachten konnten. Er näherte sich noch einmal, und da geschah etwas Unglaubliches: Zu unserer Überraschung bewegte sich ein Arm der angeblichen Leiche.

Die erste Reaktion, die man im Heli hörte, war: »Scheiße, er lebt!«

»Unglaublich!«, fügte Didier hinzu.

Einen Augenblick lang fragten wir uns alle, wie jemand einen solchen Absturz in einer solchen Steinlawine überleben konnte. Das erinnerte mich an diesen riesenhaften Kleiderschrank mit Stahlgebiss, der in einem James-Bond-Film den Mörder spielte: Egal ob sein Wagen in eine Felsschlucht stürzte, ob er aus einem fahrenden Zug geworfen wurde oder ob ein mehrere Tonnen schweres Gerüst auf ihn herabstürzte – er kam immer unbeschadet davon.

Aus Sicherheitsgründen war es undenkbar, dem Opfer genau dort zu helfen, wo es lag. Cassepipe beschloss also, Fred und mich auf einem Schneefeld etwas weiter unten abzusetzen, um das Gewicht im Hubschrauber zu verringern. Danach wollte er den Verletzten an den Haken nehmen und ihn möglichst schnell aus dieser gefährlichen Ecke herausholen.

Diese Technik wird »Longline« genannt und ermöglicht es, ein Opfer sehr schnell aus einer Falle herauszuziehen und dabei das Team so wenig wie möglich zu gefährden. Man lässt einen Retter mit der Winde so nah wie möglich zum

Verletzten ab. Er klinkt an dessen Gurt ein freies Seil ein und lässt sich dann wieder in die Maschine hochziehen. Der Heli steigt dann sofort auf, damit der Verletzte von der Wand wegkommt und transportiert ihn frei hängend durch die Luft, bevor er ihn an einem sicheren Ort absetzt. Man kann nicht gerade behaupten, dass diese Methode für den Verletzten ideal ist, aber man hat eben keine andere Wahl.

Ich erinnere mich daran, wie sich unser Mann, in Bauchhöhe aufgehängt, wie ein Sack Kartoffeln bewusstlos im Sonnenuntergang drehte. Seine Arme und Beine pendelten hin und her wie bei einem Hampelmann. Ich zog es vor, nicht an den Zustand seiner Wirbelsäule zu denken.

Der Helikopter ließ ihn direkt in unsere Arme sinken, wie eine Opfergabe, völlig zerschmettert. Ich spürte, wie seine Knochen in meinen Händen brachen. Ich hatte den Eindruck, dass ich nicht das Geringste für ihn tun konnte ohne das Risiko, ihn dabei umzubringen.

»Ich bereite die Trage vor«, sagte Fred.

Der Verunglückte war auf beunruhigende Weise apathisch. Nicht einmal ein Wimmern kam über seine Lippen. Es wirkte, als hätte er sich aufgegeben, nachdem er seine allerletzte Kraft zum Heben des Armes mobilisiert hatte, als wir kamen. Zuerst hatte ich gedacht, dass ihn der Transport vollends getötet hätte, doch als ich ihn aus der Nähe sah, bemerkte ich, dass er noch schwach atmete.

»Er lebt noch! Ich gebe ihm eine Infusion, dann hauen wir ab. Sag dem Heli, dass ich fünf Minuten brauche.«

Der Hubschrauber war ins Argentièrebecken zurückgekehrt, damit wir in Ruhe arbeiten konnten. Ich kann mich nicht mehr daran erinnern, was ich gemacht oder vielleicht auch nicht richtig gemacht habe. Die volle Ladung Sauerstoff und die Infusion, die seine Venen wieder auffüllen sollte, ermöglichten dem Abgestürzten durchzuhalten.

Das war noch in meinen Anfängen, ich war noch nicht so weit wie jetzt, mehr konnte man von mir damals nicht verlangen. Was hätte ich denn auch noch versuchen sollen? La Buse holte uns an Bord und flog wie ein Raubvogel in Richtung Leschauxgletscher. Er flog dicht über dem Dach der Couverclehütte dahin und stürzte dann wie eine Bombe in die Schluchten des Arveyron. Die scharfen, glitzernden Eisspitzen zogen unter uns vorbei, und das Geräusch der Rotorblätter kann ich heute noch in meinem Kopf hören.

Innerhalb von wenigen Minuten waren wir in der Landephase, dann kam das berühmte »Gelandet DZ!«, das man fünfzehnmal pro Tag per Funk hört. Damals war es nicht möglich, auf dem Dach des Krankenhauses von Chamonix zu landen, daher landete man beim Clos du Savoie oder auf der Eislaufbahn. Die Landung einer halben Tonne Blech, die zuerst durchsackt, dann flach auf dem Bitumen aufsetzt, ohne dabei zu zerschellen, ist immer ein irrationaler und magischer Augenblick.

Trotz der geringen medizinischen Unterstützung, die der Mann, er hieß Bill, von mir bekommen hatte, war ich nicht unzufrieden mit mir. Ich hatte seinen Blutdruck ein wenig erhöht und mit dem Abtransport nicht zu viel Zeit vergeudet. Mein Herz hatte sich dabei etwas verkrampft, seines aber hatte gehalten.

Nach der Landung waren es noch hundert Meter bis zum Krankenhaus. Da dazwischen eine Straße lag, war die Feuerwehr erforderlich. Man transportierte den Verletzten also zuerst vom Helikopter in den roten Krankenwagen der Feuerwehr, fünf Minuten später wiederholte man die Angelegenheit und bettete ihn um auf die Trage der Ambulanz. Unser einziges Privileg war, dass wir in entgegengesetzter Richtung durch die Einbahnstraße fahren durften und so nicht die komplette Rundtour durch die ganze Stadt machen mussten.

Das half Bill, der langsam wieder wegsackte, alles nicht weiter.

Das Krankenhaus von Chamonix war damals unglaublich. Es war eigentlich ein altes Hotel, das im Laufe der Zeit

Stück für Stück und ein Zimmer nach dem anderen umgebaut worden war und nur wenig mit einem Krankenhaus zu tun hatte.

Bill war in den einzigen Raum gebracht worden, der einem Schockraum ähnelte, das heißt, er lag auf der Trage in einem der beiden armseligen Zimmer, aus denen unsere bescheidene Ambulanz bestand.

Kaum war Bill ausgepackt, hatte er einen Herzstillstand. Ich war nicht völlig überrascht, angesichts des Zustands, in dem wir ihn gefunden hatten, angesichts dessen, was er auf den Kopf bekommen hatte, und angesichts der Art, wie man ihn herausgezogen hatte.

Bill hätte sterben können. Aber da war Grand Chef, der die Situation wie üblich mit seiner ganzen Autorität und Kompetenz beherrschte. Bills Herz begann wieder zu schlagen, und der Blutdruck stieg ebenfalls etwas. Einen Tubus in die Nase zum Beatmen, einige gut ausgewählte herzstärkende Mittel, und schon bekam er wieder Lust zu leben.

Danach machten wir die wichtigsten Röntgenaufnahmen, die möglich waren, ohne ihn zu sehr bewegen zu müssen. Die Liste der Schäden war lang. Wenn mich mein Gedächtnis nicht im Stich lässt, was ganz bestimmt der Fall ist, hatte er 32 Knochenbrüche, darunter beide Oberschenkelknochen, das Becken, ein gutes Dutzend Rippen, die Wirbelsäule an drei verschiedenen Stellen, der rechte Oberarmknochen, beide Hände, wobei die Knochen durch die Haut ragten, und natürlich auch der Schädel. Ich lasse die mehrfachen kleineren Frakturen weg, von denen einige offen waren. Als Krönung des Ganzen zeigte das einzige Ultraschallgerät des Krankenhauses ein Hämatom im Bauchbereich an. Das ist meist das Anzeichen einer inneren Blutung, was die Überlebensprognose noch unsicherer machte.

Bill wurde ins Kantonskrankenhaus von Genf verlegt. Ende der Geschichte. Fünf Jahre lang keine Nachricht mehr.

Eines Tages dann klingelt das Telefon in der Zentrale des neuen PGHM-Gebäudes bei der Kirche. »Hallo, entschuldigen Sie bitte, ist da die Bergrettung von Chamonix?«, fragt eine Stimme mit amerikanischem Akzent.

»Ja, hier ist der PGHM von Chamonix«, antwortet der diensthabende Gendarm.

»Ich bin an den Droites abgestürzt, vor fünf Jahren. Ich wurde gerettet ... Ich möchte gerne die Namen meiner Retter wissen. Ist das möglich?«

»Das ist möglich, aber ich muss im Archiv nachschauen.«

Am selben Abend bekomme ich einen Anruf von Cassepipe. »Hallo Manü, bist du dabei?«

»Salü, Henry, was ist denn los?«

»Sag mal, erinnerst du dich noch an Bill, den Amerikaner?«

»Ah, nein ... oder ist das vielleicht unser Typ von den Droites?«

»Ja, genau. Er ist da!«

»Wo, da?«

»Na, in Chamonix, du Blödmann! Er will uns heute Abend alle zum Essen einladen, in den ›Peter Pan‹!«

Gemütlich in meinem Sessel versunken und pappsatt von den Tournedos mit Morcheln und Kartoffelgratin, nippe ich an meinem vierten Glas Rotwein zu 250 Francs die Flasche. Nach dieser reichhaltigen Mahlzeit bin ich müde, und meine Augen sind ganz klein. Völlig sprachlos schaue ich unseren Wunderknaben an. Bill hat es geschafft. Wir sind so froh, ihn wiederzusehen. Er ist da, direkt vor uns. Er sitzt nicht einmal im Rollstuhl. Natürlich hat er überall Narben, und der Schädel ist auch leicht deformiert. Aber er ist da, fröhlich, zusammen mit seiner Frau, die ihn liebevoll anschaut. Drei Monate Koma, dreizehn Eingriffe, vier Jahre Rehabilitation. Er hat die Krankenkasse fast an den Rand des Ruins gebracht, aber er ließ sich durch den Unfall nicht kleinkriegen. Ich kann's kaum glauben.

2. Teil

Winter

Der Notar aus Puy-de-Dôme

Inzwischen habe ich fünfzehn Dienstjahre auf dem Buckel. Fünfzehn Jahre Bergrettung im Massiv, einem außergewöhnlichen Garten von 24 Kilometer Länge und zehn Kilometer Breite. Ein wunderbarer Spielplatz, gespickt mit Felsspitzen und Eis, wo wie auf dem Meer von einer Sekunde auf die andere alles Mögliche passieren kann. Ich habe den Eindruck, alles gesehen und alles gemacht zu haben. Ich habe mich dumm verhalten, als ich noch jung und arrogant war, und viel später, als meine ersten weißen Haare erschienen, weise. In meiner Erinnerung reiht sich ein unvergesslicher Moment des Glücks an den anderen, oft in Verbindung mit Freunden, die ein paar Tage später auf entsetzliche Weise ums Leben gekommen sind. Nie werde ich verstehen, was uns so in diese merkwürdige Welt zieht. Die Schönheit, die Weite, die Anstrengung, die Gefahr – geben sie uns einen Grund, zu leben?

Irgendein Wochenanfang im Januar. Zwei Wochen zuvor ist noch einmal viel Schnee gefallen, nun herrscht eine Hochdruckzone, die sich offenbar nicht vertreiben lässt. Ich bin bereit für meine x-te Wintersaison. Der Rucksack ist sauber, die Ampullen mit abgelaufenem Verfallsdatum wurden ausgetauscht. Ich muss daran denken, ein Paar neue Handschuhe zu kaufen, meine alten sind völlig hinüber!

Wo werden sie sich diesmal umbringen? Welchen Kumpel werde ich diesmal bergen müssen? Und ich, wo werde ich stehen? Wieso dieses Hin-und-her-Gerissensein, das typisch für mich ist? Mal auf dieser, mal auf jener Seite der Schranke. Bin ich wirklich dadurch geschützt, dass ich zwangsläufig die Fallen entdecke, in die die anderen geraten?

7.40 Uhr. Das Bereitschaftstelefon klingelt. Ich mag den Klang nicht. Er bedeutet zu oft, dass sich Ärger anbahnt. Zum Glück war es in der Nacht ruhig. Ich wurde nicht zu oft gestört von Blödsinn wie: »Herr Doktor, ich habe einen Sonnenbrand, und es tut weh« oder von besoffenen Schweden, die sich nach Verlassen des Nachtclubs bei einer Prügelei verletzt haben und dich in der Ambulanz dann beschimpfen, weil du sie zusammenflicken musst. Es ist wirklich nicht nur der Krach der Zentralheizung des Krankenhauses unter dem Bereitschaftszimmer, der mich stört. Der sorgt nur dafür, dass man meint, die Nacht in einem Airbus zu verbringen.

Ich fühle mich ganz benommen. Virginie, die Krankenschwester des Frühdiensts, deren Arbeit morgens um 6.30 Uhr beginnt, holt mich aus dem Bett. Sie spricht sanft mit mir. Sie weiß, dass ich es nicht mag, wenn ich beim Aufwachen unter Druck gesetzt werde.

»Manü, du musst dich anziehen, die Gendarmerie sucht dich wegen einer Spaltenbergung.«

»Ach, jetzt schon? Wie viel Uhr ist es denn?«

»6.30 Uhr. Also Doc, auf geht's!«

Morgens um 6 Uhr, mitten im Winter, eine Spaltenbergung, was ist denn hier los! Unfälle durch Spaltensturz ereignen sich zu dieser Jahreszeit in neun von zehn Fällen im Vallée Blanche, aber meist erst gegen Mittag zur Vesperzeit, wenn es wärmer wird und die Stabilität der Schneedecke nachlässt. Ungefähr dann, wenn Skifahrer jeder Könnerstufe, jeder Nationalität und jeder politischen Richtung in der Engstelle des Géant-Eisbruches zusammentreffen und sich gegenseitig aus der Spur schubsen. Man sollte an dieser Stelle mal im Sommer herumspazieren, um den Zustand des Gletschers zu sehen: ein echter Schweizer Käse.

Ich musste mich also anziehen. Die lange Unterhose, die rote Goretex-Kombination ... das Abschiedsküsschen im Gang der Ambulanz ... den Klettergurt mit dem großen, starken Abseilkarabiner für die Seilwinde aus dem Heimwerkermarkt, die Bergschuhe und falls möglich auch die passenden Steigeisen.

Ein klassischer Fehler ist, zwischen zwei Bereitschaftsdiensten die Schuhe zu wechseln und zu vergessen, die Steigeisen anzupassen. Das ist mir am Anfang mal passiert. Der Einsatz war damals in der Nordwand der Tour Ronde, die für ihr oft schlechtes Eis berüchtigt ist, vor allem im mittleren Drittel der Wand. Diese Tour wird in manchen Routenbeschreibungen noch immer als Sommertour angegeben, trotz der Tatsache, dass sich die Schneeverhältnisse im Vergleich zu früheren Zeiten sehr verändert haben. Erst als ich, zusammengekrümmt auf den zwei Quadratmetern, die uns hinten in der Alouette III zur Verfügung stehen, diese verfluchten Dinger anlegen wollte, wurde mir mein Fehler klar. Es fehlte nur ein kleines Stückchen, um sie richtig anlegen zu können. Ich wagte nicht, etwas zu sagen, und zurrte sie fest, so gut es ging, in der Hoffnung, dass sie hielten. Als ich meine Selbstsicherung am Standplatz einhängte, an dem sich die beiden anderen Retter fixiert hatten, und meine Füße aufs Eis stellte, hörte ich jenes schreckliche metallische Geräusch von Steigeisen, die sich vom Schuh lösen und dann an ihrem Gurt um den Fuß baumeln – ein Geräusch, das jeden Alpinisten innerhalb kürzester Zeit völlig aus dem Gleichgewicht bringt.

Völlig verlegen schaute ich meine beiden Gefährten an. Zum Glück hing der Verletzte, der abgestürzt war, auf Höhe des Standplatzes, den sie mit zwei weiteren Schrauben noch besser abgesichert hatten. Ich brauchte meine Steigeisen also gar nicht. Für den Rest des Tages schloss ich mich dann ein. Vielleicht nennt man uns seit damals »Crampon-Ärzte«?

Ich habe keine Zeit zum Träumen, der Hubschrauber ist bereits da. Heute ist es der rote, ein Dragon 74 von der Sécurité Civile, dem Zivilschutz – und nicht der von der Sécurité Sociale, der Sozialversicherung, wie mein Sohn sagen würde. Gérard fliegt ihn, unterstützt von Xav, seinem gründlichen Mechaniker. Gérard unterrichtet gerne, dank ihm kenne ich inzwischen alle Knöpfe und Anzeigen des Armaturenbretts. Mit etwas Glück würde ich im Falle eines Falles eine Bruchlandung hinbekommen.

»Worum geht's?«, frage ich.

»Ein Bergführer hat angerufen, sein Gast ist bei der Pointe Helbronner in eine Spalte gestürzt. Man weiß überhaupt nicht, was ihm fehlt.«

»Ah«, antwortete ich ihm ein wenig verschlafen und denke, dass mir ein starker Kaffee vor dem Aufbruch gut getan hätte.

Ich setze mich nach hinten in die Ecke und träume wieder vor mich hin, während ich die Kette der Bergspitzen betrachte, die an meinen Augen vorbeiziehen. Selbst wenn man es schon hundertmal getan hat, gibt es nichts Schöneres, als frühmorgens durch das Vallée Blanche hinaufzufliegen.

Mit viel Getöse erreichen wir den Unfallort beim Col d'Entrèves auf etwa 3000 Meter Höhe. Durchs Fenster ist eine kleine Gruppe von Zwergen zu sehen, die sich an einem winzigen schwarzen Loch zu schaffen machen. Die Sonne scheint hinter den Spitzen der Flambeaux hervor, es ist wunderschön. Ich bin wieder einmal völlig hingerissen. In Momenten wie diesen sage ich mir immer, dass dieser Beruf doch einfach großartig ist, und denke nicht an das Schreckliche, das ich vielleicht auf dem Grund der Spalte entdecken werde.

Dann geht's raus ins Freie, die Kälte, der Lärm, das Gleiten der Schiebetür, die mir befiehlt, meinen warmen, bequemen Platz zu verlassen. Mir ging's so gut! Die Zeit wird genutzt, um das fehlende Material zu holen: Schneepflöcke, statische Seile und einige Säcke. Dann hebt der Heli ab und verpasst uns dabei eine saftige Ohrfeige aus Schnee und Wind. Das alles holt mich zurück in die Realität.

Stille. Wenn sich die Maschine entfernt, ist der Kontrast enorm, denn plötzlich ist es wieder völlig ruhig in den Bergen.

Die Gendarmen sind bereits alle aktiv. Überraschenderweise wirken sie diesmal angesichts einer Spaltenbergung entspannter als sonst. Dann kann es also nicht so schlimm sein. Ihre Gesichter sorgen bei mir für bessere Stimmung. Da ist der stets gut gelaunte Marcel Benzalès mit seinem Schnurrbart à la Salvador Dalí. Sein einziger Fehler ist sein Lawinenhund Jimmy, der etwas empfindlich ist. Dieser Dreckskerl hat schon mehr als einen von uns gebissen.

Da ist auch mein Kumpel Barnab, der mich konsterniert anschaut, was bedeutet: »Oh je, bloß der nicht!« Und dann entdecke ich den Bergführer, der die Rettung alarmiert hat: Es ist »Mon Grisou«.

Mon Grisou ist mein Idol. Obwohl er schon weit über fünfzig ist, gibt er immer Vollgas. Sein Schopf hat dieselbe Farbe wie sein Bart, völlig grau. Und er kann einfach alles: als Zimmermann, Tischler und Klempner. Er hält keine dreißig Sekunden lang still und ist ständig unterwegs. Frühmorgens streift er schon durch die Berge.

Aber jetzt scheint er ein Problem zu haben. Es handelt sich hier um seinen Gast. Wie üblich begrüßt er mich enthusiastisch, was mich beruhigt, weil es seinem Gast gut gehen muss, wenn er so entspannt ist. Ich weiß aus Erfahrung, wie es ist, wenn man einen Gast durch Spaltensturz verliert. Bei dieser Gelegenheit frage ich mich, wem das noch nicht passiert ist – der Club vergrößert sich in letzter Zeit.

Grisou schaut wegen der Kälte etwas verkniffen. »Ah Manü, hast du das Loch gesehen?«

»Ja, ich hab's gesehen. Ist es tief?«

»Vierzig Meter.«

»Und das ist dein Gast da unten?«

»Ja, aber es geht ihm gut. Es ist unglaublich! Er hat mir große Angst eingejagt, ich dachte, er sei tot.«

Ich hänge meine Selbstsicherung am Fixseil ein, das die Gendarmen eingerichtet haben, und nähere mich ihnen, um sie zu begrüßen. Ich merke, dass sie konzentriert sind und an der hydraulischen Winde und den statischen Seilen herumbasteln. Die Stimmung ist locker, bleibt aber ernst. Man sieht, dass alles perfekt läuft, als ob sie das jeden Tag machen würden.

Hervé, einer der Bergretter, ist schon unten. Angesichts der Höhe des Sturzes kann er nicht glauben, dass der Kerl nichts abbekommen hat. Es stimmt natürlich, dass die Retter dazu angehalten werden, vorsichtig zu sein. Die Bilanz ist nach einem Spaltensturz meist schwerwiegender, als es zunächst ausschaut. Die Kälte betäubt die Opfer, und die Klaustrophobie drängt sie dazu, so schnell wie möglich nach oben zu wollen. Sie vergessen dabei meist, dass sie überall verletzt sind. Erfahrungsgemäß werden die inneren Verletzungen dabei auch regelmäßig unterschätzt. Wir Rettungsärzte gehen generell davon aus, dass es sich immer um Mehrfachverletzte handelt. Wir haben uns alle schon mal getäuscht, mal wurde ein Schädelbruch nicht bemerkt, mal eine Sickerblutung an der Milz übersehen. Man ist dennoch so aufmerksam, dass es fast schon komisch ist. Meist sammelt man nämlich Leute ein, von denen jeder Zweite kaum verletzt ist. Sobald sie aber aus der Spalte draußen sind, packt man sie in die Transporttrage und verschnürt und verknebelt sie darin. Bevor man »Uff« sagen kann, werden sie vom Heli geschnappt. Zehn Minuten später fallen die Krankenschwestern und Pflegekräfte der Ambulanz über sie her und reißen ihnen die Kleider vom Leib. »Jeder potenziell Mehrfachverletzte wird komplett ausgezogen, um korrekt untersucht werden zu können«, steht in allen Medizinbüchern.

Wird nichts entdeckt, auf das man sich stürzen könnte, bittet man die Geretteten zwei Stunden später höflich, den Platz für die Nächsten frei zu machen. Man findet sie dann in Socken vor der Telefonkabine im Eingangsbereich wieder, mit einem Plastiksack in der Hand, in dem sich ihre schmutzige oder zerrissene Kleidung befindet. Um sich abholen zu lassen, können sie meist nur ihre Freunde anrufen, die noch in den Bergen sind und den Autoschlüssel haben …

»Manü, du gehst runter, um sicherzustellen, dass er sich nichts gebrochen hat«, befiehlt mir Marcel. »Du sagst uns dann, was du brauchst, damit er hochgezogen werden kann. Okay?«

»Alles klar, los geht's!«

In die Spalten hinabzusteigen ist aufregend. Ich verarzte gerne jemanden, wenn es gefährlich ist. Seltsamerweise gelingt mir das dort immer am besten. In vierzig Meter Tiefe ist das Eis nur noch blau. Es ist ein privilegierter Ort, an dem ich ganz allein darüber entscheide, was ich tue. Kein noch so wichtiger Professor kann mich stören und mir Befehle erteilen. Die Umgebung ist etwas speziell, aber es ist mein Reich.

Es ist allerdings nicht einfach, eine Reanimation auf dem Grund einer Spalte durchzuführen: die Kälte, das Wasser, das einem dabei in den Nacken läuft, der Schnee, der das Opfer nach und nach wieder bedeckt, nachdem man versucht hat, es auszugraben. Wenn der Verletzte nicht schon tot ist, ist er meist völlig durchgefroren und unruhig. Dann hat man zwei Möglichkeiten: Bei der ersten wird er ruhiggestellt, dann folgt eine komplizierte Reanimation, damit er einschläft und nichts spürt. Eine Gletscherspalte ist dafür aber nicht gerade der beste Platz. Eine durch die Kälte und den niedrigen Blutdruck oft winzige und spasmische Vene zu finden wird oft durch die Bekleidung vereitelt und kann sich als heikel erweisen.

Ich gehe nicht auf die technischen Aspekte und die Nebenwirkungen der Medikamente ein, die man verabreicht. Ich gehe auch nicht auf die Komplexität des Hochwindens ein. Eine Trage hochzuziehen, zusammen mit allen Reanimationsgeräten einschließlich der Sauerstoffflasche, ist keine Kleinigkeit. Da müssen sich nur die Schläuche lockern und der Kranke von der Maschine wegkommen. Das wäre dann der ideale Moment für einen Herz-Kreislauf-Stillstand.

Diese Methode ist klasse, wenn sie funktioniert. Sie kann aber auch schnell zum Albtraum werden und mehr als eine Stunde in Anspruch nehmen.

Die andere Möglichkeit ist die tierärztliche. Ich habe mich im Lauf der Zeit immer weniger davor gescheut, sie anzuwenden, obwohl sie lange für wenig akademisch gehalten wurde, natürlich von denen, die nie in einem solchen Kontext arbeiten. Eine intramuskuläre Ketamin-Injektion in den Hintern, durch die Hose hindurch, schläfert sogar ein Pferd in weniger als drei Minuten ein. Der Verletzte wird steif, hört aber nicht auf zu atmen, was das Ablassen der gesamten schweren Artillerie in die Spalte unnötig macht. Ketamin ist seit dem Krieg in Vietnam, wo es häufig eingesetzt wurde, ein bekanntes Notfallmedikament. Es ruft einen Bewusstseinszustand hervor, der einer Katalepsie, einem Muskelstarrkrampf, ähnelt: Der Blick wird starr, die Muskeln verspannen sich, die äußeren Anzeichen des Schmerzes verschwinden. Es ermöglicht die Stabilisierung des Blutdrucks, und die Muskelanspannung, die es verursacht, dient gleichzeitig als natürliche Schiene für die gebrochenen Glieder. Außerdem verhindert Ketamin den Atemantrieb nicht, so dass der Arzt keinen Luftröhrentubus legen und den Verletzten nicht an ein Beatmungsgerät anschließen muss.

Sobald der Verletzte dann an einen bequemeren Ort gebracht wurde, wird ihm normalerweise Sauerstoff und ein

Beruhigungsmittel verabreicht. Geschieht das nicht, hat Ketamin die ärgerliche Tendenz, Halluzinationen hervorzurufen, die fürchterlich ausfallen können.

Vor mehr als zehn Jahren wurden die Verletzten einfach hochgezogen, egal in welchem Zustand sie waren. Man befestigte dabei das Seil an irgendeiner erreichbaren Stelle, dem Gurt, der Jacke, einem Bein. Die dabei eingesetzten, teils genialen und speziell zu diesem Zweck entwickelten Werkzeuge erinnerten oft an die Ausstattung von Folterkammern. Trotz des Vorteils, besonders schnell zu sein, wird diese Methode heutzutage selten eingesetzt, da die Konsequenzen einer solchen Vorgehensweise dramatischer sein können als man denkt, selbst wenn das Opfer keine schweren Verletzungen aufweist. Und dann tut sie auch noch weh.

Bei einem Kongress berichtete ein Kollege vor kurzem von einem kaum bekannten Syndrom namens von Bezold-Jarish: Bei einem Verletzten, der zu lange in seinem Klettergurt hängt, muss man durch eine Störung der Herzpumpleistung, die durch den Druck auf die Oberschenkelarterie hervorgerufen wird, mit einem Herz-Kreislauf-Stillstand rechnen. Das wirkt sich dann auf den ganzen Ablauf der Bergung aus. Wenn man in die Spalte runtergeht, muss das alles berücksichtigt werden.

Während ich meine Steigeisen anlege, berichtet mir Grisou vom Unfall. Sein Gast und er waren losgegangen, um die Tour-Ronde-Nordwand zu machen. Sie hatten in der Turiner Hütte auf der italienischen Seite des Montblanc geschlafen, um im Morgengrauen losgehen zu können. Obwohl diese Route an einem Tag machbar ist, war das eine strategische und vernünftige Wahl, denn Hubert, von Beruf Notar, war nicht der Schnellste. Einige Stunden Vorsprung konnten seine Erfolgsaussichten nur vergrößern. Mit den Fellen unter den Tourenskiern gingen sie frohen Mutes los, einer hin ter dem anderen, um auf dem normalen Zustieg unter der Nordseite des Col d'Entrèves zum Einstieg zu queren.

Bei der Umgehung des ersten Felssporns folgten sie verwehten, aber noch erkennbaren Skispuren. Plötzlich war vor ihnen eine Delle im Schnee zu erkennen. Mon Grisou, dem man in seinem Beruf nichts vormachen kann, fiel sie sofort auf. Diese Delle war nicht sehr breit, mehr oder weniger etwa eine Skilänge. Der kalte, gut gesetzte Schnee trug dazu bei, dass diese Stelle keine Gefahr darzustellen schien. Grisou beschloss, sie direkt zu überqueren, um das Risiko in Grenzen zu halten. Er ging also weiter. Hubert folgte der Spur, ohne sich irgendwelche Gedanken zu machen.

Plötzlich erstarrte er: unter ihm ein vierzig Meter tiefer Abgrund! Nur die Schaufeln seiner Skier lagen vorn noch auf festem Schnee, hinten ruhten die Skienden auf dem Spaltenrand. Die Spaltenbrücke, die das Gewicht von Grisou noch gehalten hatte, war mit einem dumpfen, matten Ton zusammengebrochen, als er sie überquerte.

Aus Angst, dass sein letzter Halt im Schnee auch noch wegbrechen könnte, wagte Hubert nicht zu schreien. Grisou, der in aller Ruhe weitergegangen war, wachte plötzlich aus seiner Lethargie auf. Er drehte sich um und rief entsetzt: »Beweg dich bloß nicht!«

Das war wirklich das Letzte, was Hubert eingefallen wäre. Grisou kam so nah an ihn ran wie nur möglich und stieg aus der Bindung, um mit seinen Skiern einen Ankerpunkt zu bauen. In Rekordzeit hatte er das Seil aus dem Rucksack gezogen. Ein Sackstich ins Seilende, ein Schraubkarabiner, der zwei Minuten später zwanzig Zentimeter vor Huberts Skispitzen landete. Er musste ihn nur erreichen. Dazu musste er sich bücken. Zitternd und ungeschickt streckte er die Hand danach aus. Der Schnee hielt. Doch dann machte Hubert jene kleine Bewegung, die es zu vermeiden galt, eine winzige Hüftbewegung.

Alles brach zusammen, und Hubert verschwand im Loch. Grisou spannte seine Muskeln bis zum Äußersten an, um das Seil zu halten. Es dehnte sich mit Gewalt. Das tat weh! »Hubert, alles ist gut, ich hab dich!«, rief Grisou.

»Da dachte ich noch, dass er an seinem Klettergurt hängt, und habe das Ausmaß der Gefahr noch gar nicht erkannt«, erzählt mir Grisou. »Hubert rief mir zu: ›Grisou, ich werde sterben, ich kann mich nicht halten!‹ Ich antwortete ihm: ›Aber nein, ich halte dich doch. Ist die Spalte tief?‹ – ›Hundert Meter – ich werde hinabstürzen und sterben, Grisou.‹ Ich erklärte ihm, dass es in Chamonix keine Spalten von 100 Meter Tiefe gibt. Und plötzlich war das Seil schlaff. Da habe ich verstanden, dass er keine Zeit hatte, den Karabiner in seinen Gurt einzuklinken. So hing er also am Seil mit dem Rucksack auf dem Rücken und den Skiern an den Füßen als zusätzliche Last und hielt sich mit den Händen daran fest. Dann hat er losgelassen.«

Als ich mir die Szene vorstelle, erschauere ich. Ich verstehe die Angst, die er gehabt haben muss, so gut. Ich beginne meinen Abstieg in die Hölle und zu Hervé, der mich auf dem Spaltengrund erwartet. Am Ende des Stahlseils pendle ich in die Tiefe. Das statische Seil dient als zusätzliche Sicherung.

Ich gelange in eine wahre Kathedrale mit glatten, harten und blauen Wänden und einem spitzbogigen Schiff von vierzig Meter Höhe. Unten wirkt alles winzig. Obwohl ich gewohnt bin, mich in diesem Universum zu bewegen, habe ich Bammel.

Hubert liegt eingezwängt zwischen den Wänden, die sich nach unten verengen. Er ist auf die Schneedecke gefallen, die die Spaltenbrücke bildete, nachdem sie zusammengebrochen war. Wäre er gleichzeitig mit ihr hinabgestürzt, hätten ihn vermutlich die Eisstücke getötet, die den Grund der Spalte bedecken.

»Alles okay, Hubert?«

»Ja, aber ich wage nicht, mich zu bewegen«, antwortet er, nachdem er sich gerade etwas beruhigt hat. Hervé schaut mich besorgt an, obwohl er froh ist, dass er mich herabkommen ließ. Ich taste das Opfer nach meinem festen Ritual ab: den Kopf, den Hals, ein leichter Druck aufs Brustbein, die Kompression des seitlichen Brustkorbs mit beiden Händen – normalerweise springt ein Verletzter in die Luft, wenn er gebrochene Rippen hat. Dann kommt der Bauch dran: Wenn er angespannt ist und schmerzt, muss man mit einer inneren Blutung rechnen und folglich mit einem Milzriss. In den Büchern steht allerdings nicht, dass der Bauch bei Unterkühlten oft hart und gespannt ist, ohne dass eine innere Blutung vorliegt. Man tut gut daran, es zu wissen ... Danach interessiert mich das Becken. Bei Spaltenstürzen wird es oft durch die sich nach unten verengenden Spaltenwände verletzt. Man untersucht auch die Beine, wobei man ganz besonders auf deren Sensibilität und Reflexe achtet. Die Untersuchung der Wirbelsäule ist auf dem Grund einer Spalte meist viel schwieriger. Am wichtigsten ist es, sich mit größtmöglicher Vorsicht zu vergewissern, dass keine Lähmung vorliegt.

»Was machen wir jetzt?«, fragt Hervé ungeduldig, der diese Spalte langsam etwas düster findet. »Lassen wir die Trage ab, ziehen wir ihn mit dem KED* hoch oder machen wir beides?«

Ich kann suchen, wie ich will, bei Hubert kann ich nichts Beunruhigendes finden. Er ist brav, rührt sich nicht und wartet geduldig auf Anweisungen. Da er nicht klagt, sehe ich nicht einmal die Notwendigkeit, ihm einen Zugang zu legen, um ihm noch rasch ein Beruhigungsmittel zu verpassen. Schließlich beschließen wir, ihn mit einem Stützsystem hochzuholen, das viele Retter anwenden. Es ermöglicht, am Rücken des Verletzten eine Art Schiene zu fixieren, die die

* Kendrick Extraction Device – spezielle Wirbelsäulenschiene

gesamte Wirbelsäule in der richtigen Achse hält. Ist der Einsatz der Trage unmöglich, dann ist das KED für den Retter, der den Verletzten bestmöglich schützen will, das ideale Mittel.

Hubert ist bereit für den Transport nach oben. Natürlich muss noch ein wenig mit den Seilen herumhantiert werden. Man muss aufpassen, dass sich das statische Seil und das Stahlkabel nicht ineinander verwickeln. Die Retter sind aber wahre Meister: Bei einem normalen Spaltensturz, der keine allzu komplizierte medizinische Versorgung erforderlich macht, ist die Angelegenheit innerhalb einer Stunde erledigt. Ich glaube nicht, dass es viele Orte auf der Welt gibt, wo das besser ablaufen könnte.

Dann hänge ich endlich zusammen mit Hubert am Ende des Stahlseils. Plötzlich scheint mir das Kabel doch etwas dünn zu sein. Über die Schlingen, die mich halten, spüre ich die Vibrationen des Motors der Paillardet-Winde*, der auf vollen Touren läuft.

Schließlich werden wir aufgewinscht, fast schon herausgerissen aus der Spalte. Am heikelsten ist dabei, nicht unter der Eislippe, die über den Spaltenrand hinausragt, eingeklemmt zu werden.

Viel Frischluft empfängt uns, und die Sonne wärmt. Sie blendet uns wie beim Verlassen eines Tunnels. Hervé kommt nach uns mit dem gesamten Material hoch. Die Anspannung lässt nach. Es war eine schöne technische Rettung, ohne jegliche Schäden. Hubert ist glücklich.

Der Heli hat alle Beteiligte zur DZ gebracht. Hubert ist gerade mit der Ambulanz zu einem schnellen Check abge-

* Paillardet: Winde, die von Bergrettern eingesetzt wird. Sie hat einen kleinen tragbaren Hydraulikmotor, den man an einen Akku anschließen kann. Wenn der Motor warmgelaufen ist und rund läuft, zieht er einfach alles aus einer Spalte oder über eine Wand hoch. Man muss nur die Kabellänge entsprechend einstellen.

fahren, um sicherzugehen, dass er wirklich nichts hat. Grisou hat sich meinen Wagen geliehen, um seinen zu holen, der auf dem Parkplatz der Aiguille du Midi steht. Bébert, der bislang auf der Bank saß und sich sonnte, geht schließlich doch ans Telefon, das seit zwei Minuten läutet, ohne dass jemand den Hörer abnimmt.

»Es ist für dich, Manü, es ist Cécile, die dir eine Abreibung verpassen will«, kündigt er mir spöttisch an und gibt mir den Hörer.

»Ja.«

»Ich bin's.«

»Hallo.«

»Musstest du heute morgen schon arbeiten?«

»Ja, ich habe Grisou geholt.«

»Das kann doch nicht wahr sein! Ist es schlimm?«

»Nein, nichts passiert, nur ein großer Schreck, ich werde es dir später erzählen.«

»Sag mal, Marie-Jeanne hat angerufen und mir einen mystisch-wirren Vortrag gehalten, dass es besser wäre, wenn Khando noch eine Woche länger bei ihr bliebe, bevor wir sie abholen. Sie hat beschlossen, dass Khando sich noch in einem Umfeld aufhalten sollte, das ihrer Religion entspricht, und dass sie noch nicht so weit ist, sich der westlichen Zivilisation zu stellen.«

»Das ist doch nicht zu fassen! Und was hat Marie-Jeanne daheim, dass sie ihre Hütte für einen buddhistischen Tempel hält?«

»Einen Thangka – an der Wand!«

Ich breche in Gelächter aus, finde das aber überhaupt nicht lustig. Die Bemühungen, Khando hierherzuholen, waren endlich erfolgreich. Der dritte Versuch, sie aus Nepal wegzubringen, hat geklappt. Der Konsul hat mir über Anne mitteilen lassen, dass er bedauere, nichts tun zu können, da er keinen Einfluss auf den Flughafenzoll habe. Khando kam mit Norbu, dem Maler, diesmal aber trotzdem durch. Ich habe keine Ahnung, warum. Khando ist nun jedenfalls seit Samstag mit Norbu in Paris bei einer gewissen Marie-Jeanne.

Sie wurde uns vorgestellt als eine Frau, die sich sehr für die Integration der Nepalesen in Frankreich engagiert. Da wir bei der überraschenden Ankunft von Khando und Norbu nicht in Paris waren, war es für Marie-Jeanne, die Norbu kannte, eine Ehre, alle bei sich aufzunehmen. Zweimal habe ich mit ihr telefoniert. Von Anfang an hatte ich den Eindruck, dass das, was sie sagte, nicht sehr klar war. Auf sanfte Weise hielt sie mir hinsichtlich meiner Projekte eine Moralpredigt. Sie ließ mich nicht zu Wort kommen.

Nach dem dritten Telefonat war mir klar, dass diese Frau, die kinderlos ist und Khando ins Herz geschlossen hatte, sich dazu berechtigt fühlte, sie zu adoptieren. Nur weil sie sich an zwei aufeinanderfolgenden Tagen um sie gekümmert hatte! Marie-Jeanne war völlig verrückt.

Beunruhigt über die Wende, die das Ganze genommen hatte, verlor ich langsam die Geduld mit ihr. Da ich fand, dass ihre Unterstützung eher schädlich war, beschloss ich, Khando rasch zu holen, bevor die ganze Angelegenheit schlimmer wurde. Übermorgen wollten Alix und ich hinfahren, um sie ihr aus den Händen zu reißen, koste es, was es wolle.

Bernie

Langsam, Rémi! Deine Schritte sind zu groß …«

An diesem Morgen ist Catherine ein wenig genervt. Rémi ist mal wieder viel zu schnell in der Wand unterwegs. Manchmal vergisst er offenbar, dass seine Füße doppelt so groß sind wie die seiner Gefährtin. Sie geht dagegen lieber gemütlich los, bis die Maschine richtig angeheizt ist und sie ihren Rhythmus auf sanfte Weise gefunden hat. Dank ihrer starken Waden kann sie ihn dann über lange Distanzen halten.

Rémi ist ein Freiwilliger, ein hübscher braunhaariger Kerl mit blauen Augen. Sein Vorteil ist, groß zu sein. Sein Problem dabei ist, dass alles an ihm groß ist, einschließlich seiner Hände. Aus diesem Grund ist er kein Freund von Routen im Schwierigkeitsgrad 7c (UIAA-Grad IX). Wenn seine Kumpel ein Fingerglied auf eine schmale Leiste pressen, kann er gerade mal die Kuppe seines Fingers auflegen. Rémi träumte fast schon davon, sich die Finger zu erfrieren, damit sie kürzer werden!

Sein Bergführerdiplom hat er auch nicht wegen seiner Kletterkünste bekommen, sondern wegen seines Könnens im kombinierten Gelände. Er kommt besonders gut zurecht in Wänden mit sprödem Eis, und er kann selbst dort noch im Laufschritt vorwärts absteigen, wo sich viele auf allen vieren und mit dem Gesicht zur Wand bewegen und sich in die Hose machen vor Angst. Rémi ist eher einer von der intellektuellen Sorte. Er hat sein Diplom nie beruflich genutzt, das er aus Familientradition gemacht hat, weil sowohl sein Vater als auch sein Bruder Berufsbergführer waren. Er ist Ingenieur und baut Autobahnen; der Alpinismus dient ihm als Ventil. Und irgendwie auch als eine Form von Buße, als ob er mit seinen Exzessen in den Bergen das wiedergutmachen könnte, was er berufsbedingt der Umwelt antut.

Diesen Winter hat sich Rémi die »Contamine/Grisolle« am Montblanc du Tacul ausgesucht. Die Verhältnisse in der Route sind nicht die besten, aber das stört ihn nicht allzu sehr, da er dieses Gelände schätzt. Am Abend werden sie in Grenoble erwartet, um die Kinder wieder abzuholen, die sie bei der Mutter von Catherine gelassen haben. Deshalb sind sie an diesem Morgen sehr früh von der Hütte aufgebrochen.

»Lass Seil nach, Catherine, es ist nicht schwierig, lass es laufen!«

»Warte, Rémi, es krangelt.«

Catherine versucht, den Seilsalat, das Durcheinander der Seilschlingen zu ihren Füßen, zu entwirren. Der schwache Schein ihrer Stirnlampe ist ihr dabei nicht sehr behilflich. Hinzu kommt, dass sie eine Erkältung hat, die sich unangenehm bemerkbar macht.

»Gib den ganzen Rest des Seils aus, ich gehe weiter.«

»Warte, ich sag dir doch, dass es krangelt!«, ruft Catherine zurück.

»Also gut, dann setze ich 'ne Schraube ...«

Catherine hört, wie Rémi vor sich hinmeckert. Plötzlich fallen mehrere tellergroße Eisschollen herab. Ein Stück in der Größe eines Kuchentellers zerschellt auf ihrer linken Hand. Das tut sehr weh, trotz ihrer Handschuhe.

»Pass doch auf, Rémi, du wirfst so viel Eis auf mich runter!«

»Dann geh doch aus der Falllinie!«

»Ja, danke, aber dafür ist's jetzt ein wenig spät!«

Catherine versucht ihre schmerzende Hand zu bewegen. Zum Glück ist nichts gebrochen.

Rémi befindet sich am Bergschrund, und darüber ist das Eis ein wenig spröde. Bei jedem Schlag seines Pickels zerplatzt es in Schollen. Es ist wirklich nicht schwierig, aber dieser Mist hier ist echt lebensgefährlich, denkt Rémi. Er schnappt sich die erste Charlet-Moser-Schraube an seinem Gurt, die er erwischt, und dreht sie zwei Zentimeter ein. Plötzlich löst sich die ganze Eisplatte mitsamt der Schraube und fällt hinunter.

»Scheiße! Ich bin doch echt ein Idiot! Eine ganz neue Schraube war das«, sagt er zu sich. »Egal, wir kommen auch ohne sie klar.« Dann geht er weiter, indem er fluchend seine Frontalzacken ins Eis schlägt.

Zwei Stunden später sind die ersten Anzeichen des Sonnenaufgangs zu sehen. Catherine ist zufrieden, denn sie hat die Schraube gefunden, die Rémi verloren hat. »Dafür muss er nachher ein Bier ausgeben«, denkt sie.

Rémi ist von der Route abgewichen, da die Lufttemperatur für 3600 Meter Höhe eher hoch ist. Der Felsriegel aus Granit, der nach der ersten Eiswand kam, war nicht besonders einladend. Zwei Steine waren schon über die Wand herabgekommen. Rémi hatte ihr Pfeifen gehört, bevor sie im Eis aufschlugen. Die linke Alternative, bei der die Schulter durch eine seitliche Schneerinne umgangen wird, schien sicherer zu sein, auch wenn sie nicht der klassischen Routenführung entsprach. Er war enttäuscht von der Qualität des Eises. Als er die Wand am Abend zuvor von der Hütte aus beobachtet hatte, schien dieser Abschnitt aus hartem Schnee zu sein. Doch er hatte sich gründlich getäuscht – das war nur eine feine, instabile Schicht auf dem hundsmiserablen grauen Eis.

Da seine Waden auch schon recht müde sind, zieht Rémi beeindruckende Seillängen durch, ohne eine einzige

Schraube zu setzen. Jedes Mal wenn er daran denkt, dass er eine Zwischensicherung setzen könnte, lässt er es sein – in der Hoffnung, dass das Eis über ihm besser wird. Seine Philosophie lautet, dass ein Sicherungspunkt halten muss, wenn man einen setzt. In einem solchen Gelände halten Schrauben aber nicht.

Seit zehn Minuten hört Catherine schon die Pickelschläge eines Kletterers, der offenbar dieselbe Variante gewählt hat wie sie. Sie mag so ein Gelände nicht, es macht sie nervös. Da sie mehrere Schläge braucht, bis ihr Pickel richtig sitzt, ist sie erschöpft. Zum Glück klettert sie diagonal aufwärts, sonst hätten die Eisplatten, die sie dabei löst, den Typ, der unter ihr klettert, bestimmt schon enthauptet.

»Salü!«, ruft ihr der Kerl zu, als er auf ihrer Höhe ist.

»Salü.« Catherine hat eine Pause eingelegt. Sie würde zur Entlastung gerne mal ihren Fuß quer hinstellen und sich dabei an ihrem Pickel festhalten, aber es bietet sich keine Möglichkeit dazu.

»Ich bin Bernie!«

»Ah, ich bin Catherine«, zwingt sie sich zu antworten. Ihrer Meinung nach ist der Typ recht schnell beim Vorstellen. Außerdem ärgert sie sich ein wenig darüber, dass er sie so leicht überholt.

»Ist es nicht super?«

»Puh, nein, das Eis ist gar nicht genial!« In diesem Moment hat Catherine überhaupt keinen Blick übrig für die Landschaft. Nur ein Gedanke beschäftigt sie, und das ist die Strecke, die sie noch bewältigen müssen bis zur Schulter des Tacul. Und die zieht sich.

»Ja, aber es könnte wirklich noch schlimmer sein, man darf sich nicht beklagen!«

Der Typ klettert free solo, also allein, seilfrei und völlig ungesichert. Er wirkt jung. Wahrscheinlich ein Einheimischer, der sich jeden Morgen auf diese Weise vergnügt. Er geht weiter in seinem Rhythmus. Catherine kann sich den

Gedanken nicht verkneifen, dass er sein Tempo erhöht hat, um ein wenig anzugeben. Auch er löst eine Eisplatte aus, als er rechts über ihr klettert. Sie lässt ganz bewusst einen kleinen Schrei los, nicht weil sie davon getroffen wurde, sondern damit er merkt, dass sie sich in seiner Falllinie befindet.

»Oh, Entschuldigung, ich werde weiter links gehen, damit ich kein Eis auf dich runterwerfe.«

»Ich hätte nichts dagegen«, murmelt Catherine. Dieser Sologeher beunruhigt sie. Sie hat noch nie verstanden, was an diesem Kletterstil reizvoll sein soll, und hält das für idiotisch. In dieser Eiswand angeseilt zu sein ist in ihren Augen das Mindeste. Plötzlich vermisst sie ihre beiden Kinder.

Die Schulter des Tacul ist nur noch etwa 200 Meter entfernt. Catherine bekommt hin und wieder starke Krämpfe in den Waden. Die Sonne steht im Osten des Massivs. Während sie mit dem Pfeiler des Dent du Géant spielt, kratzt sie mit ihren warmen Krallen schon an ihrer Eiswand.

Der Sologeher hat inzwischen Rémi auf der linken Seite überholt und bewältigt die letzten Seillängen aus stumpfem Eis. Sein Tempo ist ein wenig zu hoch für eine Tour dieses Formats. Seine Route beschreibt einen perfekten Bogen nach rechts, da geradeaus eine Wechte den direkten Ausstieg auf die Kuppe verhindert. Er befindet sich also oberhalb von Rémi. Momentan ist sein Tempo noch energisch, aber alles deutet darauf hin, dass er nicht zögern wird, die Müdigkeit dafür verantwortlich zu machen, dass …

Einige Minuten später findet Rémi eine kleine Mulde, in der die Eisqualität gut genug zu sein scheint, um einen Standplatz einzurichten. So kann er seine Waden etwas entspannen und Catherine korrekt nachsichern. Zweimal sind ihr die Frontalzacken schon weggerutscht. Er dreht zwei Schrauben ein, die ihm zum ersten Mal seit Beginn der Tour ermöglichen, eine Selbstsicherung einzuhängen.

»Catherine! Ich sichere dich am straffen Seil nach, der Stand ist …«

Er hat seinen Satz noch nicht beendet, als über seinem Kopf das Geräusch von berstendem Glas zu hören ist. Das Blut erstarrt in seinen Adern. Reflexartig presst er sich gegen das Eis und sieht, wie links von ihm eine Eisplatte in der Größe eines Bartisches vorbeifällt. Immer wieder an der Wand aufprallend, zerbirst sie in Stücke und verschwindet schließlich im Hängegletscher über dem Ausstieg der Pointe Lachenal.

Rémi ist darauf vorbereitet, dass nach dem Eisschlag der Alleingänger an ihm vorbeistürzt – aber nein. Dass er sich noch über ihm befindet, beruhigt ihn zwar. Aber er war es doch, der dieses Eispaket lostrat! Rémi spürt, wie seine innere Anspannung steigt. Er hatte Angst, und dieser Typ fängt an, ihn richtig zu nerven. Die Eisverhältnisse machen ihn schon nervös genug, da braucht er nicht noch mehr. Der Typ soll seine Dummheiten doch woanders machen.

Rémi hebt vorsichtig den Kopf, um zu sehen, was der Sologeher anstellt. Der hat offenbar ein Problem, da er versucht, eine Schraube einzudrehen, um sich daran zu sichern. Sein rechter Fuß rutscht im Grießschnee herum.

»Hey, alles okay?«, ruft Rémi.

»…«

»Pass mit dem Eis auf, wir haben das vorhin fast abgekriegt.«

»Tut mir leid!«

Rémi sichert Catherine hoch zum Stand.

»He, mein Steigeisen ist kaputt«, ruft der Kerl schließlich herunter.

Rémi beobachtet ihn. Es gelingt ihm nicht, den Fuß aufs Eis zu stellen. Er muss den vorderen Teil seiner Steigeisen verloren haben. Das sind allerdings Probleme, die bei den starren Modellen, bei denen beide Teile fest miteinander verschraubt sind, nicht mehr vorkommen. Es ist kaum zu glauben, dass der Kerl es nicht mal für nötig hielt, sich mit der modernsten Ausrüstung auszustatten. Er hat seine beiden Eisgeräte eingeschlagen, so gut es ging, sich daran gesichert und versucht nun, eine Lösung zu finden. Kurz und gut, er sieht gar nicht entspannt aus.

»He, ich stecke in der Scheiße und glaube, dass ich Stufen schlagen muss …«

»So ein Blödsinn! Hundert Meter Stufen schlagen mit uns beiden unter dir: Das soll wohl ein Witz sein!«

Rémi traut der Sache nicht. Das stinkt zum Himmel! Sie würden jede Menge Eis abbekommen. Er muss um jeden Preis eine andere Lösung finden. »Warte!«, ruft er. »Warte, bis ich bei dir oben bin. Ich werde dir ein Stück Seil zum Einbinden geben für den Rest der Tour.«

»Danke, das ist nett, aber es wird schon gehen. Mach dir bloß keine Sorgen …«

Rémi macht sich aber große Sorgen. Der Junge hat vielleicht Feuer im Hintern, aber bestimmt gerade erst den Realschulabschluss gemacht und die Pubertät kaum hinter sich. Er hat überhaupt kein Vertrauen zu ihm. Die Eisplatten werden genau auf ihn und Catherine herunterfallen und der Typ dann noch dazu. Daran besteht kein Zweifel!

»Ich sag doch, dass du warten sollst, bis ich da bin«, ruft Rémi und macht sich bereit für den Aufbruch.

»Es geht schon«, antwortet Bernie. Er versucht, so gut es geht, in die Stufen zu treten, aber der steigeisenlose Schuh hält kaum auf dem Eis.

Catherine, die gerade den Standplatz erreicht, schreit in Panik: »Rémi, tu doch was! Er wird abstürzen und uns mitreißen!«

Rémi zieht fluchend sein Handy aus der Tasche: »Ich rufe jetzt den Heli, dieser Typ ist doch völlig verrückt.«

Dropping Zone

Nach dieser Spaltenbergung sind wir hungrig. Ein Frühstück ist jetzt angebracht. Die Atmosphäre ist entspannt. Tony nutzt die Gelegenheit, die Vakuumstützschienen und die Vakuummatratze zu testen, während er die benutzte Ausrüstung aufräumt. Gestern standen wir nämlich dumm da, als wir einen Typ mit Verdacht auf Lendenwirbelfraktur holten. Die Vakuummatratze, eine spezielle Luftmatratze, die sich perfekt der Anatomie des Körpers anpasst, während die Luft abgesaugt wird und sich das Innenmaterial verfestigt, war während des Transports weich geworden. Zweifellos hatte sie ein Loch. Das Problem mit der Ausrüstung liegt darin, dass man ständig hinterher sein muss, dass sie perfekt funktioniert, wenn sie gebraucht wird. Das verlangt viel Disziplin. Während Tony alles kontrolliert, genehmige ich mir in Gesellschaft von Gérard und Xav ein übrig gebliebenes Croissant und einen lauwarmen Kaffee. Ich erzähle ihnen von Khando und meinem Ärger mit Marie-Jeanne.

Die Pause fällt kurz aus. Zehn Minuten später fliegen wir dicht an den Flanken der Aiguille du Midi entlang, etwas durchgerüttelt von den ersten Aufwinden des Tages. Gérard hat diese Route zum Col du Midi gewählt. Ich schaue aus dem Fenster und bin wieder einmal völlig hingerissen von all den großen Routen in der Nordwand: dem Frendopfeiler, der »Mallory«, der »Eugster«, der »Carli/Chassagne«, all diesen langen Routen über mehr als 1000 Höhenmeter, die ich in meinen Anfängen eine nach der anderen gegangen bin. Es ist verrückt, wie leicht sie alle wirken, wenn man sie im Helikopter überfliegt. Das macht fast Lust darauf, sie noch einmal zu machen, diesmal im Laufschritt …

Dann zeigt sich uns der 3530 Meter hohe Col du Midi so, wie er ist: gewaltig, weiß und beruhigend. Hier befindet sich unser Problem.

»Da, auf elf Uhr«, ruft Tony.

»Elf Uhr, bist du sicher?«, fragt Gérard.

»Ja, ein bisschen tiefer, etwa 100 Meter unter der Wechte.«

»Ah, hab's gesehen.« Als wollte er das Gegenteil behaupten, fliegt Gérard nach rechts in die entgegengesetzte Richtung.

»Nein, nach links, da unten«, beharrt Tony.

»Jaja, beruhige dich! Ich habe sie gesehen. Lass mich mal warm werden mit der Gegend. Ich muss die Runde machen, da ich wissen will, wie wir das angehen müssen. Hier gibt es oft Fallwind, vor allem wenn der Wind vom Genfer See her bläst.«

Gérard kennt das Massiv zu gut, um in eine Falle zu tappen. Das Ziel der Retter ist es, so schnell wie möglich beim Opfer zu sein. Der Hilferuf, den Cordial bekommen hat, klang etwas dramatisierend, aber das kann täuschen und durchaus gerechtfertigt sein. Da hatte einer mit seinem Handy vom Standplatz aus angerufen, um zu melden, dass ein Alleingänger kurz davor war, einen Unfall zu bauen und er ihnen dabei auf den Kopf fallen würde.

Die Bergung scheint heikel zu werden. Es geht dabei darum, sich nicht zu verpassen. Gérard umrundet die Schulter des Tacul. Die Verhältnisse sind gut und Turbulenzen keine zu erkennen.

»Gut, Tony, wie willst du vorgehen?«, fragt Gérard.

Tony beobachtet die drei Bergsteiger in der großen, 500 Meter hohen Wand. Er wägt die Vor- und Nachteile der verschiedenen Lösungsmöglichkeiten, die sich ihm bieten, gegeneinander ab. Seit drei Monaten hat er nur einfache Rettungseinsätze durchgeführt, Bergung von der Skipiste, Erkundungen und so weiter. Diesmal wird von ihm aber auf brutale Weise die beste Lösung verlangt. Und der Einsatz ist hoch.

»Du musst nah ranfliegen, damit ich sicher bin, dass ich den Richtigen schnappe«, antwortet er.

Der Sologeher ist der obere. Er ist völlig verkrampft und kurz davor loszulassen. Das Eis ist schwarz und stumpf. Der untere Kletterer signalisiert mit der Haltung seiner Arme, dass sie Hilfe benötigen. Er zeigt auch auf den Kletterer über ihm, um der Heli-Besatzung zu vermitteln, dass dieser es ist, der gerettet werden muss.

»Soll ich dich auf dem Gipfel absetzen?«, fragt Gérard.

»Nein, das Einrichten der Winde dauert zu lange, da wird der Typ schon längst unten sein. Er hält sich an zwei Eisgeräten fest, die nicht halten, und er scheint nicht in der Lage zu sein, eine Schraube einzudrehen. Warum, verstehe ich nicht. Am besten lässt du mich an der Winde bis zu ihm ab. Ich fixiere die Longline an seinem Gurt, du steigst hoch und fliegst uns dann bis zum Col du Midi. Meinst du, dass das so klappen könnte?«

»Es muss!«

Die Seilwinde der Alouette wäre zwar stark genug, zwei Personen gleichzeitig hochzuziehen, aus Sicherheitsgründen ist sie für diese Methode aber nicht geeignet.

Tony hat inzwischen seine Steigeisen für den Fall der Fälle angelegt. Normalerweise hätte er keinen Kontakt mit dem Eis. Die einzige Sorge bereitet der Luftwirbel des Rotors. Hoffentlich werden die drei da unten nicht zu sehr durchgeschüttelt.

»Bist du fertig, Tony?«, fragt Xav.

»Ja, ich kappe jetzt die Verbindung.«

Tony stellt seinen Empfang von der Kabine auf das Funkgerät um, damit er mit Xav über sein Mikrofon kommunizieren kann, das er dabeihat. Beim Arbeiten mit der Winde muss der Bergretter immer mit dem Bediener der Winde in Verbindung sein, da es dabei immer um Zentimeter geht. Xav kann nur vage erkennen, was sich dreißig Meter unter dem Hubschrauber abspielt, und muss vom Retter dirigiert werden, der am Haken hängt.

»Okay, los geht's. Fünf Meter ... zehn Meter ... zwanzig Meter. Stop, Großväterchen! Warte! Es sieht aus, als ob der Typ abrutscht ... nein, es ist gut, er kann sich halten!«

Ich versuche, etwas zu sehen, aber ich sitze auf der falschen Seite der Maschine und wage nicht, den Platz zu wechseln, aus Angst, sie aus dem Gleichgewicht zu bringen. Ich war sowieso überrascht darüber, dass man mich nicht am Col du Midi abgesetzt hat, um den Heli zu entlasten. Aber es war Eile geboten.

Tony ist fast auf der Höhe des Sologehers.

»Du kannst näher an die Wand ... drei Meter ...« Xav berichtet in seinem Helm in Echtzeit ganz präzise darüber, was er sieht, damit Gérard genau weiß, woran er ist. Der Pilot fixiert den Rand der Wechte, um seine Position zu halten. Der Bordmechaniker dient ihm dabei als Auge. Mit Fingerspitzengefühl bedient er den Steuerknüppel und nähert sich Meter für Meter, wobei er versucht, mögliche Turbulenzen vorherzusehen. Vor allem darf er nicht aus dem Gleichgewicht geraten.

Tony ist nun ganz dicht bei Bernie. Er drückt auf die Taste des Funkgeräts auf seinem Bauch und spricht in sein Mikrofon.

»Noch zwei Meter ... noch einen Meter, langsam, langsam, Xav!«

Er spricht abgehackt, seine Stimme klingt nervös.

Bernie ist starr vor Angst. Er ist völlig überrascht von der Ankunft der Bergrettung, da er sie nicht erwartet hat, und hat zuvor keine Schraube eingedreht, um einen Standplatz zu bauen. Er hatte nur Zeit, seinen linken Pickel einzuschlagen und sich daran zu sichern. Sich darauf abstützend, schlüpft er aus der Schlaufe seines anderen Eisgerätes, um Tony die Hand zu reichen. Tony will diese Hand aber nicht. Sein Ziel ist es, sich dem Bergsteiger zu nähern, sich durch Einschlagen der Frontalzacken zu stabilisieren und dann den Karabiner der Longline in die Anseilschlaufe von Bernies Gurt einzuhängen.

»Zu weit links, Xav, ich werde noch auf ihn stürzen! Nach rechts, Xav, nach rechts … einen Meter nach rechts!«

Bernie versteht die Strategie nicht. Das ist das größte Problem bei der Bergrettung: Der Retter muss versuchen, dem zu Rettenden seine Vorgehensweise klarzumachen. Und das bei großem Lärm und viel Wind.

»Okay, bin da … Nicht bewegen, Xav!«, schreit Tony.

Alles wäre problemlos abgelaufen ohne dieses Sandkorn im Getriebe. Ein falscher Reflex, ein Hauch von Nervosität und vor allem fehlendes Glück – und schon fällt alles zusammen. Mit einer ungeschickten Bewegung will Bernie den Arm von Tony fassen und stößt dabei an seinen rechten Pickel. Der ist nicht besonders gut verankert, löst sich und fällt. Im Reflex versucht Bernie, ihn mit der Hand zu packen, belastet dabei sein Standbein und entfernt sich so ein wenig von der Wand, wodurch er den Winkel zwischen seiner Selbstsicherung und dem anderen Pickel vergrößert, an dem er unter Spannung fixiert ist. Alles geschieht sehr schnell.

Bernie rutscht mit seinem linken Fuß weg und kippt zur Seite. Der zweite Pickel wird herausgerissen. Als Tony sieht, dass der Bergsteiger stürzt, packt er ihn am Arm, bekommt mit seinen Handschuhen aber nur dicken Stoff zu fassen. Verbissen versucht er ihn dennoch zu halten. Plötzlich zieht das Kabel nach rechts. Durch den plötzlichen Zug verliert er seine Beute. Bernie, der weder Griff noch Tritt hat, merkt mit Entsetzen, dass er nach hinten stürzt.

Tony ist machtlos und schaut schockiert zu. Verzweifelt schreit er: »Scheiße! Scheiße! Ich hab ihn nicht gehalten. Ich hab ihn nicht gehalten, verdammt noch mal!«

Im Heli herrscht Bestürzung. Das ist doch unmöglich! Noch nie haben sie jemanden auf diese Weise verloren.

Tony zappelt am Ende des Seiles herum und versucht zu sehen, wohin der Körper fällt. Da sieht er unten die beiden anderen Bergsteiger. Nein, das kann doch nicht wahr sein! Der Typ wird die beiden anderen Bergsteiger mitreißen. Es ist der reinste Horror!

»Scheiße, Catherine, pass auf, da kommt er!«, brüllt Rémi, der sich gerade noch an die Wand drücken kann, als er sieht, was da auf sie zukommt. Es ist vorbei, Bernie wird sie beide mitreißen. Alles vorbei. Vor seinem inneren Auge zieht sein ganzes Leben an ihm vorüber, er sieht seine Kinder, seine Frau, seine Ziele – sein ganzes Leben, innerhalb von mehreren Zehntelsekunden.

Der erste Schlag ist hart. Rémi spürt, wie der Ärmel seiner Jacke zerreißt wie ein Stück Stoff. Im Bruchteil einer Sekunde werden sie in die Tiefe geschleudert werden. Catherine wird fast erdrückt vom Gewicht ihres Gefährten. Es ist paradox, aber das Gefühl von Ohnmacht und Schwäche hat all ihre Ängste vertrieben, so als ob das Schicksal von den letzten Momenten ihres Lebens Besitz ergriffen und in einer letzten Geste des Mitleids beschlossen hätte, dass sie sich dessen gar nicht bewusst ist.

Dann kommt der zweite Schlag. Bernie ist regelrecht abgeprallt von Rémi, aber sein Schuh hat sich zehn Meter weiter unten in einer Seilschlinge verfangen, die unter dem Stand hängt. Alles könnte herausreißen. Das Seil dehnt sich zunächst aber wie ein Gummi, dann lässt die Spannung nach. Rémi, der auf die beiden Eisschrauben starrt, sieht, wie die linke zusammen mit dem Stück Eis, in dem sie steckt, ausreißt. Das war die, die ihn hielt. Er stürzt und hängt schließlich einen Meter tiefer an der zweiten Schraube. Wie gut, dass er die Zeit gehabt hatte, die Schlingen der Sicherung zu verdoppeln. Bernie hat nicht so viel Glück, sein Fuß löst sich aus der Schlinge. Sein Körper stürzt wie ein Hampelmann mit einem scheppernden Geräusch über den Hang hinab und verschwindet einige Sekunden später zwischen zwei Séracs.

Rémi hört sein eigenes lautes Atmen. Er zittert an allen Gliedern. Catherine schluchzt. Sie hängen an einer schlechten Eisschraube mitten in dieser beschissenen Wand, aber sie leben. Rémi betrachtet bestürzt die Schraube, die gehalten hat. Er denkt an die beiden kleinen Kinder, die sie fast zu Waisen gemacht hätten. Es gibt also doch einen lieben Gott irgendwo. Offenbar aber nicht für Bernie …

»Bring mich ganz runter, ich will sehen, wo er ist!«, schreit Tony in sein Funkgerät. Er ist wie in Trance.

Gérard fliegt auf den Gletscherbruch zu, der Richtung Turiner Hütte hinabfließt. Tony folgt, noch immer am Stahlseil hängend, in der Luft.

Bernies Sturz über die 65 Grad steile Wand, die dann in einen Gletscherbruch übergeht, konnte nur tödlich enden … Die Alouette positioniert sich direkt über der Kante des ersten dunklen Abgrunds. Langsam sinkend entdeckt Tony den Kegel am Auslauf von Bernies Sturzbahn, die er zwangsläufig genommen hat. »Lima, bring mich weiter runter, nach rechts, ich sehe ihn!«

Bernie ist dort, er ist auf einem Schneehaufen am Grund der Spalte gelandet. Er kniet und versucht, zur Besinnung zu kommen.

»Er lebt. Setz mich ab und schick Manü runter!«, ruft Tony.

»Beruhige dich, beruhige dich! Wie heißt du?«, fragt er den Jungen, der völlig weggetreten ist.

»Ja, komm her … Sichere mich, lass Seil nach …«

Der Typ ist völlig daneben. Er versucht aufzustehen, dann setzt er sich wieder hin, will sich umdrehen. Sein Helm liegt zwei Meter weiter unten, seine Hose ist halb zerrissen. Er kämpft mit dem Tragegurt seines Rucksacks, der sich um seine Schulter gewickelt hat und den er loswerden will.

»Langsam. Lass dir helfen. Wie heißt du?«, fragt ihn Tony erneut.

»…«

»He, wie heißt du?«, frage ich ihn auch.

»Bernie, ich heiße Bernie.«

»Wo tut's weh, Bernie?«

»Komm her! Noch näher! Komm! Nimm das Seil auf …«

»Bernie, beruhige dich. Ich bin Arzt, lass mich mal machen!«

Bernie ist überreizt, wir können aber nicht herumtrödeln. Jeden Moment können wir hier Eisbrocken oder ein Schneebrett abbekommen. Wir müssen nicht weit, nur aus der Falllinie raus, auch wenn Bernie das offenbar nicht zulassen will. Er ist am ganzen Körper voller Blut, hat darüber hinaus aber offenbar keine schwerwiegenden Verletzungen davongetragen. Es ist ein Wunder, dass er lebt und so wenig abbekommen hat.

Allerdings bin ich wegen seines Schädels beunruhigt. Er benimmt sich wie jemand, der einen harten Schlag auf den Kopf bekommen hat. Wenn jemand so unruhig ist wie er, dann kann das auch ein Hinweis auf eine innere Blutung sein. Wir müssen auf der Hut sein, denn angesichts der Sturzhöhe müssen wir mit allem rechnen.

»Manü, du musst ihn ruhigstellen, sonst bekommen wir den hier nicht heraus«, erklärt Tony.

Das ist leicht gesagt. Ich werde einige Zeit brauchen, Bernie dahin zu bringen, dass er das tut, was wir ihm sagen. Momentan ist er jedenfalls überhaupt nicht bereit dazu. Jedes Mal, wenn ich seinen Ärmel hochschiebe, um eine Vene zu finden, sperrt er sich dagegen.

»Tony, wir brauchen Unterstützung, das schaffen wir nie!«, ordne ich an.

Tony macht mir hinter Bernies Rücken Zeichen, die ich leicht verstehen kann: »Wir packen ihn, schnüren ihn in die Trage und hauen ab ...« Auf die alte, schnelle Art.

Aber der Kerl ist ganz schön stark. Durch Geduld gelingt es mir, ihn zur Vernunft zu bringen. Er beruhigt sich ein wenig. Der mit Kraft hochgeschobene Ärmel drückt eine Arterie ab, und in der Armbeuge entdecke ich eine schöne Vene. Ich darf sie nicht verfehlen! Während ich auf Bernie einrede, nähere ich mich ihm mit der abgeschrägten Spitze eines grünen Katheters.

Jede Farbe steht für einen anderen Durchmesser. Die blauen Katheter sind beispielsweise für Kinder. Die orangefarbenen oder grauen sind die dicken Kaliber, die man bei einem Schock einsetzt, wenn schnellstmöglich eine Lösung zum Auffüllen verabreicht werden muss. Die grünen sind die mittleren. Sobald man mit der Nadel in der Vene drin ist, zieht man diese heraus und lässt dabei ein kleines Röhrchen aus Plastik drin, das als Hülle diente. Dieses Mikroröhrchen hält den Zugang zur Vene ständig frei, ohne dass dabei die Nadel aus Metall im Arm bleiben muss, wie das früher der Fall war. Um zu vermeiden, eine Infusion legen zu müssen, die sofort einfrieren würde oder bei der Bergung herausgerissen werden könnte, befestigt man einen kleinen Spezialkorken auf dem Röhrchen, das aus der Haut herausragt. So kann man dem Verletzten bei Bedarf jederzeit ein Mittel spritzen.

»Lass mich mal machen, Bernie, das tut jetzt ein bisschen weh, okay?« Geschafft, die Nadel ist eingeführt, das Blut steigt in der Kanüle auf. Es ist fast gut ... Bitte jetzt bloß nicht bewegen!

»Hör auf damit, hör auf, du tust mir weh, du Idiot. Lass mich los!«, brüllt Bernie.

Tony blockiert seinen Arm, so gut es geht. Der Kerl windet sich – zu spät. Der Katheter fliegt davon. Bernie hat sich alles rausgerissen.

»Scheiße, Bernie, du nervst mich!«

Lima lässt Arnaud herunter. Arnaud ist ein muskelbepackter Schrank. Er bringt die Trage mit.

Ich komme zu dem Schluss, dass Ketamin hier angebracht wäre. Diskret bereite ich die Spritze für eine intramuskuläre Injektion vor und erkläre Arnaud die Situation in wenigen Worten.

»Hilf uns mal, ich werde ihm das in den Hintern spritzen. Wir haben keine Wahl, hier werden wir jedenfalls nicht länger herumhängen.«

Das ganze Geheimnis der Anästhesie besteht in der Verabreichung der erforderlichen Dosis, mit der uns der Verletzte machen lässt, ohne dass er dabei aufhört zu atmen. Ich habe überhaupt keine Lust, an diesem ungeeigneten Ort alles auszupacken: Intubation, Beatmungsgerät und so weiter. Dieser Typ hat wahrscheinlich nur eine leichte Gehirnerschütterung, schlimmstenfalls eine kleine Gehirnblutung oder einige Petechien, punktförmige Einblutungen in der grauen Masse, die Sorte von Läsion, die heilbar ist.

Fünfzig Milligramm müssten für den Anfang reichen, das Mittel wirkt rasch. Schlimmstenfalls werde ich ihm bei Bedarf noch etwas mehr verabreichen. Noch vor Kurzem hätte man mir den Einsatz dieses Mittels vorwerfen können, weil es bei Schädelverletzungen als ungeeignet galt. Aber die Medizin ist wie Ebbe und Flut: An einem Tag wird man hingerichtet, weil man ein Mittel eingesetzt hat, und tags darauf wird man fast aus der Ärztekammer ausgeschlossen, weil man es nicht benutzt hat. Genau das ist mit Ketamin passiert. Nachdem man es zugunsten von moderneren Medikamenten fallen gelassen hatte – auch weil es Kontraindikationen bei Schädelverletzungen aufwies –, hat man es inzwischen als unentbehrliche Alternative rehabilitiert. Ein Produkt, das wenige Jahre zuvor noch als schädlich galt, ist es jetzt überhaupt nicht mehr! Medizin ist die Kunst, nicht gegen den Strom zu schwimmen …

Im Fall von Bernie bleibt mir sowieso keine andere Möglichkeit. Die Nadel geht durch die Hose hindurch und sticht dann in das, was ich für das obere äußere Viertel der linken Gesäßbacke halte. Die Wirksamkeit des Mittels lernt man rasch schätzen. Es gibt nichts Radikaleres.

Bernie ist schon nicht mehr so unruhig. Er wird ganz steif, bekommt einen starren, glasigen Blick, als ob er ganz in Gedanken versunken wäre. Ketamin ist die Droge des virtuellen Schlafs. Eine, bei der man mit offenen Augen schläft.

Ich teste die Sauerstoffsättigung des Blutes an einer seiner Fingerkuppen mit meinem kleinen Sensor: 78 Prozent, gar nicht schlecht für 3500 Meter Höhe, aber alles andere als genug für einen mit einer Hirnverletzung. Ich muss daran denken, ihn im Heli sofort mit Sauerstoff zu versorgen.

Wir verschnüren unseren Mann, dann werden wir alle vom Heli hochgezogen. Ich bin nicht gerade böse darüber, endlich aus diesem Loch herauszukommen.

Als wir zwei Stunden später wieder ins Krankenhaus zurückkommen, um einen Verletzten abzuliefern, der sich beim Versuch, sich an einer Expressschlinge festzuhalten, einen Karabiner in die Hand gejagt hat, ist Bernie völlig wach und bei klarem Verstand. Er schaut mich an, als ob er mich noch nie in seinem Leben gesehen hätte. Ich erkläre ihm, dass wir uns bereits getroffen haben, vielleicht aber in einer anderen Dimension. Er muss mich für einen Irren halten!

Auf dem Röntgenbildschirm hängen die Röntgenaufnahmen: Man kann eine kleine, dunkle Lücke unter der Schädeldecke erkennen, nichts Schlimmes, ein kleines Hämatom zwischen der Hirnhaut und dem Schädelknochen, das sich nicht verschlimmern dürfte. Nochmals einer, der wie durch ein Wunder davongekommen ist!

Hinsichtlich Wunder können sich auch andere rühmen, knapp davongekommen zu sein. Ich kann mich noch gut an die Geschichte erinnern, die mir ein ehemaliger Bergretter erzählt hat. Er war zur Abstiegsroute vom Col des Hirondelles an den Grandes Jorasses abgelassen worden, um einen Alpinisten herauszuholen, der dort festsaß, ganz allein und ohne Seil. Beim Abseilen war sein Seil zu kurz gewesen, und es war ihm durch die Finger gerutscht. Mit einer Schlinge hatte er sich an einem winzigen Felszacken gesichert. 200 Höhenmeter trennten ihn vom Wandfuß. Er war halb tot – so sehr hatte er sich gefürchtet in den drei unendlich langen Stunden, die er auf seine Rettung hatte warten müssen.

Als der am Stahlseil baumelnde Bergretter auf gleicher Höhe mit ihm war, verlor der Typ die Nerven. Er war unfähig, noch eine Sekunde länger zu warten, bis man ihn an der Leine eingehängt hatte, und sprang mit einer verzweifelten Bewegung ins Leere, um sich an den Schuhen des Retters festzuklammern. Er hing daran wie eine Klette, aber es gelang ihm, sich zu halten, bis der Heli beide auf dem Schneefeld abgesetzt hatte.

An diesem Abend komme ich erschöpft nach Hause. Dieser erste Tag ließ mir keine Zeit, mich in der Badewanne zu erholen. Alix und Pierrot sind so aufgeregt, dass Cécile aufgegeben hat, sie zu bändigen. Bestimmt schneit es morgen … Ich habe genauso Schwierigkeiten, die beiden zu beruhigen. Nachdem ich mich eine halbe Stunde lang geduldig bemüht habe, sie ins Bett zu bringen, gelingt es mir, ihnen einen Gutenachtkuss zu geben und das Licht auszumachen.

Nicht weit von Grenoble entfernt umarmt im selben Moment Catherine ihre Kinder, fester als je zuvor. Beinahe hätte sie sie nicht wiedergesehen … Das Leben hängt nur an einem seidenen Faden.

Paris

Es ist Mittwoch, und die Serie meiner Nachtwachen ist beendet. Alix und ich haben sehr früh den TGV genommen, um Khando zu holen. Wir sind zu allem entschlossen.

Ein Glück, dass die Adresse stimmt. Das kleine Gebäude am Stadtrand, dessen Treppen wir hinaufsteigen, erinnert überhaupt nicht an einen buddhistischen Tempel ...

Alix wollte mich unbedingt begleiten, um ihre zukünftige Freundin kennenzulernen, von der sie nur einige wenige Fotos und meine Beschreibung kennt. Je näher wir ihr kommen, desto verhaltener wird ihre Vorfreude, und die Angst sorgt für Bauchweh.

Khando ist gleich an der Tür. Ein schelmischer Blick, ein rundliches Gesicht, das keinen Zweifel an ihrer tibetischen Abstammung lässt. Sie strahlt Gesundheit und Glück aus. Ganz anders als das kleine Mädchen aus dem Dolpo, das wir vor fünf Jahren vor den Parasiten gerettet haben. Ohne sich richtig zu verstecken, stellt sie sich doch vorsichtshalber hinter die Beine der Frau, die Marie-Jeanne sein muss.

Khando ist da, ich kann's kaum glauben! Alix und ich umarmen sie und testen unsere armseligen Kenntnisse der nepalesischen Sprache: »Tapaailaai kasto chha? Wie geht's?«

Sie schüttelt den Kopf und antwortet: »Sanchai chha! Gut, es geht gut!«, auf diese verwirrende Weise der Leute aus dem Dolpo, bei denen man meint, dass sie Nein sagen, wenn sie zustimmen.

Auch Norbu umarmt uns. Ich bin glücklich, ihn wiederzusehen, obwohl mir seine Anwesenheit in unserer Welt völlig merkwürdig vorkommt. Ich kann das Bild von Norbu in seiner Heimat Dolpo und bekleidet mit den traditionellen purpurfarbenen Gewändern, die er beim Malen trägt, nicht aus meinem Gedächtnis verdrängen. Es hatte mich immer sehr berührt, dass er dabei von nichts anderem inspiriert wurde als von seiner Kultur und seiner Religion. Der Gedanke, wie seine Zukunft in Paris aussehen wird, beunruhigt mich.

Marie-Jeanne macht ein Essen für uns und hört dabei nicht auf zu erwähnen, dass sie ihre Gastfreundschaft, ihre Freigiebigkeit und ihre stets geöffnete Tür ihrer Erziehung verdankt. Das ganze schöne Gerede wirkt gezwungen auf mich. Ich sage nichts dazu und vermeide jede Bemerkung darüber, dass sie mit den übelsten Mitteln versucht, ein Kind zu rauben. Unser Gespräch ist gespannt und auf falsche Weise freundschaftlich. Ich befürchte, dass ihr in letzter Minute noch eine Strategie einfällt, um mich davon abzuhalten, Khando mitzunehmen. Es wird hoffentlich nicht zu Handgreiflichkeiten kommen.

Zum Glück riecht Norbu den Braten. Er hat Khando erklärt, dass sie zu uns komme und ich ihr Pate bliebe. Marie-Jeanne, die gesagt hatte, sie spreche fließend Nepali, versteht kein einziges Wort von ihrem Gespräch, obwohl sie das Gegenteil behauptet.

Die Zeit vergeht, zu langsam für meinen Geschmack. Alix und ich schaffen es endlich, Khando ihrer Gefängniswärterin zu entreißen, die tödlich beleidigt ist. Fehlt nur noch, dass ich mich schuldig fühle. Wir winken zum Abschied zum Fenster hoch, dann verschwinden wir rasch, bevor sie uns noch hinterherrennt.

In der Straßenbahn amüsiert sich Khando mit Alix. Sie

sind schon Freundinnen. Es ist gut, Marie-Jeanne scheint ihr nicht zu fehlen.

Der TGV nach Bellegarde fährt mit Höchstgeschwindigkeit. Die beiden Mädchen haben eine beeindruckende Malstunde begonnen. Sie tauschen ihre Skizzen aus und prusten los. Die Stile sind sehr verschieden.

Von den Vibrationen des Zuges, der durch die Nacht rast, sanft geschaukelt, denke ich an all die Geschichten, die mir am anderen Ende der Welt passiert sind, Rettungseinsätze, bei denen ich eine Rolle gespielt habe. Einige der Geschichten haben mich kaum berührt, es gibt aber auch welche, die mich fürs ganze Leben geprägt und jahrelang motiviert haben.

Meine Arbeit besteht normalerweise aus einer Reihenfolge kurzer Abenteuer, flüchtiger Episoden der Alpinchronik, sozusagen Filmclips: die Geschichte des Kletterers, der stürzt und sich dabei eine Schädelfraktur zuzieht. Dann kommst du an einem Stahlseil hängend vom Himmel herab, der Kerl sieht dich nicht, du kennst ihn nicht. Du hängst ihn an die mehr oder weniger wundersamen Schläuche, dann evakuierst du ihn schnellstmöglich ins Krankenhaus, wo alles anonym ist und von wo du sofort wieder aufbrechen und dabei aufpassen musst, dass du dein Werkzeug nicht vergisst …

Die meisten Verunglückten kehren nie zurück, um dich zu treffen, entweder weil sie tot sind oder weil sie Angst haben, bei einem Besuch einen Teil ihres Albtraums noch einmal zu erleben. Manchmal ist es Scham, was sie zurückhält, manchmal das Gefühl, schuldig zu sein oder gestört zu haben. Vielleicht genieren sie sich auch, dass sie ausgezogen wurden, während sie bewusstlos waren. Andere erinnern sich an nichts mehr oder scheren sich nicht darum.

Angesichts all dieser flüchtigen Rettungseinsätze mag ich es, wenn sich eine Geschichte vom Alltäglichen abhebt, wenn sie sich fortsetzt, nach einer gewissen Zeit wieder aufflackert und Folgen hat. Erst dann bekommt ein gerettetes Leben seinen ganzen Wert.

Die Geschichte von Khando ist eine dieser äußerst wichtigen Erfahrungen. Von denen gibt es nur wenige in der Karriere eines Retters, aber dank dieser wenigen finden in Gedanken alle Einsätze ohne Folgen ein ideales Ende, das man gerne kennengelernt hätte.

Man muss bis in den hintersten Winkel des Dolpo gehen, um fern von seinem gewohnten Mikrokosmos festzustellen, dass die Tatsache, Arzt zu sein, nicht nur ein professioneller Status ist. Es handelt sich vielmehr um einen permanenten und universellen Zustand. Er klebt an einem und ist Teil der eigenen Identität, wo auch immer und aus welchem Grund man sich dort aufhält – beispielsweise in der Nähe eines anorexischen Mädchens irgendwo im Himalaja. Diese kleine Dolpopa haben wir aus Mitgefühl oder aus Pflichtbewusstsein mitgenommen, ohne die Folgen zu ahnen und ohne darüber nachzudenken. Meine Frau Cécile hat sie, sich treu bleibend und gemäß ihrem Ruf mit drei Worten und drei Gesten einfach adoptiert. Und es dauerte nicht mal eine Woche, bis Khando für immer auf der Liste unserer familiären Pflichten stand.

Die Schweizer

Die Schule von Taconnaz – dort wohnen wir. Eine alte Schule, die wir ganz allein und eigenhändig renoviert haben. Cécile hat die ganze erste Etage für ein Bed and Breakfast beschlagnahmt. Als wir sie vor zehn Jahren kauften, bestand die ganze Einrichtung aus einer alten schwarzen Wandtafel, die wir behielten, damit die Kinder sich darauf austoben, anstatt die Wände zu bemalen.

Es ist Anfang März, der aktivste Monat für Skitourengeher, für eifrige Freerider, die über die steilsten Hänge im Massiv hinunterfahren, und für die Anfänger unter den Skifahrern.

7.45 Uhr. Das Telefon klingelt. Obwohl Temperaturen über dem jahreszeitlichen Durchschnitt angesagt sind, ist es noch ein wenig kalt im Haus. Natürlich steht das Telefon mal wieder nicht auf der richtigen Seite und weckt zuerst Cécile. Mit all den Zwängen und Bereitschaftsdiensten, sie als Krankenschwester und ich als Arzt – klar, für ein Ehepaar gibt es nichts Normaleres –, wissen wir nicht mehr so genau, wer bereit sein muss.

Diesmal ist es offenbar für mich. In einem verzwickten Traum kämpfte ich gerade gegen einen Mückenschwarm … Aber im ganzen Haus riecht es nach Brot, und das ist die erste gute Nachricht des Tages. Dank unserer programmierbaren Maschine können wir morgens zum Frühstück warmes Brot essen. Unglücklicherweise kann ich das diesmal aber abhaken, da sie auf acht Uhr programmiert ist.

Es ist die Stimme von Benzalès: »Manü? Hier Marcel.«

»Ah, ja.« Mir fiel keine klügere Antwort ein.

»Es gibt was zu tun. Eine Seilschaft ist angeblich oberhalb vom Bergschrund in der Schweizerführe an den Courtes abgestürzt.«

Er ist ganz wach, ich aber nicht. »Ja, gut, na dann ... Ich komme.«

Noch im Halbkoma gibt Cécile einen vagen aufmunternden Kommentar von sich: »Was gibt's?«

»Scheiße, ich hab keine Lust. Ich hab echt 'ne Serie. Warum müssen die sich denn bloß alle so früh am Morgen umbringen?«

Als ich auf der Treppe am Zimmer der Mädchen vorbeikomme, höre ich ein Schnarchen. Ob im heimatlichen Dolpo oder in Taconnaz – Khandos Nase läuft immer.

Und los geht's. Das krächzende Funkgerät in die nicht mehr ganz neue Jacke, den Rucksack in den Kofferraum des Autos, das Morphin in die Bauchtasche und »Dancing in the Dark« in den CD-Player, um mich sanft aufzuwecken.

Wie üblich wurde der Pilot zuerst informiert, dann die Bergretter, und im letzten Moment sagte man sich: »Oh, und wie steht's mit dem Arzt?« Ich beeile mich also, und als ich ankomme, sind schon alle an Bord der Maschine. Um mich deutlich spüren zu lassen, dass ich spät dran bin, drehen sich die Rotorenblätter der Alouette vom Zivilschutz bereits auf Hochtouren. Ich habe kaum Zeit, in meinen Gurt zu springen und mich in den Heli zu werfen. Fast werde ich noch angemeckert.

»Salü, Dragon!«, sage ich noch, als mein Helm sitzt. Die Besatzung hat keine Zeit zu antworten: Wir werden von der Argentièrehütte angerufen.

»Ja, Joseph, wir hören dir zu.«

Joseph, der Hüttenwirt, hat eine etwas spezielle Auffassung vom Rettungsdienst, aber er bewacht seine Schafe gut. Unter anderem kann er kurze und konkrete Kommentare abgeben: »Es sind drei. Einer bewegt sich, zwei nicht.«

So lakonisch seine Bilanz auch sein mag, sie sagt viel aus über die Arbeit, die auf mich zukommt.

Am Fuß der Schweizerführe angekommen, landet die Alouette vorsichtig mit einer Kufe auf einem der beiden Schneehaufen, die sich beim langen Absturz der Seilschaft in der Lawine gebildet haben. »Los, raus mit euch!« Wir springen also raus, einer nach dem andern wie beim Fallschirmspringen, abgesehen davon, dass es nicht so hoch ist. Das Material folgt auf etwas brutale Art. Wir sinken bis zu den Knien im Schnee ein.

Es ist erstaunlich, dass sich die Lawine so früh am Morgen gelöst hat, aber der Tag war tatsächlich als sehr heiß für diese Jahreszeit angekündigt worden, und die Sonne scheint schon frühmorgens in die Schweizerführe.

Der Davongekommene steht offenbar unter Schock. Das ist normal angesichts seines langen Sturzes. Er blickt verstört, als hätte ihn der Blitz getroffen. Sein Gesicht ist verschwollen, die Haare sind zerzaust. Noch immer klebt Schnee an seinem Kopf. Seine Hosenbeine sind von den Steigeisen zerrissen, wie das häufig passiert.

»Bist du Franzose?«

»Ja, aus Argentière.«

»Tut's irgendwo weh?«

»Ich weiß nicht ...« Er fügt noch etwas hinzu, aber durch den Lärm des Helikopters verstehe ich nichts. Da er kein größeres Problem darstellt, wird er gleich in den Hubschrauber gesteckt, damit die Maschine nicht leer hinunterfliegen muss.

Bei den beiden anderen sieht es anders aus. Es gibt nichts Schwierigeres, als eine rasche Bilanz für zwei Verletzte gleichzeitig aufzustellen, die in ihr Seil verschnürt sind und fast erwürgt werden von den Gurten und Trägern ihres

Rucksacks. Wahre Zwangsjacken sind das. Alles, was ich sagen kann, ist, dass sie wimmern. Sie leben also. Am besten ist, wenn man dann versucht, erst einmal den Druck zu verringern. Das ist nicht immer einfach mit gewissen Bergrettern, die davon überzeugt sind, dass ein Einsatz immer ein Wettlauf gegen die Zeit ist. Das Wetter ist schön, die Berge sind herrlich, und es ist eine Illusion, zu glauben, dass sich alle Probleme durch Geschwindigkeit lösen lassen. Ich spiele also zuerst mit dem Messer herum und schneide das Seil in Stücke, selbst wenn es einem Kletterer wehtut, Ausrüstung kaputt zu machen, zumal er doch weiß, was das alles kostet.

Kurz bevor wir etwas klarer sehen, worum es geht, ruft einer der Bergretter: »Weg da, ein Schneerutsch!«

Wir springen also zehn Meter nach rechts, um der Lawine zu entgehen, die einen unserer Verletzten begräbt, der sich natürlich nicht in Sicherheit bringen konnte.

Plötzlich fällt mir ein, dass ich heute morgen vergessen habe, mein Lawinenverschüttetensuchgerät einzustecken. Man sollte öfter daran denken, es mitzunehmen – sogar im Sommer.

»Es ist okay, wir können zurück.«

Wir rennen hinüber, um den Jungen zu befreien, der noch immer verschnürt ist und keine Luft bekommt. Er leidet ein wenig unter Sauerstoffmangel. Wie immer muss ich rasch die Art und den möglichen Grad seiner Verletzungen abschätzen, das Opfer dann ruhigstellen, ihm eine Infusion verabreichen, um die Adern zu füllen, und gegebenenfalls auch eine Reanimation durchführen.

Der erste der beiden Verletzten kommt mit einem gebrochenen Handgelenk, ein oder zwei Wirbelfrakturen und mehreren Rippenbrüchen nicht allzu schlecht davon. Der andere scheint weniger kooperativ zu sein. Er stößt die Sauerstoffmaske weg, die ihm der Bergretter auf die Nase setzen will. Der Retter kann ihm sagen, was er will, um ihn zu beruhigen – da ist nichts zu machen, der Typ leidet.

Ich beschließe, nicht zu viel Zeit mit dem Ersten zu verlieren. Ich öffne meine Bauchtasche, in der ich nur das Minimum zum Legen eines Katheters und zum Schmerzstillen habe. So muss ich meinen Rucksack nicht öffnen, den ich nur bei größeren Verletzungen brauche.

Ich entdecke eine schöne Vene, die zickzack unter der Haut des Handrückens verläuft. Leider nützt ihre Schönheit nichts, wenn man sie erwischen muss. Man sollte das nie zu leicht nehmen. Als Beweis dafür steche ich bei ihr daneben. Und schon gibt's ein Taubenei. Das ärgert mich, denn nun muss ich eine Vene weiter oben am Arm suchen, wo mich der Jackenärmel behindert. Es hat mir immer leidgetan, ein Kleidungsstück zu zerschneiden, das 300 Euro kostet.

Bei dieser Vene nehme ich mir eine ganze Minute Zeit, um sie richtig vorzubereiten. Ich klopfe und reinige sie mit einem Alkoholtupfer. Sie ist kleiner und nicht gut zu erkennen. Dennoch treffe ich voll ins Schwarze. Schnell ein Pflästerchen zum Fixieren des Katheters drauf, dann verabreiche ich ihm eine Ampulle Nalbuphin, ein Schmerzmittel, das ihn bis zur Ankunft im Krankenhaus beruhigen soll. Schließlich rufe ich Kevin zu mir, den jungen Bergretter, der mich begleitet: »Du überwachst ihn kurz, bis das wirkt. Ich werde nachschauen, was der andere hat.«

Der zweite Verletzte sieht nicht gut aus. Ich bedauere, dass ich nicht mit ihm angefangen habe. Leider ist es oft so: Man neigt dazu, sich zuerst auf den zu stürzen, der am lautesten schreit, während ein anderer im Sterben liegt.

Der da ist im Begriff wegzutreten. Er trägt keinen Helm mehr. Er sieht aus wie einer, der intubiert werden muss, daran besteht überhaupt kein Zweifel. Mit etwas Glück kann er aber noch einmal davonkommen. Beim Absturz über mehrere Hundert Meter auf etwas härterem Schnee sind Schädelverletzungen manchmal nicht nur die Folge eines einzigen heftigen Schlages, sondern unter Umständen das

Ergebnis von mehreren Schlägen. Das wird »Milchshake-Effekt« genannt. Das durchgeschüttelte Gehirn schwillt an. Der Computertomograf zeigt ein diffuses Ödem ohne erkennbare Verletzung. Ist dieses Ödem nicht zu groß, ist das Wiedererlangen des Bewusstseins manchmal ohne Folgeerscheinungen möglich.

Draußen im Gelände wird man die Intubation nie perfekt beherrschen. Wer das Gegenteil behauptet, lügt. Es mag selten vorkommen, dass man in der aseptischen Atmosphäre des Operationssaals scheitert, wenn der Patient einen leeren Magen hat, das Licht gut ist und es bei einem Problem Alternativen gibt. In der lebensfeindlichen Umgebung des Hochgebirges kann eine Intubation jedoch sehr heikel sein. Da ist man allein und kann nicht damit rechnen, dass einem die Bergretter helfen und den Schlauch reichen, da dies nicht zu ihren Aufgaben gehört. Sie werden zu selten mit einer solchen Situation konfrontiert, um sich dabei wohlzufühlen. Man liegt dann im Schnee oder zwischen Steinen, mitten in dem um einen verstreuten Material. Oft ist es kalt und nass. Wenn dann auch noch der Heli öfter hin- und herfliegen muss, um fehlendes Material heranzuschaffen kommt man sich vor wie im Krieg. Falls der Patient nüchtern ist, kann alles gut verlaufen. Falls nicht, kann es vorkommen, dass er dir sein Frühstück ins Gesicht speit.

Eine Intubation ist kein harmloser Akt. Die Entscheidung, direkt vor Ort eine zu machen, muss wohlüberlegt sein. Die Wahl, sich schnellstmöglich in ein dafür besser geeignetes und entsprechend ausgerüstetes Umfeld zu begeben, kann manchmal besser sein. Das nennen wir »scoop and run«, also ruhigstellen und rennen.

Ich bin zufrieden, in diesem Fall hat alles gut geklappt. Ich habe ihm in die Beuge des Ellbogens einen guten Katheter gelegt und ihm die übliche Soße aus Etomidat und Célocurine verpasst. Ersteres ist ein starkes Beruhigungsmittel, das einen völlig von der Wirklichkeit abkoppelt. Das Zweite ist ein Medikament, das alle Muskeln des Brustkorbs lähmt und die Stimmritze weit öffnet, und zwar gerade so lange, bis man den Tubus eingeführt hat. Im Jargon der Notfallmediziner nennt man das eine Crash-Intubation. Eine Minute später fängt mein Verletzter an zu zittern, was im Zusammenhang mit dem Medikament eine normale Reaktion ist. Dann entspannt sich sein Kiefer.

In solchen Momenten wird dem Arzt meist bewusst, über welche Macht er verfügt: Es erscheint mir einfach unglaublich, dass man solche Drogen besitzt und auch das Recht hat, sie einzusetzen. Aber es ist eine zweischneidige Macht, denn in diesem Augenblick hängt alles vom Arzt ab. Die Retter schauen ihm zu, was die Sache für ihn nicht einfacher macht, vor allem nicht, wenn er Berufsanfänger ist. Das Problem ist, dass einen selbst dann noch jede Menge Überraschungen erwarten, wenn man viel Erfahrung hat.

Mit dem Laryngoskop, dem Kehlkopfspiegel, habe ich seine Zunge hochgehoben und versucht, dabei keinen seiner Zähne zu beschädigen. Dann habe ich den Spatel bis zum Kehlkopfdeckel geschoben, ihn kräftig nach unten in Richtung Füße gedrückt und so den Tubus eingeführt, der glücklicherweise hineinging wie geschmiert. Danach folgt die Installation: Es genügt, den Schlauch mit einem Band am Patienten zu fixieren, dann das Atemgerät auf der einen Seite an die Sauerstoffflasche anzuschließen, auf der anderen an die Intubationskanüle. Hört der Patient auf zu atmen, übernimmt das die Maschine.

Während wir unseren Verletzten von den Courtes ins Tal bringen, erreicht uns ein anderer Alarm. Plötzlich steht außer Frage, ihn bis nach Genf zu bringen, denn das würde den Heli zwei Stunden lang blockieren, die erforderliche Zeit fürs Volltanken an der Dropping Zone nicht eingerechnet. Die Kerosinreserven sind begrenzt. In die Höhe nehmen Piloten normalerweise nur den Brennstoff im Tank mit, den sie für den jeweiligen Einsatz brauchen, damit die Maschine so leicht wie möglich ist und ein Maximum ihres Potenzials behält.

Für Schädelverletzungen ist Genf das neurochirurgische Zentrum, das Chamonix am nächsten liegt. Die Zentren Lyon und Grenoble, zu denen wir eigentlich gehören, sind zu weit entfernt, um sie mit den Rettungshubschraubern, die wir benutzen, erreichen zu können. Am besten wäre es, wenn man den diensthabenden Neurochirurgen vom Unfallort aus erreichen könnte, um die Aufnahme und Betreuung des Verletzten zu organisieren und gleichzeitig auch die Übernahme des Verletzten durch einen zweiten Hubschrauber. Das hätte den Vorteil, dass dann der erste weiterhin für das Massiv zur Verfügung stehen würde. Aber in zwei Dritteln aller Fälle muss man eine gute Viertelstunde herumstehen, bevor man mit dem zuständigen Facharzt reden kann. Der braucht dann noch eine halbe Stunde, bis er den Chirurgen findet, der jedoch nicht sofort antwortet. Nachdem man sich das gesamte musikalische Repertoire der Warteschleife reingezogen hat und alle möglichen Abstellgleise kennengelernt hat, gibt man auf und ruft im Genfer Kantonsspital an. Das Genfer Kantonsspital liegt in der Schweiz, deshalb ist es sehr teuer. Mangels eines näher gelegenen Zentrums genehmigt die französische Krankenversicherung, die für ihre Mitglieder die Rechnungen bezahlen muss, in schweren Fällen Ausnahmen.

Es mag paradox klingen, aber die Schweizer sind einfach schneller. Ich habe es selten erlebt, dass sie einen Patienten von uns abgelehnt haben. Wenn man sich per Notruf meldet, hat man dreißig Sekunden später den aufnehmenden Arzt am Apparat, der innerhalb von fünfzehn Minuten seine Antwort mitteilt. Eine halbe Stunde später wird der Kranke in Genf abgesetzt und dort aufgenommen. Ein weiterer Vorteil besteht darin, dass es manchmal möglich ist, den Verletzten mit demselben Hubschrauber dorthin zu bringen.

Sehr viel Energie wird in der Notfallmedizin damit verbraucht, schwierige Patienten in den entsprechenden Zentren unterzubringen, da diese Plätze teuer sind. Da könnte man fast meinen, der Patient sei eine Ware, deren Qualitäten man zuerst rühmen muss, damit sie genommen wird ... Erklär das mal den Angehörigen daheim!

Unser Patient aus der Schweizerführe kommt heute ins Krankenhaus von Chamonix. Nicht nur, weil der zweite Alarm dringend ist und weil es sich dabei um zwei erschöpfte Alpinisten handelt, die heruntergeholt werden müssen, sondern auch, weil der Hubschrauber schnell die beiden Retter abholen muss, die am Fuß der Courtes zurückgeblieben sind.

Dragon setzt mich also mit meinem Patienten ab, bevor der Tank an der Dropping Zone mit Kerosin befüllt wird. Es sind Ferien, und alle Stationen der Ambulanz sind belegt. Es wimmelt dort nur so von Menschen. Und wie immer, wenn ein interessanter Fall kommt, versammelt sich das ganze Personal: Externe, Praktikanten, ausländische Gäste, Schwesternschülerinnen – sie alle treten einander in diesem Raum, der nicht gerade groß ist, auf die Füße.

Meinem Patienten ist das Gewimmel gleichgültig. Ich habe ihm nach der Intubation Fentanyl verabreicht, ein schmerzstillendes Mittel, das hundertmal stärker ist als Morphium und ihn in einen erholsamen Schlaf versetzt hat. Die Maschine beatmet ihn und versorgt ihn mit mehr Sauerstoff, als er braucht. Er ist ruhig und soweit man das sagen kann auch entgegenkommend. Er wartet darauf, dass man ihn von der Bergrettungstrage herunterholt.

In der Ambulanz ist das Umbetten ein strategisch wichtiger Moment. Es ist quasi der erste Kontakt des Opfers mit dem Pflegeteam. Das ist allerdings hinsichtlich seiner Fähigkeiten nicht gerade aus einem Guss. Da gibt es jene, die sich auskennen, und jene, die glauben, sich auszukennen.

Da gibt es jene, die sich beeilen, jene, die sofort reagieren, jene, die im Stress sind, und jene, die einfach pennen. Jeder wartet darauf, dass der andere beim Umbetten die Befehle gibt. Und wenn das Signal dafür gegeben wird, geht immer irgendetwas schief – eine Schlinge, ein Karabiner, der Klettergurt oder der Zulaufschlauch der Infusion, die hängen bleiben, während der Verletzte mit ausgestreckten Armen gehalten wird.

Liegt er schließlich auf den sauberen Laken der Liege, kommt der ganze Prozess in Gang. Das läuft dann meist wie geschmiert, da jeder in etwa weiß, was er zu tun hat: Ausziehen, zweiten Venenzugang legen, Anschließen der Schläuche, kurzer Check der Vitalparameter wie Sauerstoffsättigung, Blutdruck und so weiter und so fort.

Normalerweise taucht auch immer eine Sekretärin wegen der Daten des Patienten auf, um eine Krankenakte anzulegen. Der Fortschritt sieht nämlich so aus: keine persönlichen Daten, keine Computerdatei, keine Behandlung. Aber wir können uns nicht beklagen, noch wird in Frankreich nicht gleich die Kreditkarte des Verletzten verlangt … Zum Glück ist er weder Tscheche noch Koreaner, und er war sogar so clever, seinen Ausweis im Rucksack mitzunehmen.

Jetzt ist der Moment der Informationsvermittlung gekommen. Ich habe kein Glück, das ist heute kein guter Tag. Es ist ein neuer Arzt in der Ambulanz, der erst seit ein paar Tagen hier ist. Er hat sich mir nicht richtig vorgestellt, ich mich ihm also auch nicht. Anscheinend ist er aus Lyon. Mir wäre einer meiner Kumpel lieber gewesen, da ich mich bei ihnen nicht rechtfertigen muss und auch nicht drei Stunden damit verliere, zu erklären, was passiert ist – wir machen denselben Job.

Bei ihm muss ich wohl bei null anfangen. Erstens scheint er nicht zu wissen, was eine Gletscherspalte ist. Zweitens sieht er wirklich nicht so aus, als ob er klettern würde. Er ist nicht wie die anderen von meiner Clique, sondern gehört eher zu denen, die sich für einen Gott auf Skiern halten, weil sie die schwarzen Pisten von Val Thorens runterkommen!

Ich habe beschlossen, ihn höflich zu behandeln, und denke mir, dass ich schließlich auch mal klein angefangen habe. Allerdings nervt er mich jetzt schon mit seinen doofen Kommentaren.

»Hast du keine Magensonde gelegt?«

Die Frage kommt mir so daneben vor, dass ich ihm nur antworte: »Nein, warum denn? Das ist am Berg so ... Wenn es dir Spaß macht, dann leg die Sonde doch jetzt selbst!«

»Welches Mittel hast du ihm denn verabreicht? Ich finde, dass er ziemlich weggetreten ausschaut ...«

Diesmal bin ich etwas genervt und sage: »Ketamin – vom Pferd!«

Er schaut mich misstrauisch an. Eine der Krankenschwestern zwinkert mir komplizenhaft zu. Offensichtlich ist er nicht beliebt. Er muss von einer großen städtischen Rettungsstation kommen. Mit seiner pedantischen Art wird er bald alle nerven, vor allem Grand Chef. Ich höre schon seinen langen Stechschritt am Ende des Flurs. Mit den Händen auf dem Rücken eilt er herbei. Sein offener Kittel flattert im Wind und sorgt für Turbulenzen in seiner Umgebung.

Er bremst auf der Höhe des Schockraums ab. Der Monolith überragt jeden um einen vollen Kopf. Sofort senkt sich die Lautstärke beim Personal. Grand Chef liebt das! Er ignoriert den Typ aus Lyon, wirft einen kurzen Blick auf den Patienten und schaut mich mit einem amüsierten Blick an. »Was bringst du uns denn da, Emmanuel?«, fragt er mich und betont dabei ganz bewusst jede einzelne Silbe, wie eine griesgrämige alte Lehrerin. Das ist seine Art, die Atmosphäre zu entspannen.

»Na, das da«, antworte ich ihm und zeige mit dem Kinn auf meinen Schützling.

»Ach nein, und wo ist das da runtergefallen?«

»Jetzt ist Saison für die Courtes, und an den Courtes rutscht eben immer was runter.«

»Und das da kam von weit oben?«

»Keine Ahnung, das hat er mir nicht gesagt. Er ist jedenfalls zusammen mit seinen beiden Freunden über den Bergschrund geflogen. Angesichts der Uhrzeit denke ich, dass sie im Aufstieg waren.«

Grand Chef blickt auf den Tubus, der aus dem Mund des Verletzten ragt, und sagt: »Na also, jetzt schaffst du es wenigstens, ihn ins richtige Loch zu stecken.«

Arschloch!

Der Typ aus Lyon schweigt. Er sieht eher blass aus. Plötzlich tut er mir fast leid. Das ist nicht sein Jargon, das ist nicht sein Milieu und auch nicht seine Welt. Er ist völlig verunsichert. Es ist ganz einfach, er existiert schon nicht mehr, so als ob er schon gefeuert wäre …

Grand Chef nimmt mich zur Seite und sagt in einem lakonischen Ton zu mir: »Der Neue ist gut, nicht wahr? Was hältst du von ihm? Er scheint in der Medizin etwas draufzuhaben und hat auch Format …«

Diskret schaue ich kurz auf die unübersehbare, überhängende Wampe und die kurzen Beine des kleinen Mannes aus Lyon. Das ist wahr, auch ich kann ihn mir schlecht vorstellen bei der Arbeit auf dem Grund einer Spalte, nicht mal mit viel Training.

Grand Chef betrachtet mich daraufhin erneut und fügt ganz laut ein bisschen spöttisch hinzu: »Na gut – da dein Kollege aus Lyon kommt und offenbar sehr erfahren ist, wird er auch leicht einen freien Platz in der Neurochirurgie für uns finden, beispielsweise in Lyon.«

Ich liebe es, wenn Grand Chef seine Show abzieht. Das ist hohe Kunst! Er gehört eindeutig zum Geschlecht der Herrschenden. Im Laufe der Zeit sind wir gute Freunde geworden. Und wie um uns nachzuahmen, ist mein Sohn der beste

Freund von seinem. Mit Grand Chef gab's einige unvergessliche Erlebnisse in den Bergen. Auch wenn er zweifellos in der Reanimation mein Meister ist, so habe ich doch auch seine Schwächen kennengelernt. Diese zeigen sich nach und nach, je höher man kommt, und sie stehen in umgekehrt proportionalem Verhältnis zum Sauerstoffpartialdruck.

Grand Chef verträgt die Höhe nicht. Vor einigen Jahren haben wir ein wenig Angst bekommen, während wir die Nordostwand der Aiguille Verte über das Couturiercouloir bestiegen. Der technisch schwierige Teil im Eis, zu Beginn der Tour, hatte uns keine besonderen Probleme bereitet, abgesehen davon, dass nach dessen Durchsteigung ein Rückzug auf derselben Seite nicht mehr in Frage kam. Die Route verlangt also, dass man die 500 Höhenmeter in der Schneerinne bewältigt, die auf 4000 Meter Höhe endet, und danach auf der anderen Seite abseilt, um auf den Talèfregletscher hinunterzukommen.

Ich merkte, dass Grand Chef etwas weniger redselig war als zu Beginn. Da ich Bergführer bin, stieg ich alles vor, zumal er mir diese Ehre und Verantwortung immer überließ. Ich begann also den Aufstieg durch die 500 Meter lange, geradlinig verlaufende Schneerinne, indem ich spurte und mich zwang, einen gleichmäßigen Rhythmus beizubehalten – nicht zu schnell und nicht zu langsam. Grand Chef ging aber deutlich langsamer. Da ich sein Gehtempo in geringer Höhe kannte, wurde ich unruhig. Auf 3500 Meter Höhe gab Grand Chef sein zweites Frühstück von sich. Auf 3700 Meter folgte das erste. Auf 3750 Meter kam sein Abendessen vom Tag zuvor hoch. Auf 3780 Meter Höhe flößte ich ihm Tee ein, nur damit er auf 3785 Meter wieder etwas zum Speien hatte. Auf 3800 Meter Höhe war die Gaskartusche leer, und Grand Chef hatte nichts mehr im Bauch. Er hatte einen pergamentfarbenen Teint wie jemand, der völlig dehydriert ist.

Wir brauchten mehr als drei Stunden, um den kleinen Sattel am Gipfel zu erreichen. Grand Chef war völlig leer. Es wurde dunkel, ein eisiger Wind blies, aber mir blieb nichts anderes übrig, als ihn erst einmal ausruhen zu lassen, bevor wir den Abstieg begannen, der auch nicht einfach war. In einer mehr als 400 Höhenmeter langen Rinne aus Fels und Eis war eine unendliche Reihe von wilden Abseilmanövern erforderlich. Ich zwängte mich in ein Loch und wappnete mich mit Geduld, während mein Chef völlig erstarrte. Ich zitterte so stark, dass ich nicht schlafen konnte, und prüfte regelmäßig seinen Zustand, indem ich ihn fragte, wie es ihm gehe. Ich schlug ihm vor, abzusteigen und Hilfe zu holen, damit man uns in aller Frühe holte, aber er wiederholte immer wieder, dass er lieber schlafen wolle. Er lag im Schnee und schien unempfindlich zu sein gegen die beißende Kälte.

Die folgenden Stunden schienen unendlich lang zu sein. Um Mitternacht gab Grand Chef keinen Laut mehr von sich, und ich war sehr beunruhigt. Wenn wir noch bis zum Morgen gewartet hätten, wäre er stark unterkühlt gewesen. Ich schüttelte ihn, damit er aufstand. Das war nicht einfach.

Der Abstieg wurde zur reinsten Folter, da er jedoch im Windschatten lag, war es uns dabei nicht mehr so kalt. Jede Viertelstunde sagte ich Grand Chef erneut, dass er die Höhe nicht vertrage und wir nur tiefer gehen müssten, damit alles wieder in Ordnung komme. Jedes Mal meckerte er zurück, bis wir schließlich den Gletscher betraten. Der Höhenmesser meiner Uhr zeigte 3500 Meter an. Die Sonne ging auf.

Sichtlich erfreut schaute er mich an und sagte: »Ach, mir ist gar nicht mehr schlecht!«

Wir machten mehrere Unternehmungen dieser Art. Für den Tourniersporn in der Nordwand der Droites benötigten wir ebenfalls mehr als 36 Stunden. Genau auf 3500 Meter Höhe lieferte mir Grand Chef dasselbe Szenario: Erbrechen, Kraftlosigkeit, Erstarrung. Wir biwakierten mitten in der Wand – die Freuden der Berge! Wir konnten die Route dann immerhin noch beenden, und wie beim letzten Mal kam auf der anderen Seite des Berges seine Moral zurück, als er mit beiden Beinen fest auf dem Talèfregletscher stand.

Das bislang letzte Abenteuer kühlte unseren Enthusiasmus allerdings etwas ab. Wir hatten meinen Kumpel Michel, mit dem ich in der Matterhorn-Nordwand so geglänzt hatte, in die Nant-Blanc-Flanke in der Nordwestwand der Aiguille Verte mitgenommen. Wir stiegen im ersten Teil, der kein größeres Problem darstellte, am gespannten Seil auf. Obwohl Grand Chef der Einzige war, der die Tour früher schon mal gemacht hatte, führten Michel und ich im Wechsel. Das Wetter war mittelmäßig, die Wolkendecke hing tief, aber die Wettervorhersage war gut. Nach dem ersten Drittel der Route waren wir uns über den Routenverlauf nicht einig, obwohl der eindeutig zu sein scheint, wenn man die Wand von Chamonix aus betrachtet. Michel und ich wollten in einer Rinne weiter, die nach links zog, während Grand Chef behauptete, dass es geradeaus weitergehe. Daraufhin folgte eine lange Diskussion, da er diese Tour jedoch schon einmal gemacht hatte, seine Stimme viel stärker war als unsere und er stets ein wenig »der Chef« blieb, gehorchten wir schließlich.

Eine Stunde später hatten wir die größte Plackerei, die man sich nur vorstellen kann: Hochkonzentriert mussten wir lange Querungen über rutschige, verschneite Platten absolvieren, um zurück auf die Route zu kommen. Natürlich beschuldigte jeder den anderen. Grand Chef war immerhin dazu bereit, einen Teil der Schuld auf sich zu nehmen. Zur Krönung des Ganzen senkte sich langsam der Dunst, der seit dem Morgen den Gipfel umhüllt hatte. Wir hatten drei Stunden in einer Tour verloren, die wir bei Tage beenden wollten. Unser Verstand sagte uns, dass wir den Heli rufen mussten, bevor es völlig zuzog, zumal wir uns der Höhenmarke 3500 näherten und Grand Chef die ersten Symptome spürte, die er und ich nur allzu gut kannten …

Der Hubschrauber brachte uns den Spezialisten für heikle

Angelegenheiten, Gulio, der uns im Handumdrehen herausholte. An diesem Tag hatten wir allerdings kein Glück, denn es war Crampon Cassepipe, der Bereitschaftsdienst hatte. Er verpasste uns eine gewaltige Abreibung. Und er wirft es uns heute noch vor. Seit diesem Abenteuer und seit Grand Chef immer höhenkrank wird, hat er seine Ambitionen etwas gemäßigt. Er hat sich in einen Handwerker verwandelt. Die Zeit ist gekommen, in der man von den Erinnerungen lebt und von der Kontemplation …

Mein Funkgerät beginnt wieder zu quieken. »Crampon Toubib, hier Dragon.«

»Ja, was gibt's?«

»Bist du bereit? Wir haben noch einen Einsatz.«

»Worum geht's?«

»Ein Tscheche, am Tacul, mit einem Beinbruch. Wir haben Jansé aufgenommen und werden dich unterwegs einsammeln.«

Ich stehle mich davon wie ein Dieb. Ich bin froh, dass ich heute keinen Dienst in der Ambulanz habe. Es ist zu viel los. Alles wirkt sehr angestrengt, und die Stimmung ist morbid. Ich kehre mit meinem Vogel zurück in die Höhe.

Zusammengekauert auf der Notlandestation des Krankenhauses schaue ich nicht einmal zu, wie sich der Hubschrauber mit einem Höllenlärm über meinem Kopf um seine eigene Achse dreht. Das »Touch and Go« dieses großen Tieres ist ein beeindruckendes Manöver und ein spezielles Spektakel, das für uns Retter dennoch ein gewohnter Anblick ist. Die Zuschauer bewegen sich nicht, die Türen klappern, die Kinder sind sprachlos … Wenn der Herr Doktor sich dann bitte die Mühe machen würde … Helm, Funksprechgerät, Türe schließen … Hinten alles okay? Schon ist der Pilot voll durchgestartet.

Das kleine Krankenhaus am Fuße der Berge schrumpft unter dem Hubschrauber zusammen. Ich betrachte es nachdenklich. Seine spezielle Form erinnert mich an Hammer und Sichel auf der alten Sowjetfahne ... Ist das Zufall? Dieses Krankenhaus in Chamonix, das über zwanzig Jahre lang den Anstürmen der Eroberer aus dem Flachland getrotzt und für seine Unabhängigkeit gekämpft hatte, hatte schon immer eine revolutionäre Seite. Es war eine Art Insel der Unbelehrbaren, ein bisschen arrogant, kritisiert und begehrt zugleich.

Der Tscheche am Tacul

Nach Aussagen des Bergführers, der angerufen hat, geschah der Unfall auf 3800 Metern, etwa in Höhe der letzten Eistürme. Das Wetter ist grenzwertig, ich weiß nicht, ob ich euch da absetzen kann!«, verkündet uns Michael, der Pilot.

Wie um noch eins draufzusetzen, gibt uns Cordial weitere Informationen über Funk. »Dragon, hier Cordial.«

»Ja, wir hören.«

»Seid ihr vom Krankenhaus gestartet?«

»Bestätigt. Weißt du Genaueres über die Art der Verletzungen?«, fragt Michael.

»Da ist einer, der über einen Gletscherabbruch hinabgestürzt ist und einen offenen Beinbruch haben soll.«

»Weiß man, wo?«

»Ja, einer aus der Gruppe ist zur Cosmiqueshütte abgestiegen, um die Rettung zu alarmieren. Marianne hat sie mit dem Fernglas entdeckt. Sie sind ganz oben unter der Schulter auf etwa 3800 Metern.«

Die Aiguille du Midi liegt unter unseren Füßen, die Aussichtsbalkone sind voll mit Japanern. Da ist ganz schön was los. Es ist klar, dass das Wetter nicht besser wird. Das könnte ein sportlicher Einsatz am Tacul werden. Wir sehen jetzt auch eine Ansammlung von dicken, sehr schnellen Kumuluswolken im ganzen oberen Bereich des Berges. Der Wind ist stark.

Michael hüstelt. Er hat den senegalesischen Akzent völlig abgelegt, den er so gerne imitiert, wenn alles gut läuft: Erinnerungen an Äquatorialafrika, wo er zur Schule ging. »Also dann, ich weiß nicht, wie's gehen wird. Wir werden es mal von unten versuchen.«

Michael kann machen, was er will, drehen, abtauchen, direkt am Hang hochfliegen, im Zickzack oder im Slalom, er kommt einfach nicht durch. Dann greift er von oben an: Dasselbe Spiel, es ist nicht möglich, auf der Schulter zu landen. Schließlich schlägt er vor, uns so weit oben am Hang wie möglich abzusetzen.

Erster Anflug auf 3300 Meter Höhe. Die Wolkendecke sinkt schnell. Sie umhüllt uns sofort. Jansé springt aus der Maschine, ohne lang zu überlegen. Michael steigt so schnell er kann auf, da er seine Orientierungspunkte verloren hat. Er fliegt wieder an, um mich abzusetzen. Die Wolkendecke ist jetzt noch tiefer. Alles ist weiß, der Hang ist etwa dreißig Grad steil. Die Kufe berührt den Schnee. Ich springe ins Schneegestöber und unterdrücke einen Fluch: Durch das Gewicht meines Rucksacks bin ich bis zu den Oberschenkeln eingesunken. Mit dem Gefühl, nur knapp meiner Enthauptung entgangen zu sein, werfe ich mich flach hin. Das große Tier fliegt davon und lässt mich in einer bedeutungsschweren Stille allein zurück.

Es schneit. Jansé, vierzig Meter über mir, ruft: »He, hast du die Spuren der Flügel gesehen?«

Ich steige durch den tiefen Pulverschnee zu ihm hoch. Da sehe ich den waagrechten Schnitt, den die Flügel der Alouette im Neuschnee hinterlassen haben, und schlucke entsetzt. Dieser Beruf ist doch unglaublich!

So wurden wir zwei also zurückgelassen in diesem Hang, mit einer Trage, die zwölf Kilo wiegt, und unseren Rucksäcken voller Ausrüstung. Der Verletzte befindet sich mindestens 500 Höhenmeter weiter oben.

Es hat völlig zugezogen. Jansé ruft Cordial, um über die

problematische Lage zu informieren. Rettung per Helikopter oder durch eine Bodenmannschaft? Es wird Zeit, dass die da unten das organisieren, um uns zu unterstützen.

Ich frage: »Also, was machen wir jetzt?«

»Wir beginnen mit dem Aufstieg, oder?«

»Ja – und was machen wir mit der Trage?« Ich kann mir kaum vorstellen, das Teil samt unseren zwölf Kilo schweren Rucksäcken einen Hang voller Neuschnee mehr als 500 Höhenmeter hochzuschleppen.

»Wir können sie ja hierlassen. Die anderen werden sie mitbringen, wenn sie zu uns aufsteigen. Wir beginnen mit dem Spuren, das ist doch schon mal nicht schlecht!«, schlägt Jansé vor.

Ich bin mit dieser Strategie mehr oder weniger einverstanden und folge ihm durch den Hang. Jansé gehört zur jungen Generation. Er ist Bergführer und hat seine Ausbildung vor Kurzem abgeschlossen. Er ist ein wenig verträumt, blond mit blauen Augen, und entspricht nicht dem alten Bild eines Bergrettungsgendarmen der 1970er-Jahre. Er klettert 8a, aber er gehört dennoch zu den Stillen. Wenn ich daran denke, dass ich seit zwanzig Jahren nicht mehr als einen Siebener klettern kann und dass er fünfzehn Jahre jünger ist als ich, haut mich das um! Seine Freundin ist sympathisch und hübsch. Man könnte meinen, dass sie beide aus einer Hollywood-Kaugummi-Werbung sind. Vor allem, wenn man sie mit ihrem zum Camper umgerüsteten Berlingo sieht. Als ich zwanzig Jahre alt war, hatte ich auch immer etwas zum Essen, Schlafen und vor allem zum Klettern in meinem Talbot-Transporter. Manchmal komme ich mir alt vor …

Die Freundin von Jansé ist Adjutantin bei der Gendarmerie. Es kommt vor, dass sie in Begleitung eines anderen Gendarmen wegen eines Unfalls auf öffentlichen Straßen oder wegen eines tätlichen Angriffs in die Ambulanz kommt. Da wir uns kennen, begrüße ich sie dann mit Küsschen auf die Wangen. Ich hatte nie etwas gegen Kriminalkommissare, das ist ein Beruf wie jeder andere, aber sie ist die einzige, die ich küsse.

Ich steige seit einer Stunde auf und schwitze. Jansé spurt noch immer. Ein echter Husky! Von Zeit zu Zeit rufen wir, um unsere Tschechen zu finden. Noch immer keine Antwort. Ich überlasse es Jansé, die Initiative zu ergreifen. Ich versuche, so gut es geht, bei meiner Rolle als Arzt zu bleiben, während die Retter ihre erfüllen. Ich weiß nicht, ob ich angesichts meines Alters die Nordflanke des Tacul besser kenne als Jansé, aber das ist mir egal, ich lasse ihn einfach machen. Es gibt nichts Schlimmeres, als einen Älteren im Rücken zu haben, der glaubt, alles zu wissen!

Ein Schrei ... Endlich! Und ein Schatten, der sich über uns abzeichnet. Einer der tschechischen Bergsteiger ist uns entgegengekommen. Wir versuchen, uns auf Englisch zu verständigen. Der Verletzte ist oberhalb. Müssen wir ihm nach? Wir hätten es uns denken können. Wir folgen ihm also in ein gefährliches Labyrinth aus aufeinandergetürmten Séracs. Der Parcours von Schneebrücke zu Schneebrücke ist nicht unüberwindbar, ich kann mir aber schlecht vorstellen, hier einen Mann zu tragen. Es schneit noch immer.

»Hello, I'm the doctor!«

Der Typ sitzt angelehnt an seinem Rucksack. Er schaut mich an, als hätte ich chinesisch gesprochen. Ich werde raten müssen, was ihm fehlt. Als ich sein rechtes Bein sehe, ist die Diagnose nicht schwer: Eine Art Schiene wurde um seinen gebrochenen und nach außen ausgerenkten Knöchel gebastelt.

Ich nehme die Schiene ab, die aus Teilen einer Isoliermatte besteht. Sein Lederschuh ist weit offen. Ich packe meinen Kram aus – Druckverband, Alkoholtupfer, grüner Zugang, Mandrin-Stöpsel – und erkläre ihm dabei, dass ich den Knöchel wieder einrenken muss, um Gewebeschäden zu vermeiden und die Durchblutungsstörung des Gewebes zu verringern. Man könnte genauso gut an eine Wand reden, er versteht überhaupt nichts von dem, was ich ihm erzähle, obwohl er zustimmt. Ich erkläre ihm auch, dass ich ihm wegen der Fraktur mit Hilfe eines spitzen Objektes, das im Zentrum wasserdurchlässig ist und das man Katheter nennt, ein Beruhigungsmittel verabreichen werde und dass das ein bisschen wehtun wird, weil ich ihm den Katheter in eine Armvene einführen werde, damit das Morphium einfließen kann. Mach es nicht so kompliziert, Manü, er ist einverstanden!

Ich schweige also und injiziere ihm eine Ampulle Nalbuphin, ein Morphiumderivat, das wir täglich brauchen und das den Vorteil hat, dass der Verletzte dabei mehr oder weniger kooperativ bleibt. Ich warte zwei Minuten, dann packe ich seinen Knöchel und ziehe. Ein lautes Knacken. Das klassische Geräusch des Knochens beim Einrenken. Ein Geräusch, das die Patienten nicht gerne hören, die Ärzte aber erfreut. Mein Tscheche verzieht das Gesicht, zuckt aber kaum zusammen. Diese Tschechen sind hart im Nehmen!

Zusammen mit Jansé lege ich ihm die Vakuumschiene an. Man kann sagen, dass das Leichteste nun erledigt ist, jetzt müssen wir ihn aber ins Tal hinabbringen, und das wird nicht einfach werden.

Jansé funkt Cordial an, um Neuigkeiten über die Verstärkung zu erfahren. Es ist 19 Uhr, die Zeit läuft uns davon. »Die Seilbahn zur Aiguille du Midi hat den Betrieb eingestellt – zu viel Wind am Gipfel. Und der Hubschrauber kommt nicht mehr durch die dichte Wolkendecke!«, übermittelt mir Jansé.

»Scheiße! Wenn die acht Jungs unten mit dem Schlitten festsitzen, dann werden wir uns bestimmt erkälten.«

»Ja, sieht ganz danach aus ...«

»Gut, Jansé, was hältst du davon, wenn wir mit einer Bergung auf die alte Art anfangen? Ich habe keine Lust, mir für die Nacht eine Schneehöhle zu graben, vor allem nicht bei diesem miesen Wetterbericht fürs Wochenende.«

»Wir müssten ihn wenigstens so nah wie möglich zur Cosmiqueshütte runterbringen. Wenn es die ganze Nacht durchschneit, dann wird der Hang lawinös.«

Also auf geht's zur improvisierten Bergrettung. Wir werden sie mit dem durchführen, was wir haben: Isomatten, Seile, Rucksäcke und Schlingen. Zunächst ziehen wir den Verletzten zwischen den Séracs durch. Zum Teil geschieht das auf dem Rücken von Jansé, zum Teil ziehen wir ihn mit einem Stück Seil als Schlepplift-Ersatz durch den Schnee. Mindestens eineinhalb Stunden ermüdende Plackerei.

Die Freunde des Mannes würden uns gerne helfen, aber angesichts der Ausrüstung, die sie schleppen müssen, ihre eigene und die des Verletzten, sehen wir rasch ein, dass das nicht möglich sein wird. Wir müssen uns da ganz allein durchbeißen.

Als wir den Eisbruch hinter uns haben, scheint es schwierig zu werden, dieselbe Technik anzuwenden, um den Typ über den Hang hinunterzubringen, in dem sich langsam sehr viel Schnee ansammelt. Wir befürchten zwar noch nicht, in eine Lawine zu geraten, aber mit achtzig Kilogramm auf dem Rücken kommt man in diesem Pulverschnee schlichtweg nicht voran.

Also konfiszieren wir alle verfügbaren Isomatten. Zum Glück sind unsere Tschechen diesbezüglich gut ausgerüstet. Wir holen auch den Schlafsack des Verletzten heraus und verschnüren ihn darin. Schließlich setzen wir ihm noch seine Mütze auf den Kopf und basteln mit Schlingen an jedes Ende der »Wurst« eine Handschlaufe. Jansé baut einen superdynamischen Standplatz, da wir nicht erwarten dürfen, dass der Tiefschnee Tonnen hält. Und ich gehe mit dem Tschechen los, durch die obere Schlaufe mit ihm verbunden, um ihn je nach Geländeform zu ziehen oder zu schieben.

Das läuft am Anfang gar nicht so schlecht. Unser Gespann

hat zwar eher die Form eines Schneepflugs, aber es geht voran. Der einzige Fehler unseres Systems ist der, dass der Schnee den behelfsmäßigen Schlitten bedeckt. Der Tscheche bleibt aber stoisch und gibt keinen Mucks von sich. Wir statten ihn noch mit einer Skibrille aus und zurren den Schnürzug seines Schlafsacks zur Schadensbegrenzung unter seiner Nase fest.

Nach den letzten Nachrichten hat der Wind auf der Nordseite der Aiguille du Midi, wo sich die Seilbahn befindet, nachgelassen, die zweite Hilfsmannschaft wartet auf die Gondel, die speziell für den Rettungseinsatz hinaufgefahren wird. Wenn wir weiter so absteigen, werden wir den Fuß des Tacul noch vor ihrer Ankunft erreichen.

Aber die Lage verschlechtert sich schneller als erwartet. Die Nacht überfällt uns. Das Funkgerät gibt den Geist auf: keine Ersatzbatterien. Dann beginnt der Ärger. Ich weiß, dass der Tacul in seinem unteren Drittel nicht gerade angenehm ist. Zwei schöne, fast senkrechte Hänge enden in zwei tiefen Bergschründen, die zwar nicht riesig sind, aber groß genug, dass ein Retter und ein Verletzter darin verschwinden können. Das Problem dabei ist, dass ich weder genau weiß, in welcher Höhe sie liegen, noch in welchem Zustand sie sind, da der Helikopter uns oberhalb von ihnen abgesetzt hat. Mein Blickfeld ist eingeschränkt. Im schwachen Lichtkegel meiner Stirnlampe sehe ich nur Schneeflocken. Der Hang wird steiler und immer härter und glatter. Anstatt den Schlitten zu schieben, werde ich jetzt von ihm gezogen. Ich bin überzeugt davon, dass wir unweigerlich in einen der beiden Bergschründe hineinrutschen. Ich muss den Schlitten also anhalten, um einen Überblick zu bekommen. Jansé muss bis zu mir absteigen, damit wir schauen können, wie wir über diese Stelle hinwegkommen. Jansé hört mich aber nicht.

»Jansé, blockieren! Blockier das Seil!«

Keine Reaktion. Ein großer Moment der Einsamkeit.

»Blockier das Seil, Jansé!«

Ich rutsche unaufhörlich weiter auf etwas zu, was ich für einen schwarzen Abgrund halte. Der Schlitten zieht mich mit und scheint immer schwerer zu werden.

Jansé hört mich wegen des Schneegestöbers nicht. Vielleicht träumt er auch vor sich hin und glaubt, er sei mit seiner Freundin im Verdon und klettere im T-Shirt ... Ich schreie weiter aus vollem Hals: »Blockieren, Jansé, blockiiieren!«

Er reagiert noch immer nicht. Ich habe nur noch zwei Möglichkeiten: entweder weiter auf den Bergschrund zuzurutschen in der Hoffnung, dass genau an der Stelle, wo ich auf ihn treffe, eine Schneebrücke ist. Oder mich so gegen den Schlitten zu stemmen, bis ich ihn nicht mehr halten kann. Wenn ich dann auf einmal loslasse, sause ich so brutal schnell hinunter, dass ich sicher hinüberkomme, ob eine Schneebrücke da ist oder nicht.

Der Gedanke, mit meinem Verletzten vom Bergschrund verschluckt zu werden, gefällt mir überhaupt nicht, und die Vorstellung, dass aus der Hilfsmannschaft ein Spaltenbergungstrupp wird, auch nicht. Angesichts dieser Perspektive werden die alten Überlebensinstinkte geweckt: Wütend schlage ich mit der linken Hand den Pickel ins weiße Eis, schlage zwei armselige Stufen für die Steigeisen und blockiere dabei den Schlitten mit der rechten Hand.

Der arme Tscheche versteht nicht, was das Manöver soll. Da er mit verschnürten Händen in seinem Sarkophag liegt, kann er mir nicht helfen, aber noch protestiert er wenigstens nicht. Zweifellos ist er sich nicht im Klaren darüber, dass er über einem tiefen Bergschrund hängt und ich ihn halte. Wir sind solidarisch, da wir aneinandergebunden sind und dasselbe Los haben, nämlich auf dem Grund dieser Spalte zu zerschmettern.

Ich werde mir durch das Festhalten bald die Schulter ausrenken und schreie noch immer in der Hoffnung, dass Jansé endlich aus seiner Lethargie erwacht. Er muss sich doch wenigstens mal fragen, warum das Seil nicht mehr gespannt ist … Ich kann ihn auch nicht mehr über Funk warnen, da beide Hände im Einsatz sind. Abgesehen davon ist meine Batterie sowieso leer. Am Ende meiner Kräfte erwarte ich nichts mehr außer jenen Moment, in dem ich loslassen werde. Der brutale Sturz von zwei Körpern mit je achtzig Kilogramm Gewicht wird die Sicherung herausreißen und Jansé gleich mit – und hopp, alle Mann rein in die Spalte.

Man darf nie verzweifeln, zum Glück gibt es immer einen Ausweg. Ich erwartete das Licht, und es kommt – nicht am Ende des Tunnels, sondern unter dem Bergschrund. Ein Lichtstrahl taucht dort auf. Es ist nicht Jansé, der auf meine Schreie antwortet, aber eine andere bekannte Stimme, die von unten kommt: »Manü, bist du das?«, fragt das kleine Licht.

»Ja, ich stecke in der Scheiße … Wer ist da?«

»Fabrice … Wir kommen. Was ist denn los?«

»Ich fürchte, dass es nicht mehr lange dauert, bis ich zusammen mit der Trage in den Bergschrund stürze. Jansé hört nichts, und ich habe kein Funkgerät mehr. Mir wäre lieber, wenn er das Seil blockieren würde, als immer mehr Seil nachzulassen … Kannst du was machen?«

»Jansé, hier Fabrice.«

Er hat sein Funkgerät herausgeholt.

»Ja, Fabrice, ich höre!«

»Jansé, blockier Manü, er hängt über dem Bergschrund.«

Wie durch ein Wunder spannt sich fast sofort das Seil, das uns mit Jansé verbindet. Eine unerwartete Erleichterung.

Fabrice und die anderen Bergretter haben den Fuß der Wand erreicht. Sie klettern links über den Hang aus weißem Eis hoch, wo der Normalweg sein muss. Zu dritt können wir den Schlitten aus seiner verhängnisvollen Spur ziehen.

Ich bin froh, dass ich heil davon gekommen bin. Der Rückweg zur Aiguille du Midi erfolgt bei guter Laune. Wie die sieben Zwerge kehren wir in dunkler Nacht von unserer Arbeit heim und ziehen den Schlitten durch den Schnee. Er ist tief, und selbst mit zehn Personen geraten wir ins Schwitzen, aber es ist nicht mehr gefährlich.

Die Zeiten haben sich geändert. Als ich vor fünfzehn Jahren angefangen habe, waren die Bergretter eher mürrisch, herb und nicht gerade gesprächig. Sie kletterten keine 8b und flirteten auch nicht so mit den Mädels. Das war noch die Zeit der Bergrettung auf die alte Art: Man marschierte mehr und dachte weniger nach. Jedenfalls stellte man sich damals keine existenziellen Fragen. Heutzutage hat man es dagegen eher mit Rennwagen der Formel 1 zu tun. Manche gehören auch zur Kategorie »Sportler auf hohem Niveau«. Also geschliffen, aber auch sehr empfindlich. Es gibt sogar welche, die könnten bei »Top Gun« mitspielen. Kurz: Es gibt alles – von den Besten bis zu den weniger Guten.

Der Col du Midi ist lang, wenn man einen Schlitten zieht. Die Diskussion dreht sich nun um Überlegungen der praktischen Art: Wie bringen wir den Verletzten nach Chamonix? Gulio hatte die kluge Idee, die elektrische Paillardet Seilwinde am Gipfel der Aiguille du Midi zu installieren. Um dort hinzukommen, muss man nämlich einen Höhenunterschied von 200 Metern überwinden. Dabei geht es nicht darum, dass man im Laufe der Jahre faul wird, sondern darum, dass man nicht mehr glaubt, dass so ein behelfsmäßiger Rettungsschlitten wie ein Bob gleitet, erst recht nicht im Tiefschnee auf 3800 Meter Höhe.

Als wir am Couloir des Poubelles ankommen, bin ich so erschöpft, dass ich Gulio segne. Es ist 23 Uhr, alle sind einverstanden mit dem Einsatz der Paillardet-Winde. Eine Stunde später sind alle mit der Winde hochgezogen und froh, in der Gondel zu sein.

Durch die beschlagenen Scheiben der Gondel nähert sich »Chamonix by night«. Mein Kinnbärtchen ist noch gefroren. Wir sind schweißdurchnäßt. Durch das Geräusch, das mein Trommelfell produziert, weiß ich, dass der Sauerstoff nun langsam wieder seinen Platz in meinen kleinen Gehirnzellen einnimmt.

Erst als wir unten ankommen, wird mir klar, dass wir vergessen haben, den Tschechen loszubinden! Er ist noch immer verschnürt wie eine Wurst und sagt nichts. Als ich ihn frage, ob es ihm gut geht, antwortet er: »Dobsche, dobsche.« Das muss »ja, geht schon« heißen!

Tatsächlich lieben wir terrestrische Rettungseinsätze – vor allem, wenn sie vorbei sind. Wir waren zehn Stunden bis zum Anschlag mit dieser Bergung beschäftigt, davon fast neun Stunden auf über 3000 Meter Höhe. All das wegen einer einfachen Fraktur und Luxation eines Knöchels. Mit dem Helikopter hätte eine halbe Stunde genügt, um die Sache zu zweit zu regeln. Hier liegt das Parodoxon der Bergrettung. Man gewöhnt sich so an ihre Leichtigkeit – bis zu dem Augenblick, in dem einen die Realität wieder einholt. Ohne Hubschrauber verlangt die Bergrettung Heroismus. Und es dauert bestimmt noch Jahre, bis die Technologie so weit ist, dass dieser Beruf weniger Anstrengung und Engagement der Retter fordert.

Um ein Uhr morgens ist es auf dem Parkplatz fast warm, jeder redet Stuss. Dann verabschieden wir uns alle in verschiedene Richtungen. Ein Krankenwagen holt den Verletzten, der in die Ambulanz gebracht wird. Ich mache ihm ein kleines Zeichen zum Abschied, und er lächelt mir zu. Ich rufe: »Dobsche?«

»Dobsche!«, antwortet er. Das heißt wohl tatsächlich »gut«. Aber wer weiß, vielleicht heißt es auch »Idiot«.

Ich fahre erledigt, aber glücklich heim, so als ob die Tatsache, dass ich an einer wesentlich anspruchsvolleren Rettung als üblich teilgenommen habe, mir einige freie Tage eingebracht hätte. Ich weiß aber genau, dass das nicht der Fall sein wird, da wir unsere Dienstzeiten gerne zusammenlegen, um danach länger frei zu haben – beispielsweise, um Bergsteigen zu gehen.

Daheim erwarten mich Dina und Daisy. Wie alle Katzen haben sie die ärgerliche Angewohnheit, sich miauend an die Beine anzuschmiegen. Das führt dazu, dass man dann mit dem Rettungsrucksack, dem Funkgerät und einem Paar Ski in der Hand kaum noch einen Schritt machen kann. Damit machen sie einem klar, dass es besser wäre, ihnen zuerst etwas zum Fressen zu geben, bevor man sich um Verletzte in den Bergen kümmert.

Bestimmt wurden sie am frühen Abend von der Chefin des Hauses verwiesen, und danach war die Jagd nach Feldmäusen nicht erfolgreich verlaufen. Dina, die Mutigere von beiden, bleibt mir jedenfalls dicht auf den Fersen. Rasch öffne ich die Küchentür, die nach draußen zur anderen Seite des Hauses führt. Sie geht hinaus und glaubt bestimmt, dass ich ihr mit einer vollen Schale folge. Pech gehabt, ich mache die Tür sofort zu. Für einen Moment bin ich sie los. Das klappt aber nicht immer, und die Technik ist auch nicht gerade ruhmreich, wie ich zugeben muss.

Ich habe meine Goretex-Kombination ausgezogen und das Lawinenverschüttetensuchgerät ausgeschaltet, das sehr geholfen hätte, wenn ich in diesen Bergschrund gestürzt wäre … Der Teller mit dem Linsengericht muss nur rasch in die Mikrowelle geschoben werden. Ich habe Hunger! Von Gewissensbissen geplagt, habe ich Dina vor dem Essen wieder hereingelassen.

Jamie

Es ist Sonntag. Kein festes Tagesprogramm. Das ist so selten und tut manchmal so gut. Ich bin noch immer erschöpft vom gestrigen Einsatz. Ich nütze die Sonne und den reichlichen Schnee, um mit den »Zwergen« Schlitten zu fahren. Khando amüsiert sich bestens. Sie hat alle Kleidungsstücke geerbt, die ihr passen, und zieht einen altmodischen, drei Meter langen Schal hinter sich her.

In unserem Spiel geht es darum, in der blödesten Position den kleinen Hang bis zum Campingplatz hinunterzufahren, der ans Haus grenzt. Khando hat mit erstaunlicher Geschwindigkeit ihren Platz eingenommen. Sie ist sehr gut organisiert und ständig beschäftigt. Sie benutzt schon die ersten französischen Wörter, ihr Englisch, so rudimentär es auch ist, hilft zusätzlich. Bei den Kindern läuft aber alles über Kontakt. Die Sprache ist wirklich eine Sache der Erwachsenen. Pierrot, mein zehnjähriger Sohn, bleibt völlig unabhängig. Die Anwesenheit von Khando ändert nichts an seiner Lebensweise. Bei Alix ist es komplizierter. Zunächst war sie sehr stolz darauf, Khando ihrer ganzen Klasse vorstellen zu können, danach war sie beunruhigt, dass Khando zu gut integriert war. Alix sah ihre strategische Position im Zentrum der Familie in Gefahr.

In der Schule meldet sich Khando bei allen Fragen der Lehrerin, selbst wenn sie nichts versteht. Das bringt alle zum Lachen. Sie hat nun ihre eigenen Freundinnen. Alle Kinder haben den Film »Himalaja – Die Kindheit eines Karawanenführers« von Eric Valli über ihren Großvater, bei dessen Produktion ich dabei war, im Fernsehen gesehen. Er ist fast schon eine Berühmtheit – und Khando auch.

Ich sehe zu, wie sie sich um den Schlitten streiten. Ich denke, dass es Khando schwerfallen wird, in ihr Land zurückzukehren. Es scheint ihr hier gut zu gefallen.

War es wirklich eine gute Idee, sie hierherzuholen? Nächste Woche schon wird sie abreisen müssen. Wir können es ihr erklären, sooft wie wir wollen, sie will es nicht verstehen. Hier ist sie trotz allem zu Hause.

Khando beschäftigt mich den ganzen Winter über, so wie ich ständig an Jamie denken musste in diesem verfluchten Winter, in dem das Unglück über das Tal von Chamonix hereinbrach wie ein Fluch: das Feuer im Tunnel und seine 39 Opfer, die unter entsetzlichen Umständen verbrannten; die tödlichen Lawinen, die Überschwemmungen und die berühmte Tragödie von Jamie und Jamie.

Nicht weit entfernt von Schottland, vor zwei Jahren: Jamie, völlig betrunken, tanzt zur Musik der Kelly Family, blau, aber glücklich. Er hat Mühe, sich auf seinen Krücken zu halten, das ist auch kein Wunder, denn Jamie hat keine Beine mehr.

Ich behalte ihn im Sucher meiner kleinen Kamera. Er ist mein Star: Seit seinem Unfall bin ich der persönliche Pressereferent Seiner Majestät, ein Held wider Willen. Auch ich habe viel Whisky getrunken und weiß nicht mehr genau, wo ich bin. Ich habe Schwierigkeiten, das zu klären. Dagegen habe ich überhaupt kein Problem, mich zu erinnern, wer dieser unglaubliche Typ ist, der unter diesem kleinen Festzelt im Kilt tanzt. Es ist schon spät, die Tanzfläche hat sich nach und nach geleert, aber er hält durch. Das Orchester spielt weiter. Es ist zwei Uhr morgens, und Jamie hört nicht auf.

Man sieht, wie seine zwei Prothesen aus Metall im Rhythmus der Geige aneinanderstoßen. Das Mädchen, das ihn stützt, damit er nicht hinfällt, muss ihn seit einer Ewigkeit kennen. Sie brüllt vor Lachen und lässt sich völlig gehen. Man muss dazu sagen, dass Jamie auch keine Arme mehr hat.

Das ist die schönste Hochzeit, bei der ich je dabei war. Abgesehen natürlich von meiner eigenen ... Mein Jamie sieht gut aus, wie ein richtiger Edelmann!

Anna, seine Verlobte, hatte eine Einladung an die Ambulanz von Chamonix geschickt: zur schottischen Hochzeit eines Geretteten und eines Mädchens, das nie aufgehört hat, ihn zu lieben. Ich bin zusammen mit Pascale hingeflogen, einer der Krankenschwestern, die Jamie während seines Aufenthalts bei uns gepflegt hat. Ich erinnere mich an eine laute Reise und den Geruch von Bier sowie an einen Vorortzug, den wir an einem leeren Bahnsteig suchten.

Jamie und Anna erwarteten uns und waren stolz darauf, dass wir unser Wort gehalten hatten. Ich sehe Jamie noch vor mir, wie er gekonnt die Porzellankugel betätigte, die am Steuer eines Autos für Behinderte fixiert wird. Die Sträßchen waren verwinkelt und von Steinmauern gesäumt, hinter denen Schafherden grasten.

Drei Jahre zuvor hatte Jamie in einem Sturm am Gipfel der Droites-Nordwand, einer der schwierigsten Eiswände der Alpen, zugesehen, wie sein bester Freund wenige Meter von ihm entfernt für immer einschlief. Sie saßen fest, waren dem Berg in die Falle gegangen. Nicht aus Unerfahrenheit, nicht aus mangelnder Vorsicht, nicht wegen mangelnder Kondition oder unzureichender Technik und auch nicht, weil sie von der Route abgekommen wären. Nein! Es war nur das harte Gesetz der Berge, eine Ansammlung von Pech, die Wahl eines Kletterstils.

Gemäß ihrer Gewohnheit hatten Jamie und Jamie es vorgezogen, mit schwerem Gepäck einzusteigen. Etwas mehr

Material und Biwakausrüstung, falls … Sie hatten beschlossen, die Tour »auf die schottische Art« zu machen. Und dann wurde das Wetter schlecht. Früher als erwartet.

Sie hatten etwas länger gebraucht, erschöpft von der Härte des Eises. Das erste Biwak unter den Eisrinnen, dann das zweite auf dem Gipfel im Sturm. Die Erschöpfung machte sich deutlich bemerkbar. Sie hätten mit dem Abstieg beginnen müssen, der nur zwei Seillängen von ihnen entfernt war. Sie wechselten aber auf die andere Seite und seilten dort mehrere Seillängen ab, um eine Eisrinne zu erreichen, die sicherer wirkte und besser geschützt war. Das lässt sich leicht sagen, wenn man sich auskennt. Aber das Wetter wurde nicht besser, im Gegenteil, und sie hatten nichts mehr zu essen und zu trinken. Alles war gefroren. Auch ihre Hände und Füße.

Sie resignierten und verbrachten dort eine dritte, dann eine vierte Biwaknacht. Am fünften Tag riss die Wolkendecke auf. Ein starker Nordwind hatte sie eingefroren. Ein tödlicher Wind, kalt wie Stahl, der ihnen den letzten Hoffnungsschimmer nahm. Jamie Fisher konnte diese Kälte bis ins Mark seiner Knochen nicht mehr ertragen. Er starb. Jamie Andrew hatte verstanden und wartete darauf, dass es bei ihm so weit war. Nichts konnte ihn mehr retten vor diesem Hai mit den weißen Zähnen, der ihn umkreiste …

Am Sonntagmorgen wurde das Dröhnen in der eisigen Luft immer lauter. Ein kleiner Mann in Blau pendelte vor dem Himmel, hin und her geworfen vom Schneegestöber. Unter dem Hubschrauber hängend hatte er sich an der Spitze des Granitturms festgeklammert, der rechts vom Sattel aufragt. Der Heli hatte das Seil eingezogen und war im Abgrund verschwunden.

Das war knapp gewesen. Eine Tasse Tee ist das Erste, woran sich Jamie erinnern kann. Der Bergretter war Gulio, der seine Zeit damit verbringt, im Massiv herumzukraxeln. Zufall oder Schicksal? Es passte prima, dass er Dienst hatte bei dieser »Mission Impossible«. Jamie wurde evakuiert und ins Krankenhaus geflogen. In wenigen Minuten befand er sich in jener speziellen Atmosphäre, die bei den Gesunden so unbeliebt ist. An jenem Ort, der schon so viele Abenteurer und so viele verhinderte Helden aufgenommen hatte. An jenem Ort, den man verehrt oder verabscheut, der rettet oder tötet.

Für Jamie war er ein Wunder. Zuerst die Wärme, dann das Licht, das leise Agieren des medizinischen Personals. Eine kurze Pause vor dem Rückfall: Jamie Fisher, sein bester Freund, war nicht mehr am Leben. Und da waren seine Hände und seine unbeweglichen Füße, vom Frost zerstört, die er ansah, ohne es zu verstehen. Dann setzte das Fieber ein, die Sepsis, das Delirium. All diese Leute um ihn herum, die für ihn Entscheidungen fällten. Schließlich das Koma.

Das Aufwachen dauerte lang und war schwierig. Jamie war behindert, seine vier Gliedmaßen mussten geopfert werden, um seine Haut zu retten. Seine Welt geriet aus den Fugen. Nie wieder würde er bergsteigen. Nie wieder würde er sein wie früher, er, der so stark, so unabhängig, so wild gewesen war. Würde er nicht depressiv werden in der Welt der Sozialhilfeempfänger?

»Ich werde zurückkommen«, hatte er mir in seinem holprigen Französisch gesagt. »Ich werde zurückkommen und dich besuchen, und ich werde auch wieder bergsteigen.«

»Mail mir doch, um mich auf dem Laufenden zu halten«, hatte ich ihm geantwortet, nicht gerade überzeugt davon, da ich mich fragte, wie er denn die Tastatur bedienen sollte. Ich konnte mir auch kaum vorstellen, dass er nach Chamonix zurückkehren würde, wo er so viel verloren hatte.

Ein Jahr später wagte ich es, ihm eine Nachricht zu schicken und nachzufragen, wie es ihm gehe. Ich wusste, dass ich das tun konnte. Jamie hatte uns so viel Vertrauen geschenkt, dass alle Barrieren zwischen uns gefallen waren.

Zu meiner großen Überraschung kam die Antwort schnell und sicher. Im Gegensatz zum Großteil unserer englischsprachigen Besucher fühlte sich Jamie verpflichtet, die französische Sprache zu benutzen, obwohl er wenig Kenntnisse hatte. Das führte manchmal zu erstaunlichen Ergebnissen wie: »Ich verstehe mich gut mit meinen Prothesen, ich brauche sechzehn Sekunden auf hundert Meter!« Er trainierte für die Behindertenolympiade Paralympics.

Im Winter danach beschloss Jamie, mit dem Snowboardfahren anzufangen. Als ich das hörte, schlug ich ihm vor, in Chamonix zu trainieren. Ich lud ihn ein, und er kam!

Flughafen Genf. Jamie strahlt. Hinter der Fensterscheibe sehe ich, wie er seine Arme wie ein Sieger gen Himmel reckt, jene Arme, die nicht mehr da sind, so als ob er uns damit zeigen will, dass er das auch ohne sie kann und es auch so geht!

Jamie kommt im nächsten Frühjahr wieder nach Chamonix zurück. Er hatte sich geschworen, den Montblanc zu besteigen.

Wir sind nur noch 300 Meter vom Gipfel entfernt. Der Sturm packt uns auf dem letzten Höcker des Grats. Seit er seine Extremitäten verloren hat, friert Jamie nicht mehr und bekleidet sich leicht. Es geht ihm gut. Er geht wie ein echter Bergführer, langsam, aber trittsicher, und er hat noch Reserven. Philippe, ein Freund, geht am Schluss unserer Seilschaft. Wir haben Jamie zwischen uns genommen.

Wir kommen an zwei Alpinisten vorbei, die mit weit aufgerissenen Augen absteigen, das Gesicht vereist, die Angst im Nacken. Es ist Nathalie, eine der wenigen Bergführerinnen des Tals, in Begleitung eines Gastes. Sie kann es kaum glauben, dass Jamie so gelassen ist. »Es ist ätzend auf dem Gipfel, die Böen hauen einen um!«, rufen sie uns zu.

Jamie ist unsicher. Ich merke, dass er seinen Albtraum noch einmal erlebt. Die Geister haben ihr Versteck verlassen. Eine Böe, die heftiger ist als alle zuvor, wirft ihn um. Der Grat wird immer schmäler. Es wird riskant ... Jamie zögert noch. Ich versuche ihm dabei zu helfen, selbst zu entscheiden. Ich werde tun, was er will: »Jamie, du entscheidest!«

Ein langer und schwieriger Moment des Nachdenkens. Der Wind verstärkt sich, Hagelkörner prasseln auf uns ein. Zwei große, nicht ausgeprägte Wolken umhüllen uns auf gefährliche Weise. Ich bin nicht in der Lage, für ihn zu entscheiden, ich will ihn nicht beeinflussen.

»Manü, nein, es ist viel zu gefährlich, wir steigen besser ab. Wir werden den Gipfel ein andermal machen.« Jamie hat sich damit abgefunden, und es ist nicht seine Art, hinterher eine Entscheidung zu bereuen.

Ohne Verbitterung kehren wir um. Das Glück ist diesmal nicht auf unserer Seite: Wir sind gescheitert, aber wir sind glücklich.

Jamie und Anna sind seither ein Teil der Familie geworden. Einige Zeit später entschädigte sich Jamie mit dem Kilimadscharo, den er mit vier anderen Humpelnden aus seiner Stiftung bestieg. Er hat mir das Gipfelfoto geschickt. Wahres Glück! Wenn es nach mir ginge, dann würde ich Jamie das Bergführerdiplom verleihen. Es gibt einige, die es für weniger erhalten haben als das – ich zum Beispiel!

Mike

Heute habe ich eine Stunde gebraucht, um mit Jérôme wieder ins Reine zu kommen, dem einzigen männlichen Krankenpfleger bei uns. Er hat die Verantwortung für die medizinische Ausrüstung der Bergrettung übernommen. Er tut mir leid, und das sage ich ihm auch. Da ich diese Aufgabe vor ihm hatte, weiß ich, was da auf ihn zukommt. Die Rettungsärzte sind keine Hausfrauen. Man muss dauernd hinter ihnen her sein, damit sie aufräumen und sich um die Instrumente kümmern, die allen zur Verfügung stehen.

Jérôme schaut mich an und ist ein wenig beleidigt, weil ich schon im Voraus darüber lache. Während wir am Ende des Flurs diskutieren, bringt mir Patricia das Telefon aus dem Büro: »Manü, für dich – Erfrierungen am Nordpol!«

Seit mehreren Jahren sind wir auf gewisse Art *das* Spezialzentrum schlechthin für die Behandlung von Erfrierungen geworden, und in jeder Saison bekommen wir zwei oder drei Jungs, die von Expeditionen mit völlig schwarzen, erfrorenen Händen und Füßen zurückkehren.

Ich nehme das Telefon, das sie mir hinhält, und frage ernst: »Hallo, ja?«

»Doktor Cauchy?«, fragt eine unbekannte Stimme.

»Ja, am Apparat.« (Hier übertreibe ich ein wenig.)

»Hier ist Doktor Delange, Vertrauensarzt der Groupama Versicherungen. Störe ich?«

»Nein.«

»Also, ich rufe Sie an, weil unsere Gesellschaft einen Nordpol-Abenteurer sponsert. Es handelt sich um Mike Horn, kennen Sie ihn?«

»Nein.«

Als ich merke, dass er enttäuscht ist, füge ich hinzu: »Aber Sie werden mir bestimmt erzählen, wer er ist.«

»Ja ... Also, es handelt sich um einen Abenteurer, der allein und ohne jegliche Unterstützung zum Nordpol aufgebrochen ist. Wir haben heute Morgen über das Satellitentelefon miteinander gesprochen, er hat sich die Finger erfroren, und wir hätten gerne Ihre Meinung dazu gehört.«

»Ja, gut, aber wo kann ich diese tapfere Persönlichkeit denn treffen?«, frage ich in einem leicht spöttischen Ton.

»Wir werden zu dritt kommunizieren, wenn es Ihnen recht ist.«

»Ach so?«

Drei Minuten später habe ich diesen berühmten Mike Horn in der Leitung, der mehrere Hundert Kilometer vom Pol entfernt einsam auf seinem Eisberg hockt. Seine Stimme ist durch die Übertragung per Satelliten verzerrt, die Kommunikation ist aber nicht schlecht. Mike beschreibt mir, wie seine Hände aussehen, und beantwortet meine gezielten Fragen. Er ist besonders beunruhigt darüber, wie diese Erfrierungen seit einigen Tagen aussehen. Wenn er seinen Verband abnimmt, stinkt es, und es haben sich Blasen gebildet. Die Fingerkuppen beginnen schwarz zu werden. Was ihn am meisten beunruhigt, ist nicht einmal der Zustand seiner Hände, sondern vielmehr die Tatsache, dass er sein Projekt unterbrechen soll, wo er das Schlimmste doch schon hinter sich hat.

Nach dem, was er mir erzählt, kann ich ihm aber kaum dazu raten, weiterzugehen. Seine Erfrierungen sind zwar ernst, können aber ohne Folgeerscheinungen geheilt werden, wenn er zurückkommt. Wenn er allerdings weitergeht, dann wird es immer schlimmer, und er riskiert dabei Amputationen. Mike tut sich sehr schwer bei dieser Entscheidung, beschließt dann aber doch weiterzugehen. Ich gebe ihm noch einige Ratschläge, um die Schäden in Grenzen zu halten, dann hängt er auf.

Zwei Tage später ruft Doktor Delange an, um mir mitzuteilen, dass Mike abgebrochen hat. Er war in ein sibirisches Krankenhaus gebracht worden, und wenn der Arzt von Groupama das richtig verstanden hat, wollte der örtliche Chirurg ihm sofort die Finger amputieren. Delange bittet mich, im Flugzeug mitzufliegen, das für den Rücktransport von Mike gechartert wurde. Ich habe zwei Tage frei und sage zu. Jemanden vom Packeis anstatt von den Bergen herunterzuholen ist mal etwas anderes.

Am nächsten Morgen warte ich auf meine persönliche Falcon-Maschine, um Russland zu überqueren: Ledersitze, zwei Piloten, eine spezielle Stewardess, mir geht's gut. Ein junger Kameramann, der Mike seit Beginn seines Abenteuers folgt, ist auch dabei. Ich schlafe beim sanften Brummen der Turbinen ein.

In Moskau müssen wir landen: Wir nehmen einen russischen Piloten mit, da dort, wo wir hinfliegen, niemand Englisch spricht, nicht einmal im Kontrollturm des Flughafens von Norilsk, unserem Ziel.

Der Falcon-Jet fliegt vollgeladen mit Kerosin weiter, über Tausende Kilometer von Tundra – Wind und Schnee, so weit das Auge reicht. Wir landen auf einer Eispiste mitten in einem Weiler, wo es zugeht wie in einem Kibbuz. Wir sind zweifelsohne in Sibirien. Draußen entdecken wir drei Russen in dicken Fellmänteln und mit beeindruckenden Chapkas, Fellmützen, auf dem Kopf.

Die Tür öffnet sich, wir sind noch im Hemd. Die Kälte überfällt uns mit minus vierzig Grad, was einem die Härchen in der Nase erstarren lässt und den Kopf in einen Schraubstock zwängt. Ich stelle mir vor, dass Mike sich mehr als einen Monat lang in einer solchen Umgebung bewegte. Während ich annahm, dass ich mit einem Heli fliegen würde, um ihn auf dem Packeis zu suchen, erfahren wir, dass er kommen wolle, um uns hier zu treffen, dass der Sturm über Dickson aber den Start verhindere. Das kann mehrere Tage dauern. Toll! Man lädt uns ein, uns in einem Etablissement auszuruhen, das wohl gerne das örtliche Hilton wäre. Alte kitschige Tapeten und dicke Telefongeräte mit lauter Wählscheibe in einem baufälligen, überheizten Gebäude. Zum Essen gibt es trockene Kekse und dünnen, kochend heißen Kaffee. Wir bekommen Zimmer zum Schlafen, angesichts des Zeitunterschieds und der Helligkeit, die durch alle Falten des abgewetzten Vorhangs dringt, lese ich aber lieber.

Vier Stunden später landet ein riesiger Hubschrauber schwerfällig auf der gefrorenen Oberfläche der Dropping Zone. Ein gedrungener Typ mit zotteligem Haar und in einem Overall, der mit den Etiketten seiner Sponsoren gespickt ist, steigt aus. Er wirkt, als käme er von einem anderen Planeten. Ich habe ihn nie zuvor gesehen. Ich kann mir vorstellen, wie groß der Schock für ihn sein muss, plötzlich zurück zu sein in diesem Universum, nach dem, was er erleben durfte. Ich bin überrascht. Normalerweise sind mir Typen dieser Sorte suspekt, die sich in die verrücktesten Herausforderungen stürzen, die man sich nur vorstellen kann, nur um bekannt zu werden. Die meisten, die ich kennengelernt habe, sind große Egozentriker mit einem Minderwertigkeitskomplex, den sie nur schwer unterdrücken können. Man findet unter ihnen auch einen beträchtlichen Anteil an Menschen mit einer Borderline-Störung, einer Persönlichkeitsstörung, die sich im schmalen Grenzbereich zwischen Neurose und Psychose manifestiert. Diese Menschen sind zu den schlimmsten Reaktionen fähig, sobald die Dinge kompliziert werden. Auch Selbstverletzungen gehören zum Krankheitsbild, was ihnen ermöglicht, viele Qualen zu ertragen.

Es gibt aber auch große Forschernaturen, die sich in völliger Autarkie wohler fühlen als in Gesellschaft und weite, karge Landschaften lieben. Diese Leute wollen durch die Anstrengung und die Herausforderung wieder zu den ursprünglichen Werten des menschlichen Lebens zurückfinden. Kehrt man von diesen Kämpfen zurück, dann herrscht wieder Klarheit im Kopf, man schätzt die einfachsten Dinge des Lebens und weiß, was wirklich wichtig ist.

Mike gefällt mir gut, ich bin überzeugt, dass er zur zweiten Kategorie gehört. Ich glaube, dass er einer von denen ist, die lieber mit sich allein sind als in Gesellschaft. Wir müssen abreisen. Das einzige Problem ist, dass sein Schlitten nicht durch die Tür des Falcon-Jets passt. Alle möglichen Positionen werden ausprobiert. Es ist unmöglich. Man müsste den Schlitten in zwei Teile zerlegen. Mike will ihn aber nicht zurücklassen. Das ist genauso, wie wenn man eine Weinbergschnecke von ihrem Schneckenhaus trennen wollte. Einer der Piloten hat ein schlechtes Gewissen und beschließt schließlich, den Notausstieg zu zerlegen, so dass wir den Schlitten zu guter Letzt doch hineinbekommen. Mike ist froh, wir können abreisen.

Der Rückflug wird sehr lustig, Mike hat nämlich noch riesige Reserven an Gänseleber und Räucherlachs, die er von seinem Sponsor und Freund Rocha erhalten hat, dem Chef der berühmten Schweizer Kette von Feinkostgeschäften. All diese göttlichen Sachen sowie der Champagner der Versicherungsgesellschaft verschönern uns die Reise, die in guter Stimmung verläuft. Ich nütze sie aber auch, um mir ein Bild über den Zustand von Mikes Fingern zu machen, zumal ich ja deswegen hier bin.

Ich merke, dass er mich beobachtet, während ich den Verband öffne. Ich bin aufs Schlimmste gefasst. Die Finger sind voller Phlyktäne, die Sorte von Blasen, die charakteristisch für Durchblutungsstörungen als Folge des erfrorenen Gewebes ist. Die Extremitäten sind leicht grau, und an manchen

Fingerkuppen ist das Gewebe abgestorben, der allgemeine Zustand scheint mir aber nicht hoffnungslos zu sein.

»Ich schätze, Erfrierungen dritten Grades!«, erkläre ich.

»Und was bedeutet das?«, fragt mich Mike.

»Das heißt, dass es sein kann, dass man das erste Glied von drei Fingern amputieren muss.«

»Es ist also möglich, sie zu retten, bist du sicher?«

»Das ist nicht unmöglich. Es wäre sinnvoll, es mit einer Schocktherapie zu versuchen.«

Mike hat verstanden. Sein nächstes Ziel heißt Chamonix.

Acht Stunden später sind wir im Krankenhaus. Ich habe mit den Mädels telefoniert, damit sie für unseren Erforscher ein Zimmer frei halten. Dominique, eine unserer Hilfspflegerinnen, schon von Mikes Charme betört, hat das Zimmer mit Liebe hergerichtet. Ich lasse ihn allein, damit er sich in seinem neuen Appartement einrichten kann, und verschreibe ihm unsere Spezialbehandlung für Erfrierungen. Diese setzt eine neue Generation von gefäßerweiternden Mitteln ein, die viel stärker sind als die der Standardbehandlung. Nach mehreren Jahren des Durchhaltens und des Papierkrams haben wir die Genehmigung erhalten, sie im Rahmen eines experimentellen therapeutischen Protokolls einzusetzen. In Mikes Fall ist es dafür etwas spät, aber es ist den Versuch wert.

Mike konnte schließlich alle Finger vollständig behalten und brach einige Monate später erneut zu einer völlig verrückten Herausforderung auf: zur Tour des Polarkreises. Er war erfolgreich, berichtete darüber, und als ich in seinem Buch blätterte, las ich zu meiner Überraschung nicht nur von seinen Abenteuern, sondern auch davon, wie ihm der Aufenthalt bei uns gefallen hat. Ich wäre fast vom Stuhl gefallen, als ich feststellte, dass er mich da als Guru bezeichnet.

Ich gehe heim, erschöpft, aber mit neuer Energie aufgeladen. Mike muss mir ein wenig von seinem Fluidum verabreicht haben. Auf eine gewisse Art beneide ich ihn, der es sich ermöglicht, solche Abenteuer zu erleben. Ich werde mir einen langen Schlaf gönnen, um den Zeitunterschied aufzuholen, den ich mir bei diesem Ausflug in die Arktis eingehandelt habe. Morgen muss ich nämlich wieder arbeiten.

Jarvis

Seit einigen Tagen ist der Winter zurückgekehrt. An diesem Spätnachmittag herrscht eine beißende Kälte. Ich habe Département-Dienst mit der »dicken Hummel«. So nenne ich den neuen Hubschrauber, der jetzt einen Teil der Arbeit der Alouette übernimmt, deren lange Karriere noch in diesem Jahr enden wird. In Wirklichkeit ist sein Codename »Foxtrott«. Es handelt sich um eine große Maschine, die doppelt so stark und auch schneller ist als die Alouette III. Es gibt auch doppelt so viel Platz im Innern, sodass man bei einem Einsatz gleich das ganze Team mitnehmen kann, ferner den Arzt, das Material, den Hund und die Oma … Aber Vorsicht – da herrscht nicht mehr dieselbe Stimmung. Der Raum ist unterteilt in eine Kabine für den Piloten vorn und eine für die Legionäre hinten. Und auf die Sekunde genau springen alle raus – wie bei der Spezialeinheit GIGN, dem französischen Pendant der GSG 9.

Während heute also ein zweites Team im Montblanc-Massiv Dienst hat, sind wir für die Überwachung des restlichen Départements zuständig. Es ist sechzehn Uhr, und die Aktivitäten scheinen ihrem Ende entgegenzugehen. Wir waren gerade mit einem Herzstillstand in Notre-Dame-de-Bellecombe beschäftigt. Die Dame hat trotz unserer großen Bemühungen nicht überlebt. Es war eine Engländerin im Alter von fünfzig Jahren, die in diesem kleinen, ruhigen Wintersportort Urlaub machte und gestern den Kardiologen wegen Schmerzen im Brustkorb aufgesucht hatte. Der hatte aber nichts entdeckt, das Belastungs-EKG war normal. Der Arzt hatte seine Patientin beruhigt, dass sie ihren Familienskiurlaub fortsetzen könne ... Vor ihrem Mann und ihrer Tochter wurde sie plötzlich ohnmächtig. Die beiden können ihren Tod noch immer nicht fassen.

Nachdenklich bleibe ich eine Weile in der Kabine und betrachte die Reanimationsausrüstung. Ich habe die Nase voll von diesen Herzstillständen, die man nicht wieder in Gang bringt. Und wenn man Glück hat und sie reanimieren kann, dann sterben die Patienten einige Tage später durch Atemstillstand und Hirntod.

Die Bergrettung ist eine manisch-depressive Aktivität. Von einer Stunde auf die andere kann sich der Kontext völlig umdrehen. Nach einer Geschichte, die mit guter Laune endete, kann man gleich danach ins pure Entsetzen stürzen. Mein Kumpel Ben, der acht Jahre jünger ist als ich und denselben Job macht, musste gerade eine schwarze Serie einstecken: fünf Tote in weniger als drei Bereitschaftsdiensten. Er konnte nichts dagegen tun. Absturz über 300 Meter, Steinschlag im Couloir du Goûter ... Das Gefühl, nicht helfen zu können, nagt seit einer Woche an ihm. Dabei ist er der König der Intubation unter den schlimmsten Bedingungen. Vielen scheinbar aussichtslosen Fällen hat er in den letzten Jahren das Leben gerettet. Seinen größten Erfolg hatte er allerdings nicht im Dienst, sondern an einem Tag des persönlichen Trainings.

Es war an einem Wintertag in der Nähe der Crèmerie des Glaciers, einer kleinen Hütte, wo er gerade die ersten Meter eines kleinen Eisfalls kletterte, als sie vor ihm herabstürzte: eine Jugendliche im Alter von neunzehn Jahren. Das Herz des Mädchens war beim brutalen Aufprall stehen geblieben. Ben begann sofort eine Herzmuskelmassage, während sein Kletterpartner die Bergrettung alarmierte. Wie durch ein Wunder, vielleicht auch wegen der Herzmuskelmassage, hat das Herz wieder angefangen zu schlagen. Zwei Jahre später begann das Mädchen die Ausbildung zur Krankenschwester und machte ihr erstes Praktikum in Chamonix bei Ben.

Ich spüre, dass eine deprimierende Phase im Anzug ist. Ich spreche darüber mit Bertrand, dem Arzt, der heute Bereitschaftsdienst im Massiv hat. Er ist jünger als ich. »Heute ist es ätzend, es gibt nichts zu tun, aber du, du hörst nicht auf zu arbeiten!«, beklagt er sich.

»Aber ja. Und du hörst nicht auf, damit aufzuhören, stimmt's?«

»Na, wenn du meinst ... Wie ging's denn mit deinem Herzstillstand?«

»Wie immer. Es hat nicht wieder zu schlagen begonnen!«

Nachdem ich gehofft hatte, ein bisschen Energie aus diesem Gespräch schöpfen zu können, wird mir klar, das mich dieser Beruf irgendwann einmal langweilen wird. Sogar bei der Reanimation, die ich vor zehn Jahren noch aufregend fand, verspüre ich jetzt einen gewissen Überdruss. Infusion legen, beruhigen, füllen, intubieren – das sind die vier Säulen der Notfallmedizin in den Bergen. Im Großen und Ganzen geht es darum, sie in allen möglichen Positionen auszuführen. Ich habe all die Jahre damit verbracht, zu lernen, wie man sie durchführt, aber jetzt, da ich das in- und auswendig kenne und mich nützlich machen könnte, ist mir nach aufhören zumute. Was für ein Durcheinander!

Bertrand versucht mich zu beruhigen. Ich habe aber keine Zeit, länger über seine Betrachtungen nachzudenken. Robin, der diensthabende Bergrettungsspezialist der Feuerwehr, ruft mich an: »Manü, wir fliegen zurück! Ein Alarm vom Col du Saisies.«

»Was, so spät?«

»Ja, wir müssen uns beeilen, in einer Stunde fällt der Vorhang.«

»Was machen wir dort?«

»Eine Suche … Rufe, man weiß nicht genau, von wo. Wir müssen also suchen, noch haben wir gar nichts.«

Der Klassiker: Man ist kurz vor dem Heimflug, man fängt an aufzuräumen, hat den Gurt bereits ausgezogen und die Akkus für die Ablösung am nächsten Tag zum Aufladen eingesteckt, und dann muss man nochmals zurück. Es gibt kein Gesetz in diesem Beruf.

Die Sonne geht unter, eine Brise Polarluft kommt auf und friert uns durch bis auf die Knochen. Der Winter hat sich noch nicht verabschiedet. Seit fünf Minuten fliegen wir in der dicken Hummel, alle Nordhänge liegen bereits im Schatten. Die eisige Kälte des Hochdruckgebiets hat sich des Talschlusses bemächtigt, den wir direkt unter der Spitze der Croix Blanche absuchen. Fünf Augenpaare suchen die Sträucher und Wäldchen am Fuße des Felsriegels ab, der den Unfall verursacht haben könnte.

Wir müssen nach Skispuren in diesem Bereich spähen, der von Freeridern selten aufgesucht wird. An der tiefer gelegenen Herberge hatte man am frühen Nachmittag Schreie gehört. Dann aber nichts mehr … Am späten Nachmittag entdeckte jemand mit dem Fernglas unter einem Felsriegel Blutspuren. Die Hummel dreht sich um sich selbst und zeigt mit der Nase direkt auf eine einsame Spur, die über einer kleinen Felswand endet. Sie zeigt, dass der Skifahrer gesprungen ist. Wenigstens stimmen die Tatsachen diesmal mit den Angaben der Zeugen überein. Was mag sich bloß im Kopf des Typen abgespielt haben, dass er den Abgrund darunter nicht gesehen hat? Ein Sprung von über dreißig Metern!

Daniel geht direkt an der Wand entlang tiefer. Der Downwash-Effekt, die Auswirkungen der EC 145 auf den Boden, ist beeindruckend. Der Pulverschnee tanzt in wilden Wirbeln, die Erlen werden kräftig geschüttelt und verlieren ihre letzten Zweige. Am Fuß der Felswand entdecken wir im fast senkrechten Lawinenkegel vor dem dichten Wald eine Kuhle in der Größe eines Mannes, die Stelle des Aufpralls. Fünfzehn Meter tiefer sehen wir einen Blutfleck am Fuß eines Busches, aber es ist niemand zu sehen.

»Geh weiter runter, Daniel. Der Junge muss weiter runtergerutscht sein und ist bestimmt an den Bäumen hängen geblieben«, sagt Robin.

»Ja, tiefer – gesehen!«, ruft Mathias, der Gendarm. »Ich sehe ihn, er ist um einen Baumstamm gewickelt.«

»Oh la la, der sieht aber fertig aus! Kein Wunder bei dem Sturz, den er da gemacht hat!«, stellt Daniel fest. Überall ist Blut. Er muss seit mindestens drei Stunden dort liegen.

Daniel kam in diesem Jahr zum Team dazu. Nach und nach entdeckt er die Alltagsdramen, die bei diesem Beruf oft einer Verurteilung gleichkommen, manchmal ohne Widerruf. All diese Körper, die man leblos einsammelt und nicht gerade stolz zu ihrer Familie zurückbringt, mit dem deprimierenden Gefühl, dass man nicht helfen konnte oder zu spät kam.

»Warte mal, ich glaube, er bewegt sich«, ruft Daniel und reckt den Hals, um mehr zu sehen.

»Also nein, du träumst wohl – das ist der Luftwirbel des Helikopters, der ihn bewegt!«, widerspricht ihm Robin.

Mathias bereitet den dicken Plastiksack vor und überprüft den Knoten an seinem Gurt, damit er abgelassen werden kann. Bald wird es dunkel sein, wir müssen uns beeilen. Die Hubschrauber können nachts fliegen und dabei sogar relativ technische Manöver ausführen, aber Bergretter irgendwo am Ende eines Tales abzulassen oder hochzuziehen birgt jede Menge Gefahren.

Alex, der Bordmechaniker, öffnet die große Schiebetür und überprüft die Winde durch Betätigung der großen Fernbedienung. Ich bin sicher, dass es ihm großen Spaß macht, mit dieser Winde zu spielen. Das erinnert ihn bestimmt an seine Kindheit. Wie alle Jungs hat er sicher auch ganze Tage damit verbracht, mit einem Kran zu spielen.

Die Kälte und der Krach dringen plötzlich in die Kabine ein. Mathias hält sich fest, und Alex hängt ihn ins Freie, indem er den hydraulischen Arm ausschwenkt. Ich setzte mich ganz nach hinten in die Maschine. Es war offenbar vorbestimmt, dass ich heute völlig nutzlos sein würde. Unbewusst befreit sich mein Körper vom Stress, den er während des Wartens darauf aufgebaut hatte, ob das Opfer meine Hilfe benötigen würde oder nicht. Der Mann ist tot. Der Gedanke an die lange Agonie, die er vielleicht ertragen musste, ist schmerzhaft, gleichzeitig wirkt der Gedanke befreiend, dass er jetzt nicht mehr leidet. Sein Körper ruht in Frieden.

Ich erinnere mich an das Gefühl, das ich während meiner Anfänge hatte: die egoistische Erleichterung, die ich empfand, wenn ich hörte, dass ein Opfer gestorben war und man nichts mehr tun konnte. Ich machte mir mehr Gedanken über die Hilfeleistungen, die ich in der Lage war zu bieten, als über das Drama, das der Tod dieser Person in seiner Umgebung hervorrufen würde. Heute ist meine Praxis ausgefeilt, und ich stelle mir nicht mehr viele Fragen über mein Können. Es ist, wie es ist. Aber ich entdecke immer wieder, dass ich mir Gedanken mache über die psychologischen Aspekte rund um den Unfalltod der Menschen, die wir holen, und über die moralischen Überlegungen, die das hervorruft.

»Fox, hier Mathias.«

»Ja, Mathias, rede!«, antwortet Daniel.

»Er lebt! Kannst du den Arzt und den Chamois* runterlassen?«

Ein Adrenalinschub holt mich auf brutale Weise in die Realität zurück. Ich muss runter! Ich habe kaum Zeit, meine

* Chamois ist der Codename für die Bergrettungsspezialisten der Feuerwehr (GMPS).

Handschuhe und meine Maske anzulegen, als Alex mir schon den Haken reicht. Robin wurde mit der Rettungstrage bereits abgesetzt.

»Schnell, Manü, in einer halben Stunde werde ich dich nicht mehr abholen können. Gib mir bald Bescheid, damit wir noch vor Einbruch der Nacht loskommen«, teilt mir Daniel mit.

Ohne ihm zu antworten, schalte ich ab, um runterzugehen. Die Sache ist klar, das Ganze wird ein »scoop and run«. So arbeite ich nicht gerne. Wir werden den Verletzten so nehmen, wie er ist, ihn auf der Rettungstrage verschnüren wie eine Wurst, ohne etwas an ihm zu machen und ohne Beruhigungsmittel. Darauf hoffend, dass er bis zum Krankenhaus durchhält, wird er dann mit der Winde hochgezogen. Das ist keine gute Arbeit, aber in einer solchen Situation gibt es keine bessere Lösung. Die Tatsache, keinen Hubschrauber mehr zur Verfügung zu haben, ändert die Problemstellung. Im Falle einer Verspätung zu Fuß im Pulverschnee bis ins nächste Dorf abzusteigen und dabei zu dritt einen lebensgefährlich Verletzten zu transportieren, würde ihn zum Tode verurteilen.

Robin empfängt mich in einem Pulverschnee-Blizzard, der uns das Blut gefrieren lässt. Der Abstieg bis zum Verletzten beträgt nur zwanzig Meter, die Tiefe des Schnees, durch den wir waten müssen, bestätigt, dass wir eine terrestrische Bergung vergessen können. Mathias steht vor dem Sterbenden und hat keine Ahnung, wie er mit ihm umgehen soll. Ich überprüfe seinen Allgemeinzustand. Schnell ist mir klar: Falls der Mann noch nicht tot ist, dann steht er kurz davor. Mit einem Fuß steht er schon auf der anderen Seite. Es ist eine Frage von Minuten. Sein Kiefer ist an mehreren Stellen gebrochen. Tiefe Wunden im Gesicht bluten nicht mehr, da er bereits all sein Blut verloren hat. Er hat Schnappatmung, sein Blick ist glasig, die Pupillen geweitet.

Ich versinke in einem Loch zwischen zwei Ästen, als ich

versuche, meinen Rucksack auszupacken. Es ist sehr unbequem hier. Der Skifahrer befindet sich in einer Lage, die gegen alle Regeln der Anatomie verstößt. Er ist mit Schnee bedeckt, liegt völlig verdreht und mit dem Kopf nach unten. Ich resigniere vor diesem hoffnungslosen Fall. Dieser Mann liegt im Sterben. Was soll man in dreißig Minuten anderes machen, als ihn auf die Rettungstrage zu legen und ihn zu evakuieren?

Ich suche am Hals nach dem Puls … Nichts! Ich überlege. Ihn so hochzuziehen würde ihm den Rest geben, obwohl das die beste Lösung für uns wäre. Aber das kann ich nicht machen, ich muss ihm eine letzte Chance geben.

Robin ist es mehr schlecht als recht gelungen, die Elektroden aufzulegen und das EKG-Gerät anzuschließen. Sein Herz schlägt. Noch ist nicht alles verloren. Es gibt noch ein kleines Lebenszeichen.

Ich packe meinen Kram aus, im Schnee, der überall eindringt, und versuche genervt, meine Schutzhandschuhe anzuziehen, bevor ich anfange. Es ist unmöglich: Meine Hände sind schon gefroren, und das Latex klebt an meiner Haut ohne zu rutschen. Ich gebe es auf. Wir beschließen, den Skifahrer auf die Trage zu legen, damit er in etwa waagrecht liegt und vom Schnee isoliert ist.

Das ist keine leichte Angelegenheit. Er ist schon wieder schneebedeckt. Der Schnee hat auch gleich meine Tasche verschluckt, die alles für eine Infusion enthält. Ich habe immer weniger Hoffnung, irgendetwas zu erreichen. Ich führe meine Routinebehandlung durch und lasse meine Emotionen in der Tasche: Sauerstoff verabreichen, Kanüle legen, Adern auffüllen, beruhigen, »sedieren«, intubieren – es gibt einiges zu tun. Aber wie? Ein venöser Zugang ist eine Illusion, alles ist verkrampft. Ich versuche ihm blind eine Kanüle in die Armbeuge einzuführen. Es ist vergeblich, die peripheren Venen sind blutleer. Wir müssen den direkten Weg wählen. Ich werde die Vene unter dem Schlüsselbein suchen und unter dem linken Schlüsselbein einen Trokar einführen. Das mache ich oft in der Ambulanz und meist bin ich dabei auf Anhieb erfolgreich.

Robin hilft mir, die übereinanderliegenden Kleidungsschichten aufzuschneiden. Ich versuche mein Glück. Bingo! Meine Stimmung steigt. Ich beginne, den Führungsdraht einzuführen, der mir dabei helfen wird, den Katheter zu legen. Ich bin mir aber zu sicher und bereite dieses letzte Manöver schlecht vor. Mein Fuß verrutscht im Schneeloch unter mir, das ich ganz vergessen hatte. Die Metallführung stößt an, und der Trokar rutscht aus der Vene. Es ist unmöglich, ihn wieder einzusetzen. Robin hat inzwischen die Sauerstoffflasche herausgeholt. Er schlägt sich auch mit den Ästen herum, die unsere Aufgabe von Anfang an erschweren.

Ich bin wütend darüber, dass ich meine Vene verloren habe, und beschließe, den Verletzten ohne Sedativum zu intubieren. Ich will ihn unbedingt ans Beatmungsgerät anschließen und ihm mehr Sauerstoff zuführen, als er jetzt bekommt. Das Projekt verläuft katastrophal. Sein Kiefer ist mehrfach gebrochen, die normalen anatomischen Orientierungspunkte gibt es nicht mehr, und ich befinde mich in einer unmöglichen Position.

Ein Handy klingelt, es ist das unseres Verletzten. Mathias zerrt es aus dessen Außentasche und antwortet. Er versucht, Informationen über dessen Identität zu bekommen. Am anderen Ende der Verbindung ist eine Person aus dessen Bekanntenkreis, die nicht versteht, was los ist.

Mathias hat Schwierigkeiten, aus dieser heiklen Angelegenheit herauszukommen. Er hätte gerne mehr Informationen über den Verletzten, es gelingt ihm aber nicht zu lügen. Es ist schwierig, das Offensichtliche zu verbergen. Die Batterien des Handys lösen das Problem. Die zuvor schon abgehackte Kommunikation wird unterbrochen. Wir wissen nur, dass der Mann Jarvis heißt.

Die Intubation ist unmöglich. Man muss ihn wirklich

stark sedieren, um eine Chance zu haben. Aber das würde bedeuten, dass sein Blutdruck noch mehr absinkt. Dabei hat er doch praktisch schon keinen mehr. Das ist das ewige Dilemma des Notfallmediziners angesichts eines Verletzten, der stirbt. Man muss immer maximal Sauerstoff zuführen und gleichzeitig intubieren. Derzeit haben aber alle Mittel zwei gegensätzliche Effekte: Sie unterbrechen die autonome Atmung und weiten dabei die peripheren Gefäße. Wenn die Person sehr stark blutet, ist es zunächst von äußerster Wichtigkeit, die Adern aufzufüllen, damit das Herz nicht stehen bleibt. Ich fühle mich machtlos.

Doch dann habe ich eine Idee, auch wenn ich deren Erfolg bezweifle. Ich beschließe, Jarvis mit Ketamin ruhigzustellen, indem ich es ihm intramuskulär verabreiche. Ich erhöhe die Dosis. Ich bin bereit, das Unmögliche zu versuchen, wenn es nur wirkt.

Zwei Minuten später erscheint wie durch ein Wunder eine Vene. Das Ketamin ist eines aus einer ganzen Reihe von Medikamenten, das den Druck im Kreislauf fast sofort erhöht. Hektisch setze ich einen orangefarbenen Zugang. Ich habe wieder Glück. Ohne auch nur eine Sekunde zu verlieren, drücke ich den Inhalt der hypertonischen Kochsalzlösung in die Venen von Jarvis. Das ist genauso, als ob ich ihm einen ganzen Liter Blut liefern würde. Ich füge noch eine Ampulle Celokurin hinzu und stürze mich auf meinen Kehlkopfspiegel.

»Manü, er sieht aus, als hätte er einen Stillstand!«, sagt Mathias beunruhigt.

»Ja, das ist normal.« Das ist alles, was ich sage, da ich voll und ganz damit beschäftigt bin, die Stimmbänder von Jarvis inmitten des Blutgerinnsels zu finden, das sich unten in seinem Hals angesammelt hat.

Robin versucht alles, um mir zu helfen, und reicht mir das Absauggerat für Schleim. Aber da ist nichts zu machen, meine gebückte Haltung über der Trage ist als Position dafur zu schlecht und völlig unakademisch.

»Scheiße, scheiße, ich schaff es nicht … Zum Kotzen! Setz ihm die Maske wieder auf, Robin.«

Robin tut, was ich gesagt habe, und ich tue ihm leid. Jetzt gebe ich auf und lasse es sein.

Zur Krönung des Ganzen funkt uns auch noch Daniel an, der mit dem Heli etwas weiter unten im Tal gelandet ist.

»Chamois, hier Fox.«

»Ja, wir hören«, antwortet Robin.

»In zehn Minuten werde ich euch nicht mehr hochziehen können!«

Entnervt kündige ich ihm an, dass wir keine andere Wahl mehr haben und ihn so mitnehmen müssen. Ich bin nicht stolz auf mich. Ein letzter Hoffnungsschimmer: Ich lasse das verschmutzte Laryngoskop fallen, reiße die Sauerstoffmaske runter, schnappe mir einen feineren Tubus und versuche, durch das Nasenloch zu kommen. Wenn man nichts sieht, kann's funktionieren. Ich führe den Tubus ein und helfe dabei ein bisschen nach. Dann bemühe ich mich, den Kopf genau in der Achse des Rachens zu platzieren. Der Tubus geht durch und ins richtige Loch. Ich vergewissere mich mit dem Beatmungsbeutel und dem Stethoskop … Sieg! Ich höre das beruhigende Geräusch der Luft, die symmetrisch in die Bronchien gepumpt wird. Ein warmer Schauer rinnt mir über den Rücken. Man darf nie aufgeben.

»Schnell, wir haben gerade noch Zeit, ihn anzuschließen.«

Robin schließt den Sauerstoff an das Beatmungsgerät an, während ich die Kanüle fixiere. Mathias räumt schnell auf, um Jarvis und das Material auf der Trage zu fixieren. In dreißig Sekunden ersetze ich die leere Infusion durch eine andere und füge für den Transport noch eine halbe Ampulle Fentanyl hinzu. Die Turbine der EC 145 unten im Tal ist schon zu hören. Sie machen sich auf den Weg, ungeduldig und beunruhigt darüber, dass sie uns bei Einbruch der Nacht noch hochziehen müssen.

Der Helikopter steht über uns, der Pulverschnee beginnt herumzuwirbeln. Daniel hat den starken Scheinwerfer am Bauch des Helis eingeschaltet, der uns blendet. Die Nacht ist über uns hereingebrochen wie ein schwarzer Baldachin. Verbunden mit Jarvis und seinem Schicksal fliege ich durch die Luft in Richtung Tal, das schon in der Finsternis verschwindet. Wir nehmen die dynamischen Effekte zwischen Rotor und Wand auf und fangen an, uns zu drehen.

Je höher wir steigen, desto schneller drehen wir uns und verwandeln uns in Kreisel. Wir hatten keine Zeit, das Antirotationssystem zu installieren, das diesen unangenehmen Effekt verhindert. Ich versuche mich zu widersetzen, indem ich den Kopf ruckartig wie ein Schlittschuhläufer auf dem Eis bewege. Aber es wird rasch unerträglich. Ich wage nicht, an die schrecklichen dynamischen Einwirkungen auf den Blutkreislauf zu denken, die Jarvis ertragen muss. Wenn er inzwischen überhaupt noch lebt.

Alex hat das Problem oben wahrscheinlich bemerkt. Er hat es bestimmt Daniel signalisiert, der die Geschwindigkeit erhöht, um das Phänomen zu verhindern. Die Drehungen werden langsamer, aber der heftige Wind zieht uns hinter die Maschine. Das Stahlseil, an dessen Ende wir hängen, hält phänomenale Spannungen aus. Hätte ich vergessen, dass man Angst haben kann, wenn man hochgezogen wird, dann wüsste ich es jetzt wieder umso besser. Um das Ganze zu vervollständigen, bombardiert mich mein Rucksack, der wie eine Fahne im Wind flattert, mit Schlägen, als wäre ich ein Punchingball.

Als wir unter dem Cockpit ankommen, werden wir nach hinten auf die Kufe verfrachtet. Die Manöver zum Hereinholen der Opfer sind bei der EC 145 viel komplexer als bei der Alouette. Die normierte Technik besteht darin, dass man mit dem Rücken zur Kufe ankommt, um sie zu überwinden, ohne dass die Rettungstrage hängen bleibt. Danach muss man sie so drehen, dass der Verletzte mit den Füßen voran reinkommt. Ist das Manöver gut realisierbar, wenn der Helikopter in der Luft steht, so ist das bei Reisegeschwindigkeit etwas völlig anderes.

Alex hievt mich mit der Trage herein, während ich mit aller Kraft am seitlichen Griff ziehe. Die Kraft des eisigen Windes, der uns entgegenschlägt, findet an der Trage Widerstand wie am Segel eines Bootes. Ich werde gegen die Kanzel gedrückt und habe Angst, dass alles reißt. Es gibt keine Möglichkeit, Daniel mitzuteilen, dass er langsamer fliegen soll. Er glaubt, dass es richtig sei, so schnell wie möglich nach Chambéry zu fliegen, damit der Schwerverletzte so schnell wie möglich in die Reanimation kommt. Nach einem Kampf über fünf Minuten ist Jarvis drinnen, und ich sinke mit dem Seil zwischen den Beinen auf den Boden. Ich nehme Jarvis die Kapuze ab, um ihn mir kurz anzuschauen. Es ist unmöglich zu sagen, ob er noch lebt. Die Beatmungsmaschine macht ihre Arbeit, das ist das Einzige, was ich feststellen kann. Das EKG ist zu groß und daher unten geblieben.

In Chambéry angekommen, bin ich zufrieden, dass wir auf dem Dach des Krankenhauses bereits erwartet werden. Drei Personen in weißen Kitteln unterhalten sich fröhlich, bis die Kufen aufsetzen. Ich weiß nicht, ob es sich um Träger, Hilfspfleger oder Ärzte handelt. Als ich aus dem Hubschrauber steige, verderbe ich ihnen ein wenig die Stimmung: »Da, mein Patient, er liegt wirklich im Sterben.«

Die drei Typen werden aktiv. Wir rennen zum Schockraum.

»Okay, fertig zum Anheben?«

»Fertig«, antwortet das Trio fast im Chor.

»Anheben!«

Eine Schlinge verklemmt sich – der Klassiker! Zwei Instrumente fallen auf den Boden. Eine Krankenschwester, die etwas älter ist als die anderen, schimpft, was den Druck noch verstärkt.

»Fertig zum Absetzen?«

»Fertig.«

»Absetzen!«

Der diensthabende Reanimationsarzt hat die Sache in die Hand genommen. Er notiert mit sehr professioneller Miene und ohne Kommentar alle Infos, die ich ausschütte.

Jarvis ist in einem jämmerlichen Zustand. Wir hatten nicht einmal Zeit, sein Gesicht zu reinigen. Die Krankenschwestern, die ihn ausziehen müssen, denken bestimmt, dass wir wie die Schweine gearbeitet haben. Als der linke Ärmel unter Zeitdruck entfernt wird, reißen sie den Tubus heraus, den ich mit so viel Mühe gelegt habe. Ich seufze.

Man schließt die Drähte an, der Blutdruck ist auf neunzig gestiegen, das Herz schlägt … Der Reanimationsspezialist rüstet sich aus, um einen tiefen Venenzugang in Höhe der Oberschenkelvene zu legen. Der arme Jarvis! Wenn er gewusst hätte, was er ertragen muss. Aber warum ist er bloß über diesen Felsabsatz gesprungen?

Ich sammle meine Instrumente ein und lasse Jarvis voller Hoffnung in den Händen des Pflegeteams zurück. Und wenn er doch ohne Folgeerscheinungen davonkommen würde?

Zurück in der Dunkelheit beim Col de Saisies holen wir Mathias und Robin ab, die bei einem beleuchteten Weiler gewartet haben. Ich teile ihnen mit, dass Jarvis nicht tot ist. Er hat eine erste Hürde gepackt, es besteht eine kleine Chance. Alles hängt davon ab, was die Röntgenaufnahmen zeigen.

Als wir in Chamonix ankommen, ist die Dropping Zone verlassen. Es ist zwanzig Uhr. Nur der Hangar ist noch beleuchtet, für den Empfang der großen Hummel. Wir räumen die Maschine aus. In meinem Notfallrucksack herrscht Chaos, ich werde noch eine Stunde brauchen, um ihn wieder herzurichten.

Die Wintersaison geht ihrem Ende zu. Jeder Einzelne des Teams ist völlig erledigt. Horden von Touristen sind über uns hergefallen. In den Notfallstationen ging's wie üblich rund.

Wie immer sagt man sich: »Nie wieder, das ist die letzte Saison. Ich gebe mein Stethoskop zurück ... So ein blöder Beruf.« Wie immer war im Krankenhaus kein einziges Bett mehr frei. Wie immer hat man sich korrumpieren lassen von Leuten, denen fast nichts fehlte, die es aber sehr eilig hatten und vor allen anderen drankommen wollten. Sie waren hierhergekommen, um Urlaub zu machen, nicht um sich die Knochen zu brechen. Wir haben unsere Gesundheit ruiniert und die Arschbacken zusammengekniffen. Und wie immer ging alles vorbei, und bis zum Beginn der Sommersaison wird man alles vergessen haben.

Khando will bleiben

Ein Wochenende zu Beginn des Frühlings, die Stimmung ist dennoch eher mies. Wir hatten versucht, Khando auf ihre Abreise vorzubereiten, aber da war nichts zu machen. Sie wollte hierbleiben und bremste mit allen vieren. Die Verabschiedung durch die ganze Familie auf dem Bahnsteig des Bahnhofs von Bellegarde war herzzerreißend.

Ich bringe sie nach Paris, kann sie morgen früh aber nicht zum Flughafen bringen, da ich Bereitschaftsdienst habe. Heute Abend muss ich schon wieder in Chamonix sein. Cécile und ich sind sehr traurig, dass wir nicht bis zum Abflug bei ihr sein können. Khando Marie-Jeanne anzuvertrauen, die uns das angeboten hatte, stand außer Diskussion. Wie ich vermutet hatte, hatte sich unser Verhältnis nicht verbessert. Ich hatte mich auch geärgert, als sie von mir verlangte, ihr den Betrag zu erstatten, den sie für Khando ausgegeben hatte, für einige Kleidungsstücke und den Besuch bei einem Arzt wegen einer Erkältung.

Wir gehen zu Gilles. Ich habe ihn vor kurzem in Chamonix getroffen, wir kennen uns kaum. Er begleitete einen jungen nepalesischen Lehrer einer Schule im Dolpo bei seinem Besuch in Frankreich. Als wir ihm unsere Geschichte erzählten, bot er an, Khando selbst mitzunehmen. Ich vertraute diesem Mann sofort.

Khando sieht traurig aus. Sie weint. Ich habe nicht aufgehört, ihr zu versprechen, dass nichts beendet ist. Wenn sie jetzt, zum Ablaufdatum ihrer Visums, aber nicht zurückgehe, dann könne sie nie wieder zu uns kommen.

Ich muss sie schließlich bei Gilles und seiner Frau zurücklassen, die ihr Bestes geben werden, um sie zu beruhigen.

Am nächsten Morgen klingelt mein Handy, während ich mich im Krankenhaus darauf vorbereite, den Finger eines Kochlehrlings zu nähen, der sich bis auf den Knochen geschnitten hat. Ich dachte gerade daran, dass Khando im Wartebereich Norbu und Marie-Jeanne getroffen haben musste. Es ist Gilles, genervt gibt er mir Khando. Sie hat eine Krise und will auf keinen Fall heimfliegen.

So nett wie möglich und mit einem Hauch von Autorität versuche ich, ihr eine Strafpredigt zu halten. Schließlich beruhigt sie sich. Ich umarme sie aus der Ferne und schaffe es nur mit größter Mühe aufzulegen. Ich brauche einige Sekunden, bevor ich wieder klar denken kann. Der Kochlehrling schaut mich mitfühlend an. Zwei Minuten später ist es aber er, der leidet.

3. Teil

Sommer

Sommer in Chamonix … »Death Valley« wird das Tal in den Londoner Sensationsblättern genannt. Ein Ameisenhaufen von Kraxlern, die auf einem Minengelände herumspazieren. Vom Hubschrauber aus sieht man überall welche, die angeseilt wie Würste an verrosteten Haken hängen. Jedes Mal wenn ich das Massiv an den Spitzentagen in der Hochsaison überfliege, bin ich überrascht, wie wenig Unfälle angesichts der Anzahl von Bergsteigern oder Wanderern pro Quadratmeter passieren.

Rob

Vor der Kasse der Seilbahn auf die Aiguille du Midi tritt Olive von einem Fuß auf den anderen. Er ärgert sich schwarz: Es ist immer dasselbe mit Rob, er kann nie pünktlich sein. Mit roten Wangen, schwitzend und mit offenem Hosenschlitz kommt er schließlich angerannt. Sein Rucksack ist nicht richtig zu und schlenkert auf seinem Rücken hin und her, wobei die Hälfte seiner Sachen herausfallen. »Rob, du hast einen Handschuh verloren. Los, beeil dich, hier ist dein Ticket!«

»Ja, ja, ich habe ewig gebraucht, bis ich einen Parkplatz gefunden habe. Es ist doch unglaublich, jetzt muss man schon dafür zahlen, dass man sein Auto abstellen kann!«

»Du nervst«, ächzt Olive.

Rob ist ganz in Ordnung, aber eben ein echter Chaot. Er träumt dauernd vor sich hin, kann nie Nein sagen, sodass er immer überfordert ist. Olive hat ihn vor fünf Jahren in der Verdonschlucht getroffen. Zunächst hat Rob ihn ein bisschen genervt wegen seiner Lobhudelei für die Ausrüstung von Chouinard, die er wie Sammlerstücke verehrt. Daraus war inzwischen eine Obsession geworden, er hat einen ganzen Schrank davon. In Wirklichkeit ist Rob eher ein Besessener als ein Sammler. Er versteigt sich dabei jedes Mal in ewig lange Erklärungen, denen Olive einfach zustimmt, während er an etwas anderes denkt. Als sie zusammen kletterten, fand Olive Rob schließlich doch sympathisch.

Man kann sagen, dass er eher anhänglich ist. Rob ist nämlich sehr aufmerksam gegenüber anderen, und das macht seine Fehler in den Augen von Olive wieder wett. Während einer Reise ins Hoggargebirge lernten sie sich besser kennen. Während dieser Sahara-Expedition entdeckte Rob seine Leidenschaft fürs Fotografieren. Angesichts einer alten Leica, mit der er auf Bilderjagd ging, war er in Ekstase geraten. Stundenlang lag er im Sand, feilte an seinen Einstellungen und machte eine Aufnahme nach der anderen. Das nervte einige. Aber Olive machte es Spaß, zuzusehen, wie Rob in seiner eigenen Welt lebte und sich für alles Mögliche begeistern konnte.

Die ganze Gruppe hat noch Robs Coup in Erinnerung, den er sich am letzten Tag in Tamanrasset geleistet hat. Bevor sie nach Frankreich zurückkehrten, wollten sie sich dort noch das Couscous des Jahrhunderts gönnen. Rob, der nicht dicker ist als eine Ziege, hat immer Hunger. An diesem Abend war sein Hunger aber so groß, dass er sich wie ein Wolf über seinen Teller hermachte. Die Platte war nach gestoppten drei Minuten leer. Olive schaute ihn fassungslos an. Plötzlich sah er, wie Rob blass wurde. Seine Augen, die stets neugierig glänzten, hatten ihr Strahlen verloren. Er fiel langsam nach hinten, ohne dass jemand die Zeit gehabt hätte zu reagieren, und stürzte unter lautem Getöse der Couscous-Schüsseln zwischen den Tischen auf den Boden. Eine Frau schrie, ein Glas ging kaputt, und der Hund des Restaurantbesitzers bellte, als ginge es um sein Leben. Es herrschte eine seltsame Stimmung. Einige Sekunden lang waren alle wie erstarrt. Sprachlos schauten sie sich an, dann sprangen alle fast gleichzeitig auf, um zu sehen, ob Rob einen Herzinfarkt erlitten hatte. Einige wohlplatzierte Ohrfeigen holten ihn schließlich aus seiner Ohnmacht. Niemand verstand, was da mit ihm los gewesen war. Später erfuhren sie, dass man ohnmächtig werden kann, wenn man einen leeren Magen schnell und auf brutale Weise vollstopft.

Die Gondel fährt leise zum Plan de l'Aiguille hinauf. Rob räumt noch immer seinen Rucksack ein und verteilt in seiner Umgebung Stöße mit den Ellbogen, während sich Olive mit Maxou und Dod unterhält und in Gedanken nochmals die Ausrüstung durchgeht. Sie hatten seit einiger Zeit die Begehung des Gervasuttipfeilers geplant, aber das hatte nie geklappt. Entweder passte das Wetter nicht oder einer der vier bekam nicht frei. Aber dieses Tourenprojekt war eine Sache unter Freunden, und sie hatten sich geschworen, den Pfeiler gemeinsam zu machen. Jetzt war Mitte August: Das bedeutete jetzt oder nie. Die Verhältnisse waren die ganze Woche über gut gewesen, und sie hatten nur ein kleines Zeitfenster für die Begehung vor einem Tief, das fürs Wochenende angekündigt war. Der Gervasuttipfeiler am Montblanc du Tacul ist eine lange Tour. Auch wenn der Kletterführer sie als Zweitagestour angibt, so kommen viele gute Seilschaften doch an einem Tag durch. Die vier Schlauberger sind gut drauf in letzter Zeit. Sie sind an den Boulderfelsen von Fontainebleau schöne Serien von Circuits hintereinander geklettert.

Olive hat in Paris mit dem Rad trainiert, und Maxou hat zwei 7c-Routen gepackt. Alle zählen auf ihn an den Schlüsselstellen. Sie haben jedenfalls keine Lust auf ein Biwak. Biwaks sind etwas für alte Leute. Sie klettern modern, leicht und schnell.

Der Ablauf ist klar: Übernachtung auf der Cosmiqueshütte am Donnerstagabend, Gervasuttipfeiler am Freitag, am Abend der Abstieg zur Hütte. Sollten kleinere Probleme auftreten, könnte es sein, dass sie ein Stück weit in die Nacht kommen. Die Wetterverschlechterung ist erst für Samstagabend angekündigt, das verschafft ihnen einen kleinen Puffer.

Gervasuttipfeiler, Freitag

Ich fange an, eine Ofenladung Brot zu backen. Ein Jugendtraum. Warum wurde ich bloß Arzt, wo ich doch dazu berufen bin, Teig zu kneten? Ich habe den Duft der Backstube von La Palud noch in der Nase, von jener Nacht, in der ich meinem Freund, dem Bäcker, zuschaute, wie er seine Laibe, Croissants und Pains au Chocolat machte.

Ich habe beschlossen, dass ich daheim mit einer kleinen Maschine Brot backe, die in meinem Supermarkt im Sonderangebot war. Ich mische die Mehlsorten ein bisschen auf eigene Faust zusammen und teste die verschiedenen Hefen wie ein Zauberlehrling. So langsam sehen meine Werke immer mehr aus wie Brot. Cécile und die Kinder gratulieren mir ein wenig zu schnell, ihre Bewunderung kann kaum ehrlich gemeint sein. Sie behandeln mich wie einen Jungen, den man ermutigt, damit er nicht enttäuscht ist. Ich habe mir allerdings einen Anpfiff geholt wegen der Teigreste, die herumliegen, und dem Mehl, das am Schwamm klebt. Aber ich gebe nicht auf, halte durch und verzweifle nicht. Ich werde es schaffen! An diesem Wochenende will ich drei oder vier Brote backen, die ich im Gefrierschrank verstecken werde.

Zwei Uhr morgens. Vier Schlauberger sind unterwegs vom Col du Midi in Richtung Rognon.

»Hallo Jungs, wir haben ein Problem!« Obwohl es dunkel ist, war Olive aufgefallen, dass irgendetwas nicht stimmte. Rob sah aus wie jemand, der eine Dummheit gemacht hat. Bei ihm muss man auf alles gefasst sein. Es geht ihm schlecht. Die Nacht auf 3500 Meter Höhe hat ihm zugesetzt. Zweimal hatte er sich am Abend zuvor übergeben, einschlafen konnte er auch nicht. Um Mitternacht wollte er eine Schlaftablette nehmen. Und jetzt steckt er im Schlamassel.

»Sag schon, was los ist«, fordert ihn Olive auf.

»Ich habe meinen Hüftgurt vergessen …«

»Na bravo. Und was machen wir jetzt? Hast du eine Idee?«

»Ach, ich werde umdrehen … Ihr klettert zu dritt. Ich bin heute sowieso nicht fit.«

»Nein, das wäre doof. Du kletterst einfach mit einer Schlinge, aus der wir einen Gurt basteln. So wie du heute ausschaust, habe ich sowieso nicht damit gerechnet, dass du vorsteigen würdest. Du kletterst eben mit Maxou im Nachstieg.«

»Ah, vielen Dank!«

Sie waren nicht ohne Schwierigkeiten und um einiges später als geplant von der Hütte aufgebrochen. Aber das war noch das kleinere Übel im Vergleich zum Andrang beim Frühstück. Im Raum der Selbstversorger waren alle möglichen Leute vertreten: Kleine, Dicke, solche, die die Durchquerung des Vallée Blanche machen wollten und um zwei Uhr morgens aufgestanden waren, um nur ja nicht die letzte Gondel um achtzehn Uhr zu verpassen, und solche, die über den Tacul auf den Montblanc gehen wollten und ganz kleine Augen hatten. Da war die Frau, die heulte, weil sie zwei linke Schuhe hatte, und ein Spanier, der überall nach seinem Kumpel suchte, wobei der bestimmt schon losgegangen war, weil er wiederum glaubte, dass sein Freund ihn vorne suchen würde.

»Ah, warte! Scheiße, mein Steigeisen ist abgegangen.«

»Rob, du nervst!«

Olive denkt fast schon darüber nach, ob das heute der richtige Tag ist für ein Projekt wie dieses. Doch im Dämmerlicht kann man die Konturen des Gervasuttipfeilers schon erkennen …

6.30 Uhr. Maxou sucht sich seinen Weg in der Wand.

»He, Maxou, bist du am Stand? Maxou, wir frieren«, ruft Olive ungeduldig.

Weil es dunkel war, ist er einfach eingestiegen, ohne sich die Route, vor allem aber die erste Seillänge von Weitem angeschaut zu haben. Und jetzt ist er nicht sicher, ob er in der Route ist. Und dann ist auch noch der Fels nass. Mit den dicken Bergschuhen, die er angelassen hat, ist das hier kein Vergnügen. Er kämpft, obwohl das eigentlich nur IV+ sein dürfte. Ah, er ist weit entfernt vom roten Circuit von Milly-la-Forêt! Vor Kurzem hatte ihn ein alter Haken noch beruhigt, aber seit mindestens fünfzehn Metern hat er nichts mehr gefunden und sich in eine prekäre Lage gebracht. Sein linker Fuß steht auf einer winzigen, flechtenbewachsenen Einbuchtung. Seine linke Hand zieht auf Gegendruck an einem schrägen, feinen Riss. Der Tritt unter seinem rechten Fuß bietet vermutlich den einzigen guten Halt, aber mit seiner rechten Hand sucht er verzweifelt nach einem Griff.

»So eine Scheiße, was mache ich bloß? Ich müsste da raufrennen wie nichts«, knurrt er laut vor sich hin.

Nach einigen Minuten des Zögerns streckt er sein linkes Bein in der Hoffnung, eine Unebenheit zu finden, die ihn beim nächsten Zug hält. Irgendetwas muss er sowieso versuchen. Seine Oberschenkelmuskulatur verkrampft immer mehr. Als er die anderen unten wegen der Kälte meckern hört, steigt Mordlust in ihm hoch. Das ist überhaupt kein guter Anfang am Pfeiler. Wenn er den Dreckskerl in die Finger bekommen würde, der die Route eingerichtet hat! Und noch immer ist kein Haken in Sicht. Seine Stirnlampe nützt ihm nichts mehr: Es ist jener Moment beim Sonnenaufgang, wo man nicht so recht weiß, ob es noch Nacht ist oder der Tag schon angebrochen ist. Kurz und gut: Man sieht überhaupt nichts in dieser beschissenen Seillänge.

Mit einer extrem akrobatischen Einlage hat Maxou es geschafft, einen Friend in dem kleinen Riss zu verklemmen, an dem er sich schon mit der linken Hand festgehalten hatte. Er hängt eine Expressschlinge ein. Bevor er das Seil in den Karabiner einhängt, zieht er noch kurz an der Schlinge, damit sich der Friend besser verkeilt, eigentlich mehr aus Gewohnheit als aus Überzeugung.

»An dem würde ich nicht mal die Selbstsicherung meiner Schwiegermutter einhängen«, denkt er zu seiner eigenen Überraschung. »Gib Seil, Scheiße! Gib Seil da unten«, schreit er und rüttelt am Seil, das sich verklemmt hat.

Das Schlimme daran ist, dass die anderen unten gar keine Ahnung haben dürften, dass er im Schlamassel steckt. Der Druck steigt. Plötzlich zwingt ihn ein Adrenalinstoß dazu, seine Position zu verändern, die unerträglich geworden ist. Maxou beschließt, den Versuch zu wagen und seinen linken Fuß auf ein kümmerliches Leistchen zu stellen. Er versucht, ihn so nah wie möglich zu seinem Hintern zu bringen. Dabei ist er sich im Klaren darüber, dass er mit seinem dicken Rucksack und dem Seilzug zweifellos Probleme haben wird, das Bein durchzustrecken. Wie dumm von ihm, dass er nicht die Kletterschuhe angezogen hat!

Er braucht gute dreißig Sekunden, um sich zu konzentrieren. Er schnauft wie ein Stier. Dann tritt er schwerfällig an und stößt dabei einen erstickten Schrei aus. Seine linke Hand verkrampft, ein Fingernagel bricht ab, sein ganzer Körper spannt sich für diesen Schwung. Er will das da oben erwischen, was ausschaut wie ein kleiner Felszacken. Daneben! Maxous Hand tastet mit letzter Hoffnung über den Fels. Aber das Gewicht des Rucksacks zieht ihn nach unten. Die Karabiner und Friends, die an seinem Gurt hängen, kratzen über den Granit, dass Funken sprühen. Maxou stürzt mit viel Getöse fünf Meter hinab. Wie durch ein Wunder hängt er an seinem mickerig verklemmten Friend.

»Maxou, alles okay? Max!«, schreit Olive, den der plötzliche Seilzug überrascht hat.

»Ja, ja, alles okay!« Die Luft bleibt ihm weg, und er fühlt sich plötzlich ganz schwach. Er braucht fünf Minuten, bis er sich wieder beruhigt hat. Er, der an den Wochenenden immer in den Siebener-Routen herumspaziert, müht sich eine geschlagene Stunde fürchterlich ab in einer Seillänge im vierten Grad. Es ist zum Heulen!

Inzwischen hat die Morgendämmerung ihren purpurfarbenen Schleier angelegt und die Dunkelheit aufgelöst. Zehn Meter weiter rechts liegt ein offensichtlicher Riss. Er ärgert sich: Jetzt ist alles so einfach. Maxou schämt sich fast.

Sie brauchen noch zwei Stunden, bis alle vier den Gipfel des ersten Sockels erreicht haben. Dort stoßen sie auf drei Polen, die vor ihrem Biwakzelt sitzen und gerade in aller Ruhe frühstücken.

Unterkühlte am Montblanc

Mein gestriger Tag verlief eher ruhig. Cécile hatte Pierrot auf der Geburtstagsfeier eines Freundes abgesetzt, Alix war zu Aline gegangen, und so blieben wir gemütlich daheim. Da das Wetter zu unstabil war, um klettern zu gehen, machte Cécile Marmelade. Durchs Fenster konnte ich sehen, wie sich von Stunde zu Stunde mehr Gläser auf der Küchentheke aneinanderreihten. Ich raffte mich auf, die Terrasse fertig zu bauen. Vor mehr als einem Monat hatte ich damit begonnen, aber es war nicht vorangegangen. Der Sandhaufen thronte vor dem Innenhof, und der Stapel aus lachsfarbenen Pflastersteinen wurde nicht kleiner.

Heute Morgen ging ich ruhigen Gewissens los. Es hatte fast die ganze Nacht über geregnet, und ein kurzer Blick aufs Massiv sorgte für die Gewissheit, einen relativ ruhigen Morgen an der Dropping Zone erwarten zu dürfen. Der Himmel war bedeckt, und oben an der Aiguille du Midi blies es bestimmt mit einer Windstärke von achtzig Stundenkilometern. Ich konnte mir also Zeit lassen und im Krankenhaus vorbeischauen, um Kaffee zu trinken und bei dieser Gelegenheit auch meine E-Mails zu beantworten.

Um elf Uhr morgens ist an der Dropping Zone noch nichts los. Während drei Retter auf dem Sofa sitzen und eine blöde Sendung im Fernsehen anschauen, erschaffen drei andere die

Welt noch einmal und schlürfen dabei ihren x-ten Kaffee. Unten basteln zwei Retter an der Gaszufuhr der Paillardet-Winde.

Ich bringe meinen Rucksack in Ordnung. Die zerbrochenen Ampullen werden entsorgt, ebenso die Heftpflasterreste und die leeren Verpackungen, die überall herumliegen. Bob ist zu seinem kleinen Besuch am Sonntagmorgen gekommen. Er sieht gut aus. Bob ist unser Maskottchen. Er ist achtzig Jahre alt und immer noch einsatzbereit. Er war einer der ersten Rettungsgendarmen im Tal. Er kommt sogar in den »Geschichten von Onkel Paul« vor, die ich im Spirou-Magazin gelesen habe, dem legendären Comicmagazin für Kinder. Als ich klein war, habe ich die »Geschichten von Onkel Paul« regelrecht verschlungen. Jene Ausgabe berichtete über die gefährliche Rettung, bei der Bob im Sturm ein Dutzend Menschen aus der alten Seilbahn am Mer de Glace herausholte, die dort festsaßen. Bob besitzt noch ein ausgebleichtes Exemplar des Magazins. Die Comiczeichnungen zeigen, wie der Retter – Bob – im Gleichgewicht auf dem Dach der Kabine steht und den armen, verängstigten Menschen hilft. Der Heli hatte ihn mit viel Geschick aufs Dach abgelassen.

»Salü, ehrwürdiger Professor der Fakultät«, attackiert er mich gleich beim Hereinkommen.

»Salü, Bob!«

»Na, Doc, tote Hose heute?«

»Ja. Es muss auch ab und zu mal etwas ruhiger werden. Und wie sieht's mit deinem Blutdruck aus, steigt er?«

Dazu muss man wissen, dass Bob eine Galgenfrist bekommen hat. Er hatte einige gesundheitliche Probleme, und man hatte ihm nicht viel Hoffnung gelassen. Bob amüsiert sich, wenn er davon erzählt. Er hält nämlich schon seit sieben Jahren durch und ist auch nicht bereit lockerzulassen. Wenn man ihn so hört, dann ist sein Gedächtnis das einzige Problem, das er hat. Ständig beklagt er sich darüber. Obwohl die

Mitglieder der Bergrettungsgesellschaft von Chamonix, deren Vorstand er war, enttäuscht waren, hat Bob es vorgezogen, von seinem Amt zurückzutreten – aus Angst, für Fehler bei den Finanzen verantwortlich zu sein. Jetzt hat er es mit dem Forellenfischen. Wenn er nicht mit seinem Kumpel Jacques beim Angeln ist, dann drückt sich Bob immer an der Dropping Zone herum. Er möchte gerne auf dem Laufenden sein. Um ihm eine Freude zu machen, messe ich an diesem Morgen seinen Blutdruck.

Die Wolkendecke reißt am frühen Nachmittag auf. Kein Einsatz hat unseren Müßiggang gestört. Gegen fünfzehn Uhr bekommt Jules, der diensthabende Pilot, einen Anruf von Cordial.

»Ja … Okay, aber in welcher Höhe? Brenvasattel … Mehr weiß man nicht? Gut, wir fliegen mal rauf. Warte, ich schau mal aus dem Fenster … Ja, sieht aus, als würde es gehen … Okay, wir brechen auf!«

»Geht's los?«, fragt einer. »Los, auf geht's, ihr müden Säcke. Wir werden uns mal den Brenvasattel anschauen. Wir müssen Leute herausholen, die im Sturm stecken«, ruft Jules.

Das reicht, um alle in Bewegung zu versetzen. Zehn Minuten später bin ich unterwegs. Man hat mich gebeten mitzufliegen, weil einer der erschöpften Bergsteiger bewusstlos sein soll. Wie immer weiß ich nicht mehr. Herzstillstand, Unterkühlung, Scheintod?

Auf 4000 Meter Höhe geht's rund. Man hat den Eindruck, dass die Pilotenkanzel Ohrfeigen abbekommt. Manchmal glaubt man auch fast, dass unter einem keine Luft mehr ist. Es hat Löcher, dass einem fast das Frühstück vom Tag zuvor hochkommt.

Das schlechte Wetter ist noch nicht vorüber. Ich sehe, wie Jules mit dem Steuerknüppel kämpft. Es geht rauf und runter, bald werde ich auch mein Sandwich vom Mittag loswerden. Zwischen zwei Wolken kann man den Boden erkennen. Den Boden wovon? Das muss der Brenvasattel sein!

»Mannomann, das ist heute wieder ein Zephir! Ich werde nicht lange bleiben können«, kündigt der Pilot an. Direkt vor uns kommt ein Typ aus dem Nichts und rennt winkend auf die Maschine zu. »Langlois, geh raus und schau nach, was der gute Mann will! Ich werde versuchen, zurückzukommen, um dich zu holen.«

Yan öffnet die Schiebetür und hält den Kopf raus, um das Heck des Helikopters und die Position der Kufen in Relation zum Schnee im Auge zu behalten. Die Alouette macht Bocksprünge. Jules wird ärgerlich: »Los, spring! Ich kann sie nicht halten.«

Langlois springt. Ich bleibe vorerst noch in der Maschine. Wir verlassen sofort diese Hölle und fliegen schnurstracks Richtung Petit Plateau. Die Weite beruhigt.

Nach zehn Minuten meldet sich Langlois über Funk. »Du musst kommen und zwei Personen abholen. Einer, ein Engländer, sieht schon tot aus in seinem Loch. Der andere liegt in einem anderen Loch und sieht auch nicht besser aus – offenbar ein Franzose.« Der Funkspruch wird vom Heulen des Windes gestört.

»Okay, ich nehme immer nur einen mit. Du schickst sie hoch!«, erwidert Jules nervös. Dann fügt er gleich noch hinzu: »Manü nimmt ihn in Empfang, dann bringen wir ihn runter und kommen wieder hoch, um dich mit dem anderen zu holen.«

Der Zirkus beginnt wieder von vorn: Reise in der Waschmaschine, Tür auf … Ich springe raus, um zu helfen. Wir laden ein, und ich steige wieder in die Kabine. Der Typ ist ganz offensichtlich steif. Yan schließt die Tür, der Helikopter taucht weg. Ich schaue mir den Bergsteiger an: Er ist steif, die Ellenbogen und die Fäuste sind angewinkelt vor dem Gesicht. Seine Beine sind hart wie Holz und völlig erfroren. Aber ich habe meine Zweifel. Um ganz sicherzugehen, entferne ich den Schnee aus seinem Gesicht. Sein Gesichtsausdruck ist verkrampft, die Wangen sind gefroren, aber ich glaube ein Leuchten in dem durch die vereiste Hornhaut verschleierten Blick zu erkennen. Ich stimuliere ihn ein wenig, bekomme seine Arme nur schwer auseinander – und da geschieht das Unglaubliche: Der Tote ist gar nicht tot, er bewegt sich!

Der Tote lebt

Jules, der Junge ist gar nicht tot, das schwör ich dir!«

»Und was soll ich jetzt machen? Wohin soll ich ihn bringen, ins Leichenschauhaus oder ins Krankenhaus?«, fragt mich Jules.

»Warte mal kurz.« Ich messe seine Temperatur mit dem Spezialthermometer im Ohr. 25 Grad – das ist unglaublich! Ich versuche mein Mini-EKG auf seiner Brust zu fixieren, um die Zahl seiner Herzschläge zu prüfen. Ich befreie ihn oben mehr schlecht als recht von seiner vereisten Goretex-Jacke – sie ist wie festgebacken an den Schichten, die er darunter trägt. Die Linie, die mein Gerät aufzeichnet, wird von den Vibrationen des Hubschraubers gestört, sodass keine Interpretation möglich ist. Kammerflimmern oder Sinus-Bradykardie? Es ist unmöglich, das zu bestimmen. Ich bin hilflos und frage mich, ob ich das Opfer massieren soll oder nicht. Schließlich entscheide ich mich für die zweite Lösung. Wir sind auch schon am Krankenhaus angekommen. Ohne dass ich es bemerkt habe, sind wir gelandet. Die Tür ist offen, und die Rollliege wartet auf Kundschaft. Der gefrorene Bergsteiger wird ausgeladen, indem er einfach auf die metallene Oberfläche der Liege geschoben wird. Bevor ich mein Mini-EKG zurückholen kann, sehe ich, wie mein Typ von den Krankenschwestern davongeschoben wird. Ich muss mich fast prügeln, um meine Instrumente zurückzubekommen.

Der Hubschrauber startet wieder unter ohrenbetäubendem Getöse. Die Schaulustigen sehen uns sprachlos zu und fragen sich, zu welcher Katastrophe wir jetzt fliegen. Ich bereite mich psychisch auf das zweite Opfer vor. Noch ein Scheintoter? Das Loch über dem Tacul bleibt bestehen. Langlois brüllt im Funkgerät: »Dragon, hier Langlois.«

»Hier Dragon, was gibt's?«

»Seid ihr im Anflug?«

»Ja, in sieben Minuten sind wir da. Wie sieht's aus?«

»Dort, wo ich bin, sehe ich die Aiguille du Midi. Es müsste gehen, aber es sieht aus, als ob der Wind zunimmt. Ihr müsst euch beeilen!«

»Wie geht es dem zweiten Kerl?«

»Er ist ganz steif, aber noch am Leben. Ist Manü bei dir?«

»Bestätigt.«

»Er muss ihn sich schnell anschauen, er verhält sich seltsam, windet sich in alle Richtungen. Wir hatten Schwierigkeiten, ihn zu verschnüren.«

Was soll das denn? Die Situation ist ungewöhnlich. Normalerweise verlasse ich den Hubschrauber lieber, um den Verletzten draußen zu untersuchen und ihn zu behandeln, bevor wir ihn evakuieren. Aber jetzt ist eine höhere Macht im Spiel. In einer Viertelstunde wird der Himmel wieder verhangen sein, und wir würden Probleme bekommen mit einem Unterkühlten, wenn wir auf mehr als 4000 Meter Höhe festsitzen.

Der Brenvasattel liegt einige Kabellängen unter dem Hubschrauber, er zeigt sich und verschwindet wieder. Jules gelingt es, etwa zehn Meter von Langlois entfernt runterzugehen. Die Tür gleitet auf, ich schnappe den Typ und ziehe ihn wie einen Sack Kartoffeln herein. Es schüttelt uns in alle Richtungen. Es ist unmöglich, Langlois aufzunehmen, wir sind zu sehr am Limit. Wie Diebe stehlen wir uns davon und stürzen uns über den Hang hinab, um die Bodennähe zu nützen. Die Spitze der Aiguille de Saussure gleitet unter den

Kufen vorbei, dann findet der Hubschrauber wieder ein wenig Stabilität. Das erlaubt mir, den Engländer kurz anzuschauen, der von Krämpfen geschüttelt wird.

Sein Zustand erinnert an nichts, was in den Büchern steht. Ich habe den Eindruck, dass ich es mit einem jener Artisten zu tun habe, die auf den Straßen Automaten imitieren. Er ist so steif wie eine mechanische Puppe und verrenkt sich in alle Richtungen. Es ist unmöglich, seinen Puls zu messen, er zappelt zu sehr herum. Ich versuche, ihm die Sauerstoffmaske aufzusetzen, eine intuitive Geste, die nicht von Erfolg gekrönt ist. Er schlägt um sich und stößt meine Hände weg, wo er nur kann. Kein Ton kommt aus seinem Mund. Sein leerer, verängstigter Blick wirkt wie der eines Untoten.

Der Heli taucht mit klappernden Flügeln in den Nebel ein, und ich spüre einen warmen Windhauch im Gesicht. »Jules, kannst du bitte die Heizung niedriger stellen?«

»Willst du denn nicht, dass ich ihn dir aufwärme?«

»Doch, aber nicht so schnell.« Ich habe die Geschichte des Mädchens im Kopf, das an der Aiguille du Midi unter ähnlichen Bedingungen starb. Erschöpft und durchgefroren hatte sie es nach einer Winterbegehung geschafft, das Gipfelgebäude zu erreichen. Die Angestellten der Seilbahn meinten es gut mir ihr und setzten sie direkt neben den Ofen, um sie aufzuwärmen. Einige Minuten später hatte das Mädchen einen Herz-Kreislauf-Stillstand, ohne dass die Angestellten verstanden, warum. Es wird vermutet, dass die Wärme die peripheren Gefäße weitet und dies zu einem so starken Abfallen des Blutdrucks führt, dass die Herzpumpe leerlaufen kann.

Ich würde meinem Patienten gerne mein Spezialthermometer ins Ohr stecken, um seine Temperatur zu messen, aber das ist ganz unten in meinem Rucksack. Bis ich es heraushole, sind wir bestimmt schon unten: Es ist besser, zu warten und es erst im Krankenhaus zu tun.

Es wird höchste Zeit, dass wir landen. Der Typ windet sich,

als wolle er sich einer Zwangsjacke entledigen. Er macht mir wirklich Sorgen. Die Tür öffnet sich, und ich stupse ihn an. Er scheint sich wieder zu beruhigen. Vor der Ambulanz wartet bereits die Rollliege des Schockraums auf uns. Hier geht's rund. Ich gehe für einige Minuten ins Büro der Krankenschwestern, um meinen Rucksack abzustellen und die klassischen Instruktionen zu erteilen: »Man muss ihn schnell ans EKG anschließen, um zu schauen, wie es um ihn steht. Er kann nicht sehr warm sein.«

»Schneiden wir seine Kleidung auf?«, fragt eine Krankenschwester und schnippt mit ihrer Schere.

Ich kann mich nur schwer damit abfinden, dass Bergausrüstung zerstört wird, die ein Vermögen kostet. »Versuch mal, ihn ans EKG anzuschließen, damit man ihn überwachen kann, während man ihn auszieht«, schlage ich vor.

»Okay, wir legen ihn auf die Liege und fangen an.«

Beim Umbetten von der Trage auf die Rollliege des Krankenhauses fällt der Verletzte auf die linke Seite, beim Überwinden einer Stufe wird er nochmals durchgeschüttelt. Das sollte zweifellos vermieden werden, denn plötzlich bewegt er sich wieder, als hätte er Krämpfe. Grand Chef kommt in diesem Moment, man hat ihn informiert, dass seltsame Dinge geschehen. Ein Blick genügt ihm. »Auf geht's. Euer Mann sieht aus, als hätte er gleich einen Herz-Kreislauf-Stillstand.« Das war der Ton, der nötig war, um den Druck zu erhöhen – und den er beherrschte. Die kleinen Angestellten, also wir, sind plötzlich so geschäftig wie Ameisen, in deren Bau jemand hineingetreten ist. Einige Minuten später hängt der Engländer am EKG, ist intubiert und massiert. Die Hypothermie von 25 Grad wird durch eine rektale Temperaturmessung bestätigt.

Es sieht nicht gut aus für ihn. Es steht außer Frage, ihn zu defibrillieren, bevor seine Kerntemperatur nicht auf dreißig Grad angestiegen ist. Alle Herzchirurgen betonen, dass das Herz erst dann wieder anfangen kann zu schlagen, wenn es zunächst aufgewärmt und erst dann defibrilliert wurde. Hier liegt der ganze Vorteil einer Herz-Lungen-Maschine. Leider kann nicht jeder eine daheim in der Garage haben. Nicht nur weil die Maschine kostspielig ist, sondern auch weil man ein spezialisiertes Team braucht, das in der Lage ist, sie rund um die Uhr zu betätigen. Im alten Krankenhaus hatten wir zwar eine im Hinterzimmer stehen, aber da sie nur zwei- oder dreimal im Jahr gebraucht wurde, waren die Anästhesisten nicht sehr vertraut damit. Momentan sind nur die großen Krankenhauszentren mit Herzchirurgie in der Lage, diesen Service zu bieten. Grand Chef hatte stattdessen einfachere, aktive Aufwärmtechniken von innen entwickelt. Sie werden detailliert in medizinischen Handbüchern von Autoren beschrieben, die deren Vorzüge rühmen. Wie so oft sieht die Praxis aber anders aus als die Theorie. Bei diesen Techniken geht es darum, den Körper zu erwärmen, indem warme Flüssigkeit in alle möglichen Räume des Organismus eingefüllt wird. In die Bauchhöhle, in den Brustraum, in die Blase, den Magen – alles dient dazu, um das physiologische Serum, das zuvor auf 38 Grad erwärmt wurde, durch provisorisch in die Wände implantierte Drainagen zu verteilen.

Die Geschichte der beiden Engländer, die den Montblanc über die Goûter-Route besteigen wollen, hätte banal sein können. Der Sturm kommt auf, als sie den letzten Buckel am Gipfelgrat erreichen. Dort ist alles weiß. Sie sind nur 200 Meter von ihrem Ziel entfernt und wollen es versuchen … Niemand ist mehr auf dem Gipfel außer zwei Franzosen, die wie sie im Schneesturm gefangen sind. Die Franzosen sind Einheimische, einer von beiden ist Zöllner in Chamonix. Die vier Schiffbrüchigen sitzen im gleichen Boot. Die Engländer folgen den Franzosen Richtung Brenvasattel, wo der Grat weniger scharf ist. Sie irren in Hagelschauern herum. Die Spur wird sofort vom Wind verweht, Sastrugi, stromlinienförmige Rillen im Schnee, bilden sich, wie um alle Zeichen zu verwischen. Als sie die erste Abflachung erreichen, den Brenvasattel, hat der Sturm seinen Höhepunkt erreicht. Ihre Erschöpfung auch. Die Franzosen graben ein Loch, die Engländer zwanzig Meter davon entfernt ebenso. Unter den beiden Franzosen ist wie immer einer, der länger durchhält als der andere. Bei den Engländern ist es dasselbe. Insgesamt gesehen kämpfen zwei Männer um ihr Leben, die beiden anderen geben sich auf.

Für den Ersten der beiden sieht das EKG bestens aus: 37 Herzschläge pro Minute. Ein »Hibernatus«, ein Winterschläfer, in der Aufwachphase. Man hat ihn aus seiner vereisten Bergsteigerbekleidung geschält und in eine Heizdecke gewickelt. Dann hat man ihm eine Infusion mit einer 38 Grad warmen isotonischen Kochsalzlösung verabreicht. Jeder ist bereit, sich sofort auf ihn zu stürzen, falls er plötzlich Kammerflimmern bekommen sollte. Für eine große Reanimation ist alles parat. Aber nach dem »Afterdrop« steigt seine Körpertemperatur jetzt mit arithmetischer Gleichmäßigkeit an. Dieser beeindruckende englische Begriff, der überall bei Kongressen benutzt wird, bezeichnet ein Phänomen, das noch kaum geklärt ist: Die Körperkerntemperatur eines Unterkühlten, den man aufwärmt, fällt! Es ist paradox, aber anstatt dass seine Kerntemperatur ansteigt, verliert er zunächst einige Grade. Verschiedene Hypothesen wurden schon vorgetragen, die mehr oder weniger alle auf wackligen Füßen stehen. Momentan lautet die vernünftigste Theorie, dass der starke Rückfluss des kalten Blutes von der Peripherie in den Kern dafür verantwortlich ist. Das ist immer eine delikate Angelegenheit, da das Herz bei dieser Temperatur sehr instabil ist. Es braucht nur wenig, damit es sich zusammenkrampft und anfängt zu flimmern, was dann zu einem Herzstillstand führt. Man glaubt, dass es durch den Defibrillator wieder leicht zum Schlagen gebracht werden kann – weit gefehlt: Die Temperatur des Herzens muss auf dreißig Grad angestiegen sein, damit es wieder schlagen kann. Die Massage ist also beim Warten darauf, dass es so weit ist, die einzige Alternative. Das verringert die Überlebenschancen in einem kleinen Krankenhaus, das nicht über eine Herz-Lungen-Maschine verfügt, doch um einiges.

Zweifellos ist deshalb der Engländer im Raum nebenan gestorben. Er hatte nicht so viel Glück wie der andere. Er hatte wohl schon während des Transports einen Stillstand, und obwohl man versuchte, ihn so schnell wie möglich aufzuwärmen und die Zeit der Massage zu verkürzen, blieben alle Techniken, die Grand Chef anwandte, erfolglos.

So sieht es aus: Zwei unterkühlte Bergsteiger wurden unter denselben Bedingungen vom selben Ort geholt. Die Körpertemperatur war bei beiden auf fünfundzwanzig Grad abgesunken. Drei Stunden später fragt uns der eine nach der Uhrzeit und will heimfahren, der andere ist tot. Ich bin nicht in der Lage, genau zu erklären, warum.

Welche Umstände sind es, die beim einen dafür sorgen, dass er überlebt, beim anderen aber zum Tod führen? Ist das dann nicht Grund genug, einen in den Bergen festgestellten Tod generell anzuzweifeln? Was ist es eigentlich, was den Tod bestimmt? Wie kann ich sicher sein, dass ein Bergsteiger wirklich tot ist, wenn er steif gefroren in einem Loch gefunden wird, ohne sichtbare äußere Verletzungen? Wer kann mir versichern, dass seine Herzaktivität und Organfunktionen nicht nur auf ein Minimum reduziert sind? Wer garantiert mir, dass sein Gehirn nicht irreversibel geschädigt ist? Wenn es gelang, das Herz korrekt zu erwärmen, warum will es dann manchmal trotzdem nicht schlagen?

Emsly Smith, einer unserer hochverehrten Kollegen, drückte es so aus: »Jemand, der an Unterkühlung gestorben ist, kann nur dann für tot erklärt werden, wenn er vorher aufgewärmt wurde.« Diesem Leitsatz verdanken wir die Anregung, unsere Arbeitsmethoden zu überprüfen. Die Botschaft verbreitet sich langsam: In den Bergen wird der Tod nicht mehr festgestellt, bevor man eine vollständige Anamnese erhoben hat.

Als Folge davon suchen die Bergretter beim geringsten Zweifel die Unterstützung eines Arztes, der die Ohrtemperatur misst und die ersten Anzeichen einer Herzrhythmusstörung erkennt. Die Logistik, die den direkten Transport dieses Patiententyps in eine Klinik mit Herz-Lungen-Maschine erlauben würde, ist noch weit davon entfernt, praktikabel zu sein. Dann müsste man auch sofort von freien Behandlungsplätzen profitieren können.

Die Hypothermie als Gefahr für Bergsteiger verfolgt mich bis in den Schlaf. Der weiße Tod bekommt nicht alle, die er holen will. Ich habe mir immer gedacht, dass wir vor ihm nicht alle gleich sind. Ich konnte das selbst erfahren. Wenn man eines Tages zu sehr mit seinen Grenzen spielt, dann verbrennt man sich die Finger. Das ist mir vor einigen Jahren im Himalaja passiert.

Erinnerungen aus dem Dolpo

Ich beendete gerade einen dreimonatigen Aufenthalt im oberen Dolpo, wo ich als Arzt und Bergführer beim Dreh des sehr bemerkenswerten Films »Himalaja – die Kindheit eines Karawanenführers« angestellt war. Während der langen Wochen, die wir auf über 4000 Meter Höhe verbrachten, konnte ich einige freie Stunden nutzen und zum Vergnügen auf alle Berge kraxeln, die die Umgebung überragten. Oft bestieg ich allein mehr oder weniger leichte und wilde Gipfel. Auf einigen standen davor bestimmt nur einige Einheimische. Dank dieser Exkursionen hatte ich mich gut an die Kälte und die Höhe akklimatisiert. Da ich mit den Menschen aus Dolpo zusammenlebte, hatte ich mich mit ihnen identifiziert. Wie sie brauchte ich am Abend keine Daunenjacke mehr, die mich wärmte. Wie sie liebte ich Tsampa, den tibetischen Getreidebrei, Dri-Joghurt und Tee mit Yakbutter. Wie sie konnte ich immer schwerere Lasten schleppen und in Turnschuhen 5000 Meter hohe Pässe überqueren. Ich lieferte mir sogar ein Rennen mit dem Träger, den man wegen seines Tempos, mit dem er die Höhenunterschiede überwand, TGV rief. Ich war noch weit davon entfernt, ihm ebenbürtig zu sein, aber ich gab nicht auf. Vielleicht wäre ich am liebsten einer von ihnen gewesen.

Mit der Zeit hatte ich immer schwierigere Gipfel bestiegen. Natürlich ganz allein, ohne Seil und ohne technische

Ausrüstung. In meinem Rucksack waren eine Wasserflasche, einige Energieriegel und einige Gerstenkekse, die ich morgens beim Frühstück mitgenommen hatte.

Zuletzt hatte ich mir vorgenommen, eine wirklich exponierte Wand zu durchsteigen. Auf 5500 Meter Höhe stand ich mitten in einem Riegel aus brüchigem Fels und konnte nicht weiter. Ich musste also umkehren und rund fünfzig Höhenmeter im senkrechten, verrotteten und instabilen Fels abklettern. Eine leise Stimme in meinem Kopf meldete sich und befahl mir aufzugeben, ins Tal abzusteigen und mir nichts dabei zu denken. Aber da war nichts zu machen, ich war blind vor Höheneuphorie und Stolz.

Seit mir der Gipfel des Everest wegen einiger Dutzend Höhenmeter entgangen ist, bin ich empfindlich. Meiner übergroßen Vorsicht hatte ich es zu verdanken, dass ich damals aufgegeben hatte. Die Enttäuschung darüber und die Vorwürfe, die ich mir machte, hatte ich nie ganz überwunden. Diese allerletzte Entscheidung, in der alles auf dem Spiel steht, die den unnötigen Sieg bei einer Unternehmung auf dieselbe Stufe stellt wie den Sturz in den Abgrund, hatte ich selbst in meiner Seele und in meinem Bewusstsein getroffen. Diese Wahl zeichnet sich oft im abwesenden Blick der Bergsteiger ab, die wir tot am Fuß der Wände einsammeln. Ich schäme mich fast dafür und versuche auch, das zu verdrängen, aber manchmal versuche ich in ihrem Ausdruck diese letzten Momente zu entdecken, in denen sich der Kampf abspielte. Diese allerletzte Entscheidung, die die schlechteste ihres Lebens war.

Als ich damals allein und ohne künstlichen Sauerstoff auf dem Südgipfel des Everest war, waren zum Glück noch einige Neuronen in meiner rechten Gehirnhälfte, der lebenserhaltenden Kommandozentrale, intakt. Auf 8700 Meter Höhe war ich wie ein Roboter gestiegen, und ich musste nur noch rund 300 Meter auf einem überwechteten Grat bewältigen. Aber ich war in einem so kaputten Zustand und so erschöpft, dass ich vielleicht nicht mehr hinuntergekommen wäre, wenn ich den Gipfel erreicht hätte. Es war mein Unterbewusstsein, das, gestärkt durch die gespeicherten Erfahrungen, die Entscheidung für mich traf. Nach dem Everest hatte ich mir geschworen, dass ich alles zu Ende bringen würde, was ich anfing. Die Gipfel, die persönlichen Projekte, nichts sollte geplant werden ohne ein Resultat. Das war von da an auch meine Devise im Alltag.

Die Frage der richtigen Wahl war im Dolpo wieder aufgetaucht … In dieser brüchigen Wand trug die linke Gehirnhälfte den Sieg davon. Ich war zwar nie ein Spitzenkletterer, aber ich klettere, seit ich achtzehn bin, und habe nie damit aufgehört. Ich bin in jedem Gelände geklettert, das man sich nur vorstellen kann, von den kompaktesten Platten bis hin zum brüchigsten Fels. Der Fels, in dem ich mich hier bewegte, war mir nicht unbekannt. Es war ein rot-grauer Kalk, der jenem der Verdonschlucht in den am stärksten erodierten Abschnitten glich. Und davon habe ich mir in meiner Jugend weiß Gott jede Menge reingezogen!

Ich kletterte diesen Teil der Wand zweimal hintereinander wieder ab und bekam eine Stinkwut. Beim dritten Versuch hatte ich mich wieder beruhigt. Ich hatte beschlossen, dass ich das schaffen würde, koste es, was es wolle.

Beim Klettern in diesem wenig schwierigen, aber schrecklich unzuverlässigen Fels war ich völlig konzentriert. Ich bewegte mich extrem vorsichtig und verteilte mein Körpergewicht auf so viele Griffe und Tritte wie möglich, denn oft waren bis zu drei von ihnen instabil. Ich bemühte mich, dynamisch und leicht zu sein, mein Atem allerdings war kurz und meine Bewegungen klein. Zitternd und angespannt wie die Sehne eines Bogens bewältigte ich die letzten Meter und stieß dann einen hysterischen Schrei aus, den glücklicherweise niemand hören konnte. In Höhe einer unüberwindbaren Schneerampe entdeckte ich schließlich ein Schlupfloch, indem ich der alten Spur eines Schneeleoparden folgte. Ich erreichte den Gipfel glücklich, aber auch ein bisschen mitgenommen.

Das hatte allerdings nicht gereicht, um meine Leidenschaft zu besänftigen. Beim Abstieg zum herrlichen See von Phoxundu konnte ich kaum den Blick von einem verschneiten Sechstausender abwenden, der unser Camp überragte. Dort unten im Lager erwartete mich Cécile, die gekommen war, um mit mir gemeinsam eine Trekkingtour zu machen. Der Berg trug den Namen Kandjirolawe und gehörte zum Kanjiroba-Massiv. Selbstverständlich war es verboten, ihn ohne Genehmigung zu besteigen. Es erschien mir nicht einfach, einen Besteigungsversuch direkt vor der Nase von Kalipati zu wagen, unserem Verbindungsoffizier, der uns seit Drehbeginn begleitete.

Kalipati war der einzige Verbindungsoffizier, den wir von den dreien, die uns begleiten sollten, behalten hatten. Der Regisseur des Films dachte, er würde wahnsinnig werden bei der Vorstellung, sie während der ganzen Dreharbeiten ertragen zu müssen. Zum Glück haute der Erste gleich ab, indem er vorgab, verschiedene Symptome der Höhenkrankheit zu haben, die ich mit entsprechender Gleichgültigkeit behandelte. Dem Zweiten hatte ich ein Antiseptikum verabreicht, das bekannt dafür ist, dass es den Urin rot färbt. Er war sehr beunruhigt und zog es vor, umgehend nach Kathmandu zurückzukehren, um Untersuchungen machen zu lassen. Kalipati war geblieben, da er von jovialer Natur war und ausgesprochen gut mit der Höhe zurechtkam.

Im Gegensatz zu den anderen Verbindungsoffizieren, die ich kennengelernt hatte, liebte er seine Arbeit und nahm an den Festen mit einer gewissen Begeisterung teil. Wir waren Kumpel geworden. Es kommt selten vor, dass man sich mit einem dieser Regierungsbeamten anfreundet. Meistens handelt es sich dabei um Schreiberlinge des Amtes für Tourismus, kleinlich, hinterhältig und in den Bergen inkompetent.

Wahre Parasiten. In den Basislagern der Expeditionen sind sie leicht zu erkennen, da sie jeden Morgen mit einem Handtuch – immer demselben – aus dem Zelt kriechen, das wie ein Turban um den Kopf gewickelt ist. Man wird sie schnell hassen, wenn man erfährt, dass man ihnen für die Dauer des Aufenthalts mehr als tausend Dollar bezahlen, sie ernähren und unterhalten muss. Jeder weiß, dass ein großer Teil des Geldes in den Taschen einiger wohlhabender Leute verschwindet, die sich hinter den Kulissen der nepalesischen Verwaltung herumtreiben, während die Träger für einige Hundert Rupien am Tag unter dem Gewicht unseres überflüssigen Gepäcks zusammenbrechen. Kalipati konnte ein wenig Französisch, worüber er seit jenen fernen Tagen stolz war, in denen er angeblich Seismologie in Jussieu studiert hatte. Wir hatten uns angewöhnt, uns gegenseitig Sprachunterricht in unseren Sprachen zu erteilen, wenn wir nichts zu tun hatten.

Ich war also gefangen zwischen dem Wunsch, noch auf diesen Gipfel zu steigen, bevor ich Dolpo verließ, und meinen Skrupeln, Kalipati täuschen zu müssen. Abgesehen davon war ich ein wütender Gegner des Verkaufs von Besteigungsgenehmigungen, wie ihn einige Länder, darunter auch Nepal, betreiben. Ich denke, dass die Berge ihnen nicht gehören. Und dessen war ich mir so sicher, dass ich mich im Recht fühlte. Ich hatte die anderen Gipfel der Umgebung alle auf völlig diskrete Weise bestiegen und hatte das auch beim Kandjirolawe so vor.

Ich brach sehr früh von Ringmo auf und sagte Cécile, dasss ich am selben Abend zurück sein würde. Ich wollte mir ja nur einen kleinen Sechstausender gönnen. Ich war in Höchstform und hatte den Tiger im Tank. Kein einziges Mal kam ich auf die Idee, dass ich in dieser Wand ein Problem haben könnte.

Ich hatte weder Steigeisen noch einen Pickel mitgenommen. Ich war mit einem Teleskopstock ausgerüstet, der halb verrostet war, und hatte eine alte, hässliche und schmutzige Überhose angezogen. Zur Vervollständigung der Ausrüstung hatte ich meine lange Unterhose angelassen, die vor allem dort wärmte, wo keine Löcher waren. Diese Wand, die ich mehrmals von verschiedenen Punkten im Tal betrachtet hatte, bot sich mir an, und ich würde sie pflücken wie die anderen – in aller Stille und Anonymität.

In einem guten Rhythmus, leicht und fast euphorisch, brachte ich die polierten Kieselhaufen im ausgetrockneten Flussbett hinter mich, das die breite Schneeflanke im Südosten entwässert. Je näher ich der Wand kam, desto flacher wirkte sie; sie sah schließlich richtig gutmütig aus. Mein Blut kochte vor Verlangen, und seine Hitze machte mich ganz benommen. Es reinigte mein Gehirn von allen störenden Fragen. Ich schwamm im Glück, es trieb mich vorwärts. Nach drei Stunden änderte sich die Stimmung, als die Wand steiler wurde. Als ich die Schneeflanke hinter mir hatte, stand ich plötzlich, mein Gleichgewicht suchend, auf einer fast senkrechten Platte und kalkulierte die Risiken, die ich hier einging. Risiken, über die ich mir zuvor gar keine Gedanken gemacht hatte. Um den Grat zu erreichen, der mich zum Beginn des letzten kleinen Pfeilers bringen würde, riskierte ich einen Sturz über 700 Meter.

Die Frage, ob es nicht besser wäre umzukehren, stellte sich gar nicht mehr. Die Fortbewegung mit Hilfe der Stufen, die ich mit der Spitze meiner Schuhe in den Schnee geschlagen hatte, war nur in Aufstiegsrichtung möglich. Ich hatte den Felsen fast am Ende der Tour erreicht, als der Schnee durch die Kälte und Höhe bereits hart wurde, und ich spürte, dass meine Füße keinen guten Halt mehr fanden. Ich zog es vor, über diesen Felsgiebel zu klettern. Ich hatte auch gar keine andere Wahl. Der Fels war nicht stabiler als der, den ich in den vergangenen drei Monaten angetroffen hatte: brüchige Kalkplatten und Schotter … Nach den letzten fünfzig anstrengenden Metern, als ich schon glaubte, jetzt einen einfachen Grat vor mir zu haben, wurde ich blass, als ich mir dessen Profil ansah. Rechts ein blauer, kalter Abgrund und trockener Pulverschnee, der nichts, aber auch gar nichts hielt. Links Schnee, der so hart war wie Eis, das geschmolzen und erneut gefroren war. Unmöglich, hier Stufen zu schlagen: Ich musste kriechen. Zum Glück war der Wille noch intakt. Ich hatte nicht einmal Hunger, und die Maschine funktionierte wie auf 3000 Meter Höhe. Ich spürte auch kaum die Folgen der Hypoxie, des Sauerstoffmangels.

Als ich eine Stunde später die Flanken des Pfeilers erreichte, stieß ich auf Tiefschnee, der unter meinen Füßen wegrutschte. Er drang unter meine Jacke und begann die dünne Schicht meiner Überbekleidung zu durchdringen. Um den recht steilen Pfeiler aus kombiniertem Gelände zu besteigen, der mich vom Gipfeldach trennte, hatte ich nichts mehr, auf das ich mich verlassen konnte. Die Griffe im Fels wackelten, und die kleinen Schneebrücken zwischen ihnen stürzten alle nacheinander ein. Ich quälte mich aufwärts und versuchte mehr Höhe zu gewinnen, als ich zurückrutschte, wobei ich bei jedem Schneefeld fürchterlich fluchte.

Ich kann mich nicht mehr daran erinnern, um wie viel Uhr ich den Gipfel erreichte. Die Sonne stand noch recht hoch, und ein Schwall von Freude überflutete mich. Ein Vormittag für 2000 Höhenmeter Aufstieg bis auf 6000 Meter Höhe – ich war keine Null. Und mir blieb noch genügend Zeit, um auf dem gegenüberliegenden Grat dieser gewaltigen Pyramide abzusteigen.

Ich hatte die Rechnung aber ohne die böse Überraschung gemacht, die mich erwartete. Nachdem ich ein wenig getrunken und den Rest meiner Chapatis gegessen hatte, ging ich zur anderen Seite des gewaltigen Schneepilzes. Einen Moment lang erfasste ich die Situation nicht. Die letzten 300 Meter des Grates, die ich von unten nicht gesehen hatte und von denen ich annahm, sie seien aus Schnee, bildeten eine kompakte Eiskalotte, die in eine mehr als sechzig

Grad steile Wand überging. In der Mitte der Wand konnte ich eine kleine Ansammlung von Séracs erkennen, die einen Balkon bildeten. Erst darunter schien sich die Wand abzuflachen bis hin zum Schneegrat, der nach unten führte. Aber bis zu den Séracs war es eine Schlittenfahrt in den Tod oder ein Sprungbrett ins Fegefeuer, je nach Wahl. Meine Profilsohlen würden hier jedenfalls überhaupt keinen Halt bieten.

Bei einer Runde um den großen Schneepilz wurde mir klar, dass ich festsaß, fast wie auf einem Eisberg in der Mitte des Ozeans. Wieder über den Pfeiler abzusteigen schien mir mehr als ein Glücksspiel zu sein, aber noch weniger konnte ich mir vorstellen, über die 700 Meter, die ich im Aufstieg geklettert war, ohne Steigeisen wieder abzusteigen. Das wäre Selbstmord gewesen. Ich lief mehr als eine Stunde lang im Kreis und fragte mich, was ich tun sollte. Die Angst packte mich. Ich hatte eine letzte Möglichkeit: Die ersten hundert Meter der Wand abklettern, die aus schrägem Fels waren und die beiden Hauptgrate voneinander trennten, um dann den Grat zu erreichen, den ich weiter hinabverfolgen wollte, bis sich der Hang zurücklehnte und – wie ich annahm – Schnee das Eis ersetzte. Ich begann also abzuklettern und wusste dabei genau, dass die Folgen eines Rutsches in diesem Hang nicht absehbar waren. In meinem Kopf herrschte Alarmstufe Rot, und ich war in einer Phase der absoluten Konzentration: Bei jedem Schritt ging es um Leben und Tod, für Fehler war kein Platz mehr.

Zunächst war der Abstieg nicht extrem, aber ich spürte, dass das nicht so bleiben würde. Ich sah Eisrinnen, die zum Fuß des Gipfelsockels hinaufführten, an dem ich mich festhielt. Ich würde nicht mehr weit hinunterkommen, da Blankeis ohne Steigeisen für mich nicht begehbar war. Ich hoffte aber, genügend Höhe zu verlieren, um den Grat in Höhe der Séracs zu erreichen. Bewaffnet mit einem spitzen Stein in jeder Hand und mit den Spitzen meiner Schuhe das kleinste Steinchen nutzend, das im Eis eingeschlossen war, begann ich die heikelste Querung, die ich je bewältigen musste. Mehrere Meter breite Eisrinnen folgten nebeneinander und wurden von steilen Felslinien getrennt, die mir genügend Halt boten, um Druck abzubauen. Ich konnte mich selbst belügen, wie ich wollte, mir war klar, dass der Hang immer steiler wurde, je mehr ich mich dem rettenden Grat näherte. Ich zitterte, als ich die letzten zwanzig Meter anging.

»So ein Mist! Was bin ich doch für ein Idiot!« Ich verfluchte mich mit lauter Stimme, ohne dass mir das mehr Kraft oder Mut gebracht hätte. Ich fühlte mich wie ein Versager. Ich hatte solche Situationen schon so oft in meinem Leben erlebt, dass ich mich fragte, woher dieser Mangel an Pragmatismus nur kommen konnte. Schon als Kind war ich mit meinem besten Freund in ähnliche Situationen geraten, als wir versuchten, über die Dächer eine Runde durch unser Viertel zu machen. Auf der Suche nach Herausforderungen und zum Entsetzen unserer Mütter, die täglich unsere neuen Experimente fürchteten, sprangen wir von Regenrinne zu Regenrinne. Dreißig Jahre später kriecht derselbe Kerl übers Eis, hält sich dabei krampfhaft an seinen Hilfspickeln aus Steinen fest, seine Muskeln sind zum Zerreißen gespannt, er bebt vor Angst, und seine Augen sind auf ein Stück Grat gerichtet.

Als der Grat in Reichweite war, warf ich mich auf ihn wie ein Tollwütiger. Meine zwei Steinchen verschwanden im Abgrund, und ich war erneut nackt, aber nicht unzufrieden darüber, dass ich das geschafft hatte – Sieger eines so dummen Spiels. Ich versuchte, auf die andere Seite zu schauen, unsicher darüber, was ich dort vorfinden würde. Ich war direkt auf der Höhe des kleinen Balkons in der Mitte, der von den Séracs gebildet wurde und die Wand in zwei Hälften teilte. Ich war gerettet. Das war zumindest der erste Eindruck, den ich hatte.

Der zweite Eindruck war ein völlig anderer. Ich saß nämlich tatsächlich in der Falle wie eine Ratte auf dem Packeis. Es war noch ein Abstieg von fünfzig Metern in blankem Eis zu bewältigen, um den Schneegrat zu erreichen. Fünfzig Meter mit einer Neigung von sechzig Grad wären nur eine Formalität gewesen, wenn ich Steigeisen gehabt hätte. Es war aber graues und hartes Eis, und das, was ich an den Füßen trug, war diesem Gelände überhaupt nicht gewachsen. Es hätte mich sofort auf den Hintern gehauen, und wäre ich auf ihm hinuntergerutscht, wären die Chancen gering gewesen, dass ich im Reitsitz unten auf dem Grat gelandet wäre.

Der Abgrund rechts durfte rund tausend Meter tief sein, der links war nicht ganz so tief, vielleicht 900 Meter. Ich war gestrandet auf meiner Insel des Schicksals. Ich hatte alles versucht. Wieder aufsteigen zum Gipfel, die Westflanke erkunden ... Ich hatte sogar versucht, wie ein Höhlenforscher durchs Innere des Gletscherbruchs abzusteigen, der sich nach unten zu öffnen schien. Mit den Füßen teilweise in der Luft baumelnd, rutschte ich auf dem Eisgrieß herum, genauso nach Luft japsend wie ein Thunfisch an Land.

Dann kam die Nacht, schwarz und eisig, mit ihrem Atem, der einen nach und nach durchdringt und gefriert. Das ist kein Spaß! In diesem Moment kam ich wieder zu Verstand. Ich löste mich aus meiner Erstarrung, und mir wurde klar, was mit mir geschehen würde. Ich sah das von Frost erstarrte Gesicht derer vor mir, die wir nicht hatten retten können. Männer von bester Gesundheit, eingebettet und erstarrt im Eis. »Du wirst kämpfen müssen, mein Junge!«

Ich überschlug rasch, was ich in der längsten Nacht meines Lebens aushalten müsste. Beim Ringmosee, 2000 Höhenmeter tiefer, hatten wir nächtliche Temperaturen von minus zehn Grad Celsius gemessen. Den Kältekoeffizienten in Relation zur Höhe kannte ich nur zu gut: 0,85 Grad alle hundert Höhenmeter, ein Wert, zu dem noch die Abkühlung durch den Wind, der sogenannte Windchill-Faktor, hinzukommt. Ich musste mich also darauf einstellen, Temperaturen von minus 35 Grad Celsius zu ertragen, vorausgesetzt, ich wäre dabei nicht dem Wind ausgesetzt. Das stand noch nicht fest, ich befand mich ja mehr oder weniger auf dem Gipfel eines Berges. Ich hatte aber nicht vor zu sterben, ich war nicht darauf programmiert, mein Leben hier zu beenden. Da unten war Cécile. In Frankreich warteten meine Kinder auf mich. Ich würde kämpfen. Ich würde nachdenken und dann darum kämpfen, hier herauszukommen.

Ich vertiefte mich in die Mysterien der durchwachten Nacht. Während ich zusah, wie die Sonne hinter den Bergen rot wurde, dachte ich mir, dass das zwar sehr schön sei, aber auch sehr nichtssagend. Mich in einem solchen Moment sitzen zu lassen, war nicht sehr nett! Ganz da unten wirkte der Phoxundusee auch recht mürrisch und stellte das eisigste und tristeste Schwarz zur Schau, das man sich nur vorstellen kann. Das mediterrane Blau, das ihm in normalen Zeiten seinen paradiesischen Aspekt verleiht, war nur noch eine Erinnerung. Es gab keine Vögel mehr, keine Insekten, es gab nur noch den Wind, der mir antworten konnte. Da überfielen mich die großen Fragen des Lebens: Wer bin ich? Wohin gehe ich? Was mache ich hier? Und immer gab es auf alles nur eine Antwort: Was bin ich bloß für ein Idiot!

»Hallo, ist da jemand?«

Das war das Späßchen, das ich gerne machte, wenn ich acht Meter über einem rostigen Haken stand und nicht weiterkam. Wenn man zwei Fingerbreit vom Tod entfernt ist, dann wird man doch noch ein bisschen Humor haben dürfen. Normalerweise entspannt mich das und bringt meine Kumpel oft zum Lachen. Aber jetzt musste ich nicht mal grinsen.

Dann dachte ich über die immense Weite der Erde nach, die sich hinterm Horizont verlor, und daran, dass der Fuß des Berges letztendlich gar nicht so weit weg war. Das beruhigte mich.

Ich stampfte mit beiden Füßen auf den Boden, die ganze Nacht hindurch. Jetzt war es erforderlich, dass ich alle Ratschläge selbst anwendete, die ich in den Fachmagazinen erteilt oder Leuten gesagt hatte, die mich um Tipps zur Prävention gebeten hatten. Die Erinnerung an Alain Bombard, jenen Arzt, der sich ins Wasser gestürzt hatte, tauchte in meinem Gedächtnis wieder auf. Er wollte beweisen, dass seine Survival-Theorie stimmt, in dem er sich wochenlang in einem Schlauchboot übers Meer treiben ließ. Ich war dabei, dasselbe Experiment zu machen. Außer, dass ich es nicht vorbereitet hatte. Und dass ich es vielleicht nicht überleben würde …

Ich grub ein Loch. Mit den Füßen. Ich wollte meine Hände dafür nicht einsetzen, da meine Handschuhe aus umgedrehtem Schafsleder vom Heimwerkermarkt trocken bleiben sollten. Sonst würden mir die Finger erfrieren. Und dann befand ich mich zwar auf einem ausgesetzten Schneebalkon, dabei handelte es sich aber nicht um Pulverschnee. Selbst mit den Füßen gelang es mir nicht, mehr als ein paar Zentimeter in den Eisdeckel einzudringen. Da ich zu denen gehöre, die immer das Gute an den Dingen sehen, dachte ich, dass meine Bauarbeiten mich wenigstens wach hielten. Meine anhaltenden Anstrengungen heizten die Kerntemperatur meines Körpers an. Plötzlich war die Zeit nicht mehr so wichtig. Trotz der Verspätung, mit der ich mich in meinem Loch verkriechen würde, würde mich die ständige Anstrengung der Muskeln vielleicht vor einer schweren Unterkühlung schützen. Wie Grand Chef immer sagte, wäre es gut gewesen zu wissen, wie lange die Batterie durchhält.

Die Zeit war vorgegeben, aber ich war nicht in der Lage, sie auf rationale Weise einzuschätzen. Mein Idol Einstein hätte mir bestimmt erklären können, warum ich zeitlich so daneben war. Seit Stunden schlug ich nun schon ununterbrochen mit den Schuhen in den Schnee – zumindest dachte ich das. Aber je tiefer ich grub, desto härter wurde der Boden. Ich hatte es gerade geschafft, ein Loch zu graben, in das mein Hintern hineinpasste, der auch schon ganz hart wurde. Meine ganze Aufmerksamkeit richtete sich darauf, wie ich die Kälte bekämpfen konnte. Sie nahm langsam Besitz von meinem Körper, der regelmäßig einige Zehntel Grad durch

Zittern verlor, wobei er gleichzeitig seine wertvollen Reserven verringerte. Ich vertrieb sie, indem ich mein Stampfen verdoppelte und in meinen Kragen hineinatmete, um die Brust zu wärmen. Ich hatte meine Finger, die bereits gefühllos waren, zur Faust gekrümmt, um die letzten Kalorien des Blutkreislaufs zu nützen.

Ich hatte meine Mütze bis zum Hals herabgezogen und meine Goretex-Jacke zugezurrt: das letzte schützende Element, das der Umgebung, in der ich festsaß, in etwa gewachsen war. Das Witzigste, was ich in meinem Rucksack fand, war der Gummispanner meines Mofas. Da war wirklich alles Mögliche drin. Das zeigt, wie entspannt ich in den drei Monaten in diesem asketischen Universum von Dolpo war. Ich wickelte den Gummispanner wie einen Gürtel um mich herum, um meine Kleidung gegen den Körper zu drücken. Normalerweise sagt man, dass eine dünne Luftschicht zwischen Haut und Bekleidung isolierend wirkt – das stimmt nicht. Ich kann es nicht begründen, aber ich weiß, dass es falsch ist, weil ich es ausprobiert habe. Der Gummispanner wärmte mich auf.

Ich wagte es nicht, auf die Uhr zu schauen, da ich wusste, wie langsam die Zeit in solchen Situationen vergeht. Als ich schätzte, es müsse später als drei Uhr morgens sein, schaute ich kurz nach. Ich hatte wirklich den Eindruck, dass die Dunkelheit blasser wurde, fast so, als ob die Sonne die Erde umrundet hätte und nun zurückkehrte. Irrtum! Meine Uhr zeigte 22.25 Uhr. Es war zum Kotzen!

Sobald ich mit dem Graben aufhörte, zitterte ich auf beunruhigende Weise, dabei kämpfte ich erst seit einigen Stunden. Das versetzte meiner Moral einen gewaltigen Schlag. Ich versuchte sie wieder aufzurichten, indem ich meine Stirnlampe einschaltete. Es ist unglaublich, wie gut so ein kleiner Lichtkegel einem tut. Zwei Stunden später testete ich erschöpft mein Loch. Ich zog den Kopf zwischen die Schultern, und es gelang mir, mich mehr oder weniger gut vor dem durchdringenden Wind zu schützen. Durch das Einstellen jeglicher körperlichen Aktivität sank meine Temperatur jedoch rasch ab, und das Zittern wurde zum Dauerzustand – Indiz dafür, dass ich die Temperaturschwelle von 35 Grad unterschritten hatte. Der Kampf war schrecklich!

Eine Stunde später begegnete ich einem der ersten Symptome für eine starke Unterkühlung: dem imaginären Kameraden. Es war ein sympathischer Typ, dessen Aussehen ich nicht beschreiben kann. Ich hatte eine Art von Persönlichkeitsverdoppelung. Ich erinnere mich daran, dass ich dachte, meine Seele würde sich von meinem Körper trennen. Dieser lustige Kerl gab mir Tipps: »Atme in deinen Kragen, lass deine Arme kreisen ... Nein, lass dich nicht gehen! Verteidige dich, steh auf! Du musst dich wieder an die Arbeit machen, mein Lieber, sonst stirbst du!«

Dann merkte ich, dass der weiße Tod immer näher kam. Es wurde angenehmer, sich gehen zu lassen, als sich zu wehren. Vielleicht war der weiße Tod letztendlich auch nicht der Schlimmste, den es gab. Meine Benommenheit war so stark, dass sie meine Nervenzellen, die durch den Sauerstoffmangel bereits verlangsamt waren, in den Winterschlaf schickte. Ich dachte an den kanadischen Salamander, der, nachdem er auf minus zehn Grad gefroren ist, im darauffolgenden Frühjahr wieder aufwacht. Ich hätte in meinen Zellen gerne ein wenig Frostschutzmittel gehabt wie er. Ich stand kurz davor aufzugeben.

Auf einmal bestand meine Welt nur noch aus diesem schlecht ausgehobenen Loch, in dem ich saß. Nichts erschien mir wichtiger als meine Kinder, meine Frau, all jene, die mir nahestanden. Das Leben selbst und nichts anderes. Ich bekam eine Lehre, wie sie jeder einmal in seinem Leben bekommen sollte. Die Ungewissheit, ob ich es schaffen würde, zeigte mir innerhalb einer Nacht den Wert, den das Leben wirklich hat. Die kleinen Ärgernisse des Alltags und die erbärmlichen Konflikte, derentwegen sich so viele Leute einen Kopf machen, die politischen Auseinandersetzungen und das Hickhack in der Kommunalpolitik, der aktuelle Stand der Aktien und der Kurs des Euro ... Das alles war verschwunden im Nichts, das mich umgab. Ich würde zweifellos sterben, darauf reduzierte sich alles.

Ich machte mit der kleinen Nikon, die ich seit so vielen Jahren immer dabeihabe, ein Foto von mir. Das war eine lächerliche Geste, die mich aber hoffen ließ, davonzukommen und in einigen Jahren das Foto anzuschauen und dabei gezwungen lachen zu können. Außerdem war es auch eine Möglichkeit, mich in dieser endlosen Nacht der Angst für einige Minuten zu beschäftigen.

Nach langen Phasen des psychischen Kampfes und der halluzinatorischen Duelle sah ich, dass endlich der Tag anbrach. Langsam kehrte die Hoffnung zurück. Ich war am Rande einer epileptischen Krise: Ohne Krämpfe war keine willkürliche Bewegung möglich. Zwei Stunden später wartete ich noch immer gespannt darauf, dass endlich die Sonne aufging, um mich zu wärmen. Ich konnte nicht mehr. Meine Energiereserven waren verbraucht. Zweifellos hatte ich auch bereits meinen Proteinvorrat angegriffen, eine Form der Selbstverdauung. Wie durch ein Wunder war noch keiner meiner Finger und auch keiner meiner Zehen erfroren. Ich war stolz darauf, dass ich das durchgestanden hatte. Das Problem war deshalb aber noch lange nicht gelöst. Die Wand lag vor mir, die unbezwingbare Eiswand. Und ich konnte nicht damit rechnen, dass mich jemand hier oben von meiner Hühnerstange herunterholen würde, zumal nur Cécile wusste, wo ich war.

Ich wühlte also nochmals in meinem Rucksack, ohne große Überzeugung, um sicherzugehen, dass er nicht doch noch etwas enthielt, was mir entgangen war – ein Stück Seil, eine Schraube, eine magische Lampe, was weiß ich. Es war aber nichts anderes drin als eine winzige Erste-Hilfe-Tasche, in der ich eine kleine faltbare Schere fand. Es war eine alte, ein wenig verrostete Schere, die ich wohl aus der Erste-Hilfe-Kiste einer früheren Expedition genommen hatte. Sie hatte den Vorteil, besonders spitz und solide zu sein. Ich betrachtete erst sie, dann den Hang, dann sagte ich mir, dass das wahrscheinlich die letzte Chance war, die sich mir bot.

Zeit hatte ich genug. Also begann ich auf die alte Art Stufen zu schlagen. Dabei dachte ich an die Eispioniere, die richtige Stufen schlugen, um voranzukommen. Ich bückte mich in aller Ruhe und machte es genauso – mit peinlicher Sorgfalt. Meter um Meter stieg ich ab und drückte mich dabei gegen das Eis. So schaffte ich es, über diese üble Wand hinunterzukommen, die mich in dieser Eishölle gefangen gehalten hatte. Ich erinnere mich kaum noch daran, wie ich den Rest der Wand bewältigte, so lächerlich war das Problem im Vergleich zu dem, was hinter mir lag. Ich war verrückt vor Freude, dass ich es geschafft hatte – es war die schwierigste Prüfung meines Lebens gewesen.

In Gedanken versunken kehre ich nach der Rettungsaktion am Brenvasattel nach Hause zurück. Die Erfahrung, die wir gemacht haben, hat zwischen uns Ärzten eine große Diskussion entfacht. Die beiden Unterkühlten haben wieder »Wasser auf die Mühle geschüttet«, wie Grand Chef es ausdrückte, der einen Ausdruck gerne auf seine Weise umformuliert. Wir mussten die Protokolle hervorholen, uns organisieren und uns den Kopf zerbrechen. Die Bemerkungen liefen in der Tat immer auf dieselbe Feststellung hinaus, nämlich auf die Erkenntnis, dass das einzige Mittel, um bei der Behandlung solcher Fälle Fortschritte zu erzielen, darin besteht, mehr davon zu behandeln.

Ich betrachte noch einmal den Gipfel des Tacul, der sich hinter anarchischen Kumuluswolken verbirgt, die durch den starken Wind dort oben mit hoher Geschwindigkeit vorbeigetrieben werden. Sich bei einem solchen Wetter da oben aufzuhalten tut einem bestimmt nicht gut.

Gervasuttipfeiler, Samstag

Verdammt, Rob, was machst du denn? Komm endlich!«

Rob ist erschöpft. Sie hatten es schließlich alle geschafft, nach dem eigentlichen Kletterabschnitt der Tour den Gipfel des Pfeilers zu erreichen. Es war 20 Uhr, ihre Hände waren aufgerissen und blutig. Maxou hatte in den letzten Seillängen Schwierigkeiten gehabt, ohne dass ihm klar war, warum. Das Gewicht des Rucksacks, die Höhe, die Route – alles trug dazu bei, dass er seinen Rhythmus nicht fand. Hinzu kam, dass er zweimal wieder absteigen musste, um das Seil freizubekommen, das sich an Granitzacken verklemmt hatte. Rob war nicht in der Lage gewesen, ungesichert hinaufzuklettern, um das Seil selbst zu lösen. Am Schlimmsten aber war das Warten auf Olive und Dod. Eine Dreiviertelstunde Bewegungslosigkeit hatte genügt, sie völlig durchzufrieren. Einige dicke Wolken waren über ihren Köpfen aufgetaucht, und immer stärkere Windböen fegten durch die beiden seitlichen Korridore. Selbst die Bergdohlen hatten Schwierigkeiten.

Zunächst hatten sie gedacht, dass der schwierigste Teil der Route nun hinter ihnen lag. Das war zunächst ein Trost, erwies sich aber als Irrtum: Maxou wurde das rasch klar. Das Vorankommen im instabilen kombinierten Gelände dauerte ewig. Olive und Dod, die es zuerst vorgezogen hatten, seilfrei zu gehen, mussten sich bald wieder anseilen, weil es zu schwierig wurde. Das hatte noch mehr Zeit gekostet.

Jetzt ist es 23 Uhr. Sie benötigten drei Stunden für eine Passage, für die sie eine Stunde veranschlagt hatten. Schnee bedeckt inzwischen alle frei stehenden Felsen. Rob ist kaputt. Als Nachsteiger von Maxou hat er sich völlig verausgabt. Seit mehreren Stunden ist er im Unterzucker.

»Rob, was treibst du denn?«, ruft Maxou ungeduldig.

»Ich habe mich angezogen und meine Stirnlampe herausgeholt. Ich habe überhaupt nichts mehr gesehen!«, antwortet er mit Mühe.

»Man braucht doch keine zwei Stunden, um eine Goretex-Jacke aus dem Rucksack zu ziehen! Ich werd mir jetzt auch Klamotten anziehen, da ich beim Warten auf dich völlig eingefroren bin.«

»Mann, jetzt reicht's aber.«

»Auf geht's, beeilen wir uns mal ein bisschen, wir können nicht mehr weit vom Ausstieg entfernt sein. Wo sind denn die anderen?«

»Puh, keine Ahnung. Das letzte Mal habe ich sie in dieser kombinierten Rinne gesehen.«

Maxou und Rob müssen wohl oder übel warten und suchen hinter einem Haufen loser Steine Deckung. Schnee peitscht ihnen seit gut zehn Minuten ins Gesicht, als der erste Donnerschlag hinter dem Gendarm auf der linken Seite kracht. Rob, der mit den Zähnen klappert, hätte sich fast verschluckt. Maxou sieht, wie die Augen seines Freundes stark hervortreten. Man könnte meinen, er hätte den Teufel gesehen. »Scheiße! Hast du das da gesehen, Maxou?«

»Nein, wo denn?«

»Mensch Max, hör auf! Ich habe eine Mordsangst vor Gewittern. Wir müssen hier weg. Ist es noch weit bis zum Ausstieg?«

Maxou faltet mit viel Mühe die feuchte und halb zerfetzte Kopie des Topos auseinander. »Ich hab keine Ahnung, das hört einfach nicht auf. Wir müssen an einem kleinen Sattel vorbei und dann für mindestens 250 Meter nach rechts in die Nordwand, um eine Rampe zu erreichen.«

»Meinst du, dass du das im Dunkeln findest?«, fragt Rob.

»Woher soll ich das denn wissen? Mir geht's wie dir, ich kann auch nicht mehr!«

Bumm, der zweite Donnerschlag. Und dann fängt es auch noch an zu hageln. So gut er kann, fegt Rob die Hagelkörner von seinem Rucksack, die sich dort bereits angesammelt haben. »Oliiive! Doood!«, ruft Maxou ins Nichts. »Was machen die beiden denn, verdammt noch mal?«

Max und Rob haben sich aneinandergelehnt. Sie kühlen unter dem Schnee schnell aus, der am Fels kleben bleibt und die Route immer mehr in eine Eistour verwandelt. Plötzlich hören sie jemanden rufen: »Maaaxou!«

Das sind die anderen. Maxou reagiert aber nicht sofort. Wie Rob ist er durch die Kälte ganz lethargisch geworden. Erst beim zweiten Ruf schreckt er auf. »Sie sind da, Rob! Sie sind da! Ich höre sie.«

Olive und Dod kommen schließlich durchgefroren bei ihnen an. Ihre Gesichter sind entstellt. Dods Wange ist aufgerissen: Er ist auf einer Platte aus morschem Eis ausgerutscht. Und Olive spürt seit mehr als einer Stunde seine Fingerspitzen nicht mehr.

»Wir haben uns auf Höhe des ersten Gendarmen verstiegen. Wir versuchten dann, von hinten durchzukommen, weil wir dachten, dass es dort weitergeht. Aber das war Scheiße, wir kamen ganz auf die andere Seite und an den Fuß einer Platte, die arschglatt war und in der ein alter, zweifelhafter Haken steckte. Wir mussten wieder ganz zurückklettern. In der Zwischenzeit waren die unteren Bänder voller Hagel. Das war beängstigend. Wir waren wirklich an der Grenze.«

Olive ist so fertig, dass er Schwierigkeiten hat zu reden. Obwohl Dod moserte, waren sie dann doch auf der klassischen Route weitergegangen.

Dod hat Angst. »Das ist doch zum Kotzen, wir sitzen echt

in der Scheiße! Man sieht überhaupt nichts mehr, und überall kracht es. Was für ein übles Wetter! Ich dachte, dass es bis zum Sonntag schön bleibt.«

Das Wetter hat sich eindeutig verschlechtert. Es ist eisig kalt geworden. Eine ganze Weile bleiben alle vier schweigend sitzen und lassen die Köpfe hängen. Mitternacht ist vorbei, und keiner glaubt mehr daran, dass sie es schaffen. Der Wind hat etwas nachgelassen, dafür ist der Schnee, der jetzt fällt, noch schwerer. Die drei anderen rechnen damit, dass Maxou die Maschine wieder zum Laufen bringt. Er ist sich darüber im Klaren, dass er da oben nach der berühmten Ausstiegsrampe suchen muss. Rob ist schon in einen pseudoerholsamen Schlaf gefallen. Von seiner gestrigen Form ist er weit entfernt.

Max hat sich wieder ein wenig erholt. Er steht auf, schüttelt sich wie ein Hund und stößt dabei Kampfschreie aus. »Verfluchte Scheiße! Wir werden nicht hier bleiben wie die Idioten und erfrieren. Wir müssen schauen, dass wir hier wegkommen!«

»Aber Max, man sieht doch überhaupt nichts, und es ist drei Uhr morgens!«, antwortet ihm Olive. »Das wird sich morgen früh beruhigen. Schlaf ein wenig.«

Wieder ein Donnerschlag, diesmal in weniger als hundert Meter Entfernung. Die beiden anderen schrecken jedes Mal auf wie aus einem Albtraum. Es kracht jetzt seit gut drei Stunden. Die Stimmung ist unerträglich. Man kann Hunderte von Beschreibungen in den Büchern gelesen haben, doch keine davon gibt den Schrecken wider, den man empfindet, wenn man dann wirklich mitten in den Bergen ein Gewitter erlebt. Elmsfeuer, Blitze, Kugelblitze, alles kommt vor, vor allem im bereits stark verlangsamten Gehirn von Rob.

Die eisige Kälte hat ihn bis aufs Mark durchdrungen. Er versucht, sich Mut zu machen, indem er an das lustige Bild

Ist der Verletzte erstversorgt, kehrt der Helikopter (hier die Alouette III) zurück, um ihn ins Krankenhaus zu transportieren.

Der Dienst an der Dropping Zone von Chamonix beginnt – was der Tag wohl bringen wird?

Im Montblanc-Gebiet gibt es riesige Gletscherbrüche mit sehr tiefen Spalten. Entsprechend schwierig können Spaltenbergungen werden.

Immer dabei: der Rettungsrucksack mit den wichtigsten Instrumenten und Medikamenten. Im Hintergrund Spezialgerät für die Spaltenbergung.

In eine Gletscherspalte abgelassen zu werden löst zwiespältige Gefühle aus. Die Welt des ewigen Eises fasziniert, ist aber auch für die Retter bedrohlich.

Bei einem großen Rettungseinsatz des PGHM (Peloton de gendarmerie de haute montagne) arbeiten zahlreiche Bergretter zusammen – oft ein Rennen gegen die Zeit.

Die Bergretter werden mit dem Heli zum Unfallort transportiert. Die Trittstufe erleichtert das Aussteigen aus der »dicken Hummel«.

Für einen Rettungseinsatz ist viel Material notwendig. Nicht immer können die Retter direkt am Unfallort abgesetzt werden.

Für diesen Verletzten verlief der Sturz glimpflich. Sein gebrochenes Bein wurde mit einer Vakuumschiene ruhig gestellt, bevor er mit dem Hubschrauber ausgeflogen wird.

Vorbereitung zum Hochziehen (Aufwinschen): ein Bergretter am Haken des Windenseils.

Downwash-Effekt beim Landen des Hubschraubers.

Ein Verletzter in der Rettungstrage wird in den Helikopter gezogen. Je kritischer sein Zustand, desto schonender muss das geschehen.

Zunächst muss eine in Not geratene Seilschaft lokalisiert und ein Landeplatz gefunden werden; dann wird über die Rettungstechnik entschieden.

Das Krankenhaus in Chamonix mit dem Hubschrauberlandeplatz.

Die Alouette III wird nach und nach vom Eurocopter EC 145 abgelöst. Die Rettungswinde ist seitlich am Helikopter aufgehängt.

von Professor Bienlein denkt, der in dem »Tim & Struppi«-Band »Die sieben Kristallkugeln« mitten im Wohnzimmer des Mühlenhofs durch einen Blitz vom Boden gerissen wird. Er denkt auch an seine Chouinard-Kollektion von Friends und Klemmkeilen, die in seinem Zimmer im Pariser Vorort Neuilly so schön in einem Schrank aus der Normandie aufgeräumt sind.

Max hatte inzwischen beschlossen, einen Ausbruch zu versuchen. »Rob, du lässt das Seil nach, ich werd mal sehen, was wir machen können …«

Rob versteht kaum, was Max zu ihm sagt. Der Wind … Die Nacht … Weitermachen, wozu? Er schaut das Seil an, das sanft vor ihm abläuft, und fragt sich, was das bringen soll.

»Rob, Seil, lass Seil nach!«

Das Seil windet sich … Eine Schlange … Ja, genau, eine giftige Schlange, dieses böse Tier!

»Lass Seil nach, Rob! Das Seil hat sich verklemmt. Lass Seil nach!«

Rob stößt mit dem Fuß auf gut Glück in den Seilsalat.

Fünf Minuten später kehrt Max geschlagen zurück. »Scheiße, ich sehe gar nichts mehr.«

Er wirft sich zu Boden, rollt sich zusammen und beginnt zu wimmern, während er sich auf die Oberschenkel schlägt, damit das Blut in seine Hände zurückfließt. »Ich spüre meine Füße nicht mehr …«

Einige Stunden später beginnt so etwas Ähnliches wie Dämmerung. Der Wind peitscht immer noch wütend auf die Steilwände der anderen Pfeiler ein, die den Gervasuttipfeiler flankieren. Die Hagelschauer sind seltener geworden, aber die Kälte ist noch immer sehr groß. Max ist eingeschlafen, seine Hände hat er in die Jacke gesteckt. Er hatte nicht mehr genügend Energie, das Seil, das er in Schlingen um seinen Oberkörper aufgenommen hatte, abzunehmen. Rob sieht wie versteinert aus unter seinem Eispanzer. Seine Augenbrauen sind weiß. Sie wirken wie festgeschweißt an seiner kleinen, vereisten Brille. Ihre beiden Freunde sind aneinander gelehnt, sie zittern und sind nur halb bei Bewusstsein. Es herrscht eine seltsame Atmosphäre, als ob das Quartett unzertrennlicher Freunde beschlossen hätte, sich nicht voneinander zu trennen und sich dem Schicksal zu ergeben.

Gegen Mittag verliert Rob das wenige an Verstand, das ihm geblieben war. Drei Donner folgen kurz aufeinander, und der Blitz schlägt wenige Meter von ihnen entfernt ein. Er erschrickt und springt auf wie ein Zombie. »Jungs, der Hubschrauber! Der Hubschrauber kommt, hört ihr?«

Niemand hört etwas außer dem Donner, der sich in den Wänden bricht. Die anderen drei würden ihn gerne hören, diesen Hubschrauber, aber selbst wenn sie sich anstrengen, hören sie überhaupt kein Geräusch ... Dann geht Rob vor an die Kante, und ohne dass die anderen auch nur die geringste Bewegung machen können, springt er in die Tiefe.

Am Sonntag macht sich die Familie von Olive als erste Sorgen. Drei Tage ohne Nachricht. Es ist nicht die Art von Olive, sich nicht zu melden, vor allem nicht, wenn er im Hochgebirge unterwegs ist. Mehrere Anrufe von Paris hatten die Suchtruppe der Bergrettungsgendarmerie alarmiert. Zwei Bergretter waren losgegangen, um auf dem Parkplatz der Aiguille-du-Midi-Seilbahn zu überprüfen, ob dort Autos standen, deren Kennzeichen mit den gesuchten übereinstimmten. Sie riefen auch auf der Cosmiqueshütte an. Es war nicht schwierig, die Route der vier vermissten Alpinisten zu rekonstruieren.

»Hallo? Guten Tag, hier ist die Cosmiqueshütte!« Marianne ist an diesem Morgen an der Theke und sortiert die Rechnungen. Ein ruhiger Tag kündigt sich an. Der Großteil der Bergsteiger hat wegen der schlechten Verhältnisse abgesagt, und die paar Schaulustigen, die nicht hinuntergefahren sind, spielen Karten.

»Salü, Marianne, hier Lionel!«

»Salü, Yoyo, alles im grünen Bereich?«

»Ja, alles okay, und bei dir?«

»Ach ja, ein bisschen graues Wetter, das erlaubt uns, ein wenig zu entspannen. Ich nütze die Zeit, um abzurechnen, während Christian Kuchen für uns bäckt.«

»Hör mal, Marianne, wir sind auf der Suche nach vier Kletterern aus Paris, die zum Gervasuttipfeiler aufgebrochen sein sollen. Sagt dir das was?«

Aber sicher sagt ihr das etwas! Oft stimmen die Informationen von Marianne mit den unseren überein, wenn wir jemanden suchen. Auf der Hütte ist aber immer so viel los, dass Marianne kaum Zeit hat, sich für den einen oder anderen zu interessieren. Das Gesicht von Rob ist ihr aber im Gedächtnis geblieben. Sie sieht ihn noch vor sich, wie er am Abend im Aufenthaltsraum mit verlorenem Blick den Tisch suchte, an dem seine Freunde saßen. Von einem seltsamen Gefühl überflutet, beschreibt sie Lionel genau die Ausrüstung, die jener trug, der Rob sein musste, und der von den anderen ständig hochgenommen wurde. Verwirrt stellt sie fest, dass sie sich nicht daran erinnern kann, was Robs Gefährten trugen.

Sie erzählt Lionel, dass sie die vier nicht zurückkommen sah und dass sich das Wetter am Tacul viel schneller als angekündigt verschlechtert hatte. Sie müssen in der Nähe des Gipfels festsitzen. Unter dem fragenden Blick von Christian legt Marianne den Hörer auf und schaut vor sich hin. Die ganze Nacht über prasselten heftige Hagelschauer auf die Fenster der Hütte ein. Eine Wetterbesserung ist für den Wochenbeginn angekündigt. Marianne schaut noch einmal zum Fenster hinaus Richtung Gipfel des Tacul. Alles ist verhangen, ein Meer von Wolken thront majestätisch jenseits der Ostwand. Die Tiefdruckzone kam aus Nordwesten. Sie kam schneller als angekündigt und hat all jene überrascht, die sich in den Ostwänden aufhielten. Es muss die Hölle am Gervasuttipfeiler gewesen sein. Sie ahnt die Schichten aus Hagel und Schnee, die den oberen Teil des Pfeilers unbegehbar machen. Marianne fröstelt.

Im Handy-Zeitalter

Gestern war unten gar kein so schlechter Tag. Da ich vorher ständig unterwegs gewesen war, um Pechvögel zu suchen und Leute in schlechtem Zustand aufzunehmen, hatte ich beschlossen, mir einen ruhigen Tag zu gönnen. Wir hatten die Kleinen zu Arthur und Lucette, ihren Großeltern, gebracht – ein kleiner Akt der »Resozialisierung« im Vercors. Schon hatte ich eine Nachtwache in der Ambulanz, und Cécile konnte sich um ihre Hausgäste kümmern. Danach nutzten wir das Wetter für eine schöne Route in den Aiguilles Rouges. Dieses Massiv ist nicht so schwierig, weniger gefährlich und niedriger als sein Nachbar. Kein Gletscher, keine berühmte und fürchterliche Wand. Die Routen sind oft malerisch, und die Aussicht auf den Montblanc ist einfach umwerfend.

Der nächste Morgen, an dem ich wieder arbeite, ist recht frisch für einen Montag im Sommer. Die Kälte zwickt. Ich bin wieder in der Dropping Zone, in der Woche des 14. Juli, die sich als hart ankündigt. Kolonnen von Autos mit ausländischen Nummernschildern stauen sich vor dem Bahnübergang der Zahnradbahn nach Montenvers. Sie sind zurückgekommen, sie sind da – das wird wieder etwas geben! Ich habe bereits gehört, dass am Gervasuttipfeiler vier Bergsteiger vermisst werden und dass man auf besseres Wetter wartet, um die Suche einzuleiten.

Als ich meine Windschutzscheibe mit einem armseligen Eiskratzer freimache, beginnt mein Funkgerät, das ich auf den Vordersitz des Autos gelegt habe, zu knarren. Oft ist das nichts Aufregendes: Wenn es aktiv wird, heißt das noch lange nicht, dass es auch für den Arzt ernst wird. Einmal ist es der Heli, der zu einem technischen Flug startet, ein andermal ist es Frédo, der seinen Kumpel anruft, um ihm zu sagen, wo er den Schlüssel für seinen Geländewagen gelassen hat. Diesmal scheint es aber ein echter Alarm zu sein. Ich habe vage gehört, dass es dabei um Planet oder einen ähnlichen Namen ging. Das Ärgerliche daran ist nur, dass es im Massiv mindestens drei Weiler gibt, die so heißen. Ich beeile mich, weil es so aussieht, als ob das ein Einsatz der »traumatischen« Art sein könnte.

Beim Start wache ich schließlich endgültig auf. Es ist schon hart, wenn man sich das Heulen der Turbine anhören muss, noch bevor man einen Kaffee getrunken hat.

Wir fliegen in Richtung Col du Tricot auf der Suche nach einem Mann, der seine Nachricht nicht beenden konnte. Sie kam von einem Handy. Dem Typ ging es offenbar gar nicht gut. Er hatte gerade noch Zeit, den Namen der Chalets zu stammeln, bei denen er gestürzt war.

»Also gut, ihr schaut, ob ihr etwas seht«, bittet uns Yaz, der Pilot.

Ich sehe jedenfalls überhaupt nichts, meine Augen sind noch verklebt, und dann bin ich auch noch kurzsichtig.

»Dort, auf elf Uhr, genau unter uns«, ruft Marco, der Retter.

Yaz geht runter. Man kann tatsächlich jemanden im Auslauf einer Lawinenrinne erkennen. Je tiefer wir hinunterkommen, desto klarer zeigt sich das Bild. »Hast du den Typen gesehen? Man könnte meinen, neben ihm sei eine große Blutlache. Er muss mit dem Schneerutsch von weit oben heruntergefallen sein«, bemerkt Marco.

»Das ist ja der Hammer! Das sind doch gut 200 Höhenmeter«, fügt Yaz hinzu und versucht so anzufliegen, dass er auf derselben Höhe aufsetzen kann. Als der Verletzte den Heli hört, beginnt er sich zu bewegen. Beim Blick von oben meint man fast, dass sich ein Wilder auf allen vieren fortbewegt. Zehn Meter weiter vorn sehen wir einen zerbrochenen Schneeschuh, den der Downwash-Effekt des Rotors in die Luft wirbelt. Irgendetwas stört mich beim Anblick dieses Typen, ich weiß aber nicht, was.

Der Heli lässt uns mit der Rettungstrage ab und entfernt sich. Ich schaue in Richtung des Mannes, weiß aber noch immer nicht, was da nicht stimmt. Dem versteinerten Gesichtsausdruck von Marco nach zu urteilen, geht es ihm genauso wie mir. »Findest du nicht, dass er seltsam ausschaut?«, fragt er mich.

»Um ehrlich zu sein, ich sehe seinen Kopf nicht.«

»Monsieur, Monsieur, geht's Ihnen gut?«

Erst als wir zu ihm aufsteigen, ist mir plötzlich alles klar. Das, was wir für sein Gesicht hielten, war nur unsere Vorstellung davon. Von Weitem sieht er zerzaust aus, sein langes graues Haar ist verstrubbelt, vor allem an den Seiten. In Wirklichkeit ist auf dem Kopf aber nicht mehr viel. Der Skalp hat sich völlig gelöst und wird nur noch von ein paar Zentimetern Haut gehalten. Er hängt nach vorn wie ein Vorhang und bedeckt sein Gesicht bis zum Kinn. Darüber ist nur ein völlig nackter Schädel, wie eine Tonsur. Zum Glück sieht man das Gehirn noch nicht.

»Man könnte glauben, er sei aus der Werbung für den Käse ›Chaussée-aux-moines‹«, raunt mir Marco ein wenig angewidert zu.

»Pass auf, er blutet überall«, sage ich zu ihm, um ernsthaft zu bleiben.

Der Typ schlägt mit den Armen in unsere Richtung, um uns zu berühren, als ob er Kontakt mit einem menschlichen Wesen bräuchte. Ich bitte ihn, sich zu beruhigen und erkläre ihm, dass wir bei ihm alles wieder an seinen Platz bringen würden. Nachdem ich ein Paar Chirurgenhandschuhe angezogen habe, hebe ich das herunterhängende Stück blutende Haut hoch und lege es auf den kahlen Schädel. Das »Plop«, das dabei zu hören ist, ist nicht gerade appetitanregend. Ich wickle eine Bandage um seinen Kopf wie bei einem Maharadscha, dann fliegen wir schnurstracks ins Krankenhaus von Chamonix.

Wenn ich an all das Schlechte denke, was man über Handys sagt! Tatsächlich schaffen es viele Leute nicht mehr, sich von diesem debilen und gleichzeitig praktischen Gerät zu trennen. Da kann man sich leicht vorstellen, was das in den Bergen bedeutet. Sie denken, dass beim kleinsten Furz gleich ein Engel vom Himmel fällt. Seit zwei oder drei Sommern konnten wir schon beobachten, welche Auswirkungen das Handy auf unsere Arbeit hat. An einem Tag hat man uns dreimal hintereinander wegen desselben Notfalls angerufen. Das hat uns dann doch ein wenig verärgert …

Ein Typ war auf einem Bergwanderweg ausgerutscht. Er stammte aus einer Familie aus dem Norden, von der selbst die Geschicktesten nicht die Trittsicherheit eines Seemanns hatten. Der Typ war in einer Wurzel hängen geblieben, als er vor der Familie seiner Frau den Helden markieren wollte. Daraufhin war er rund zehn Meter ins Dornengestrüpp hinuntergekullert, das sich, wie man weiß, immer an strategisch wichtigen Punkten befindet. Seine Schwägerin Josette, die es eher gewohnt ist, ihr Handy zu bedienen, als Erste Hilfe zu leisten, hatte hektisch die Notrufnummer 15 gewählt, noch bevor sie wusste, ob er verletzt war.

Der Notruf wurde uns von Cordial übermittelt, damit wir mal nachschauten. Wir flogen also sofort los. Dreißig Sekunden später drehten wir um: Josette hatte es vorgezogen, den Notruf zu annullieren, da das Opfer gesagt hatte, alles wäre okay. Als der Typ dann aber aus seinem Gebüsch nach oben krabbelte, stellte er fest, dass er sich den Knöchel verstaucht hatte und schlecht gehen konnte. Daraufhin rief Josette bei der Bergrettung an, da sie nicht den Mut hatte, die 15 noch einmal anzurufen, aus Angst, einen Rüffel zu kassieren.

»Hallo, ist das die Bergrettung?«, hatte sie den Bereitschaftsdienst in der Zentrale gefragt. »Mein Schwager kann nicht mehr gehen. Es wäre also gut, wenn der rote Hubschrauber doch kommen könnte, um ihn abzuholen.«

»Dreht es sich noch immer um dieselbe Person?«, hatte der diensthabende Gendarm gefragt.

»Ja, wir sind's!«

»Also gut, wir schicken die Maschine noch einmal los«, hatte er etwas kühl geantwortet. »Wo genau sind Sie denn?«

»Äh … Auf einem Wanderweg in den Bergen.«

»Ja, klar, aber auf welchem Weg genau?«

»Ja, wir sind vor einer Stunde an der roten Seilbahn losgegangen, die zum Pic du Midi hinauffährt. Und jetzt sind wir auf dem Weg, der zur anderen Seite führt …«

Es dauerte gut zehn Minuten, bis der Gendarm in der Zentrale ungefähr wusste, um welchen Ort es sich handelte. Da blieb uns gerade noch Zeit genug, den Heli zu verlassen, alles auszuladen und vor einer doofen amerikanischen Serie aufs Sofa zu sinken. Den Anfang hatten wir verpasst, aber wir hofften, mit etwas Glück noch das Ende sehen zu können. Dann läutete das Telefon.

Am anderen Ende der Leitung war der Gendarm der Zentrale, dem es ein wenig unangenehm war, uns erneut stören zu müssen, und der es vorzog, genervt zu klingen. »Also, Jungs, wegen des annullierten Notrufs – da müsst ihr nochmals zurück, da der Knöchel des Typs kaputt ist.«

Das eine oder andere Knurren ist zu hören, aber es ist nun mal nicht zu ändern.

»Wo sind sie denn?«, fragt Henri.

»Sie hatten Schwierigkeiten, es zu erklären. Nach ihrer Beschreibung müssten sie auf dem Grand Balcon Nord sein, ungefähr auf Höhe der Aiguille de l'M oder unter dem Nantillonsgletscher. Einen Moment lang habe ich geglaubt, dass sie aus den Pyrenäen anrufen, weil sie vom Pic du Midi gesprochen haben! Der Typ, um den es geht, trägt eine khakifarbene Jacke und eine braune Hose. Ideal, um ihn zu finden! Es gibt immer noch Leute, die das Gebirge mit der Jagd verwechseln.«

Wir heben mit derselben Besatzung ab. Christian, der das Kommando hat, lässt sich etwas Zeit, bevor er hochgeht, um die Urlauberinnen, die sich an den Ufern des Arveyron sonnen, zu begaffen. Dann steigt er wie gewöhnlich zum Tanz über die Lärchen auf. Einmal zieht er nach links, einmal nach rechts auf der Suche nach Thermik, die seine Maschine Richtung Nantillonsgletscher treibt. Dort angekommen, müssen wir suchen.

Auf dem Balcon Nord gibt es gleich mehrere Verletzte, wenn man nach all den in die Luft gereckten Armen und geschwenkten Anoraks urteilt. Viele Wanderer begrüßen den Heli. Unter all den Leuten den Verletzten zu finden wird nicht einfach. Meist ist es der, der die Arme nicht hochhält, auf den man zusteuern sollte – das funktioniert immer!

Nach zehn Minuten Hin und Her scheint eine Gruppe zur Beschreibung zu passen. Wir würden gerne dort landen, aber offenbar will unten am Boden einer von dieser Gruppe das nicht. Er gestikuliert und schwenkt dabei mit grimmiger Miene seine gelbe Regenjacke.

»Was will denn dieser Knallkopf? Er steht am einzigen Platz, an dem ich landen kann«, schimpft Christian.

Jedes Mal wenn der Pilot sich in Landeposition begibt, greift der Verrückte wieder an, als müsse er einen Panzer aufhalten. Endlich landen wir auf einem Fleck dreißig Meter davon entfernt. Henri steigt aus, um nachzuschauen, was der Zirkus soll. Drei Minuten später meldet er sich: »Dragon, hier Henri.«

»Ja, Henri, sprich!«

»Der Typ wollte der keine Rettung, weil er glaubte, er

müsse dafür blechen. Er würde es vorziehen, seinen Schwager ganz allein zurückzubringen und ihn auf dem Rücken zu schleppen. Ich habe ihm gesagt, er solle sich entspannen, weil ihn das gar nichts koste, dass er sein Handy aber dennoch nicht mit einem Sprechstundenschalter verwechseln solle.«

»Und was machst du jetzt?«, fragt Christian.

»Es ist offensichtlich nicht schlimm. Ich mache ihm einen Sitz und rufe dich dann, um ihn zu holen. »Okay!«

Das Problem mit dem Handy ist, dass es mal das Leben von jemandem rettet, der nie die Mittel hätte, sich ein Funkgerät zu leisten, ein andermal aber wegen Kleinigkeiten benutzt wird. Bald wird man uns rufen, noch bevor der Unfall überhaupt passiert ist.

Eisberg

Ich erinnere mich an eine lustige Begebenheit, die sich am Lac Blanc abspielte, einem kleinen Bergsee in den Aiguilles Rouges auf 2352 Meter Höhe. Das ist ein ideales Ziel, wenn man die Berge erkunden will, ohne Bergsteiger zu sein.

Zu Beginn dieses Sommers war der See noch nicht ganz eisfrei. Es klebten noch einige Eisschollen am Ufer. Natürlich musste ein Wanderer, der etwas kühner war als die anderen, sich da hinaufwagen, um seine Freundin zu beeindrucken. Um im Falle eines Falles seine Schuhe nicht nass zu machen, hatte er sie samt Socken ausgezogen. Seine Freundin beobachtete ihn, nicht ohne ihm sein jugendliches Gebaren vorzuwerfen und ihm zu versichern, dass er es nicht mehr nötig hätte, ihr auf diese Weise imponieren zu wollen. Bevor er ihr antworten konnte, brach das Eis unter seinem Gewicht, und die Scholle löste sich vom Ufer. Unser Held befand sich auf allen vieren auf seinem Eisberg und trieb vom Ufer weg. Jedes Mal wenn er versuchte, sich dem Rand seines Eisbrockens zu nähern, um dort mit den Händen zu paddeln, hielt ihn die Angst zurück, weil sein Floß des Schicksals dabei sofort Schlagseite bekam.

Klar haben wir gelacht, als wir alarmiert wurden: ein Schiffbrüchiger auf einem Eisberg – im Montblanc-Massiv. Das war kaum zu glauben! Aber in diesem Beruf muss man auf alles gefasst sein: auf einen Zug, der auf dem Mer de

Glace entgleist, auf einen Feuerwehrmann, den man aus den Flammes de Pierre bergen und auf Rocco Sifredi, den man aus der Bahnstation der Grands Montets holen muss … Dieser Einsatz sorgte für Spaß. Der Gerette hatte schließlich auch Grund zu lachen, denn er kam heil davon, obwohl er von seinen Freunden sehr aufgezogen wurde. Zu guter Letzt nahm er dann aber doch noch ein Bad. Da er keinen Klettergurt trug, musste der Bergretter ihm eine Bergungsschlinge hinunterlassen. Es ist nicht schwierig, sie unter den Achseln anzulegen, aber einige Erklärungen sind dennoch erforderlich. Durch den Lärm des Helikopters verstand der Typ offenbar nicht alles. Der Bergretter hatte ihm bei der Übergabe der Schlinge klargemacht, dass er reglos stehen bleiben müsse, bis das Seil über ihm gespannt wird. Danach ließ der Retter sich hochziehen und wickelte hinter sich das besagte Seil ab. Noch bevor der Heli aufstieg, um Höhe zu gewinnen, fiel der Typ ins Wasser. Ich darf gar nicht daran denken, dass diese Rettung gefilmt wurde und rund um den Planeten zu sehen war …

Berufung

Wir setzen das »Rotkäppchen« im Krankenhaus ab, damit man ihm seinen Skalp wieder annäht, zumindest das, was davon übrig ist. Meiner Meinung nach braucht man dafür bestimmt eine volle Stunde und einige Rollen Propylen.

Kein Einsatz in Sicht, Rückkehr zur Dropping Zone. Während ich meinen Rucksack auf die zerfetzte Trage stelle, auf die wir unsere Geretteten legen, höre ich ein Kläffen. Ich bin von Natur aus neugierig und strecke den Kopf durch den Türrahmen. »Salü, mein Dickerchen!«

Der Hund macht keinen Mucks. Die Deutschen Schäferhunde der Gendarmen sind generell nicht so, dass sie sich auf dem Boden wälzen, um ihre Freude auszudrücken. Er ist an der Seite des Gebäudes angebunden und scheint recht ruhig zu sein. Sein dickes Fell, das sein Halsband überdeckt, verleiht ihm das Aussehen eines Rudelchefs. Die Lawinensuchhunde sind liebe, dicke Tiere, die dressiert sind für die Suche, aber sie werden auch als Wachhunde eingesetzt. Ich habe so manche Stunde damit verbracht, die Schäden zu reparieren, die diese lieben Wauwaus hier und dort angerichtet haben: eine Hand, eine Wange und sogar eine Nase.

Ich schaue ihn an, er fixiert mich auch. In seinem Blick ist ein seltsames Glimmen. Obwohl er angebunden ist, ziehe ich es vor, ihm einen freundschaftlichen Blick zuzuwerfen, damit wir weiterhin gut miteinander auskommen, gehe aber nicht näher an ihn heran. Das mache ich auch nicht bei irgendeinem anderen Hund. Ein alter Reflex aus der Kindheit. Als ich klein war, sagten die Großen, dass ich es mit Tieren könne – bis zu jenem Tag, als mich einer ansprang. Das hat meine Gefühle zu ihnen doch etwas abgekühlt. Jetzt bleibe ich auf Distanz.

Erst vor einigen Monaten wurde ich, als ich in kurzen Hosen auf dem Gehsteig von Iquique in Chile herumspazierte, von einem schmutzigen Köter in die Wade gebissen. Er hatte gewartet, bis ich an ihm vorbei war, um mich von hinten zu überraschen. Der hat ganz schön dafür bezahlt! Ich hatte in meiner Strandtasche einen Wälzer von 800 Seiten und eine Flasche von eineinhalb Litern. Der Schlag erfolgte ganz automatisch. Mit einem Rundschlag habe ich ihn zu Boden gestreckt. Dieser Hund hat gleich für all die anderen mitbezahlen müssen.

Ich kämpfe im Inneren der Station mit einem Sonnenstrahl, der so intensiv durch die Fensterscheibe hereinstrahlt, dass ich auf dem Bildschirm meines Computers nichts erkennen kann. Ich bin extrem im Rückstand mit den Akten, und ich möchte die Ruhe am Morgen nutzen, um die Daten in jenes Programm einzugeben, das uns dazu dient, jedes Jahr einige Statistiken herauszugeben. Es ist erstaunlich, bis zu welchem Punkt das Einrichten eines solchen Dienstes – die medizinische Betreuung durch die Bergrettung – von allem abhängig sein kann, außer von den Bemühungen unserer Behörde. »Zeigt uns, dass ihr nützlich seid, dann schauen wir, was wir tun können.«

Es ist klar, dass ihr nicht erfahren werdet, wozu ein Rettungsarzt von Nutzen sein könnte, wenn ihr noch nie vor Schmerzen schreiend und mit blutendem Gesicht über dem Abgrund hingt. Und wenn ihr euch auf einer Skipiste noch nie die Schulter ausgekugelt oder den Oberschenkel gebrochen habt, dann werdet ihr auch nicht erfahren, wie gut euch dann Morphium tut. Aber schließlich verbringt nicht jeder seinen Urlaub in den Bergen, insbesondere jene nicht, die unsere Texte zu Beginn unserer Sanitätsorganisation beurteilt. Die medizinische Betreuung durch die Bergrettung ist in Wirklichkeit entstanden aus dem Wunsch einer kleinen Gruppe von Individualisten, in einer aufregenden Umgebung zu arbeiten, und nicht als Folge einer humanitären oder politischen Notwendigkeit. Wenn wir vor einigen Jahren nicht da gewesen wären, hätte es dann andere gegeben, die diesen Weg eingeschlagen hätten?

Es sollte mehr als fünfzehn Jahre Arbeit erfordern, bis unser Beruf als unentbehrlich betrachtet wurde. Obwohl es heutzutage selbstverständlich zu sein scheint, dass bei Rettungseinsätzen ein Arzt dabei ist, mussten wir Berge bewegen, damit es gestattet wurde. Noch heute frage ich mich manchmal, ob die Sache nur aus unserer Perspektive so klar ist. Man hat manchmal das unangenehme Gefühl, dass das Geld nur dann kommt, wenn sich ein Minister den Kopf an einer Tanne aufgeschlagen hat. Am Anfang mussten wir ihnen etwas vorheulen, um einige Mittel zu erhalten. Obwohl sie unzureichend waren, haben wir weitergearbeitet – vor allem aus Leidenschaft. Unser Direktor richtete unter dem Druck von Grand Chef einige Aushilfsstellen ein, die finanziell zwar nicht reizvoll waren, die wir aber dennoch annahmen. Das Krankenhaus von Chamonix war damals schon im Visier der Gesundheitsbehörden des Départements und sollte baldmöglichst aufgegeben werden. Alles, was dazu beitrug, seine Präsenz auf der Karte der medizinischen Versorgung zu rechtfertigen, war daher unerwünscht.

Wieder denke ich über dieses Thema nach und frage mich, wo wir heute wären, wenn wir den Stier nicht bei den Hörnern gepackt hätten, als ein Mädchen an meiner Tür vorbeigeht, das ich nicht kenne. Oder doch? Ich muss sie ein- oder zweimal mit einem der Rettungsgendarmen gesehen haben. Sie muss seine Freundin sein. Sie nickt mir grüßend zu und geht Richtung Garten. Mit der Professionalität eines guten Beamten vertiefe ich mich wieder in meine Akten.

Nach einigen Minuten wird meine Konzentration durch einen spitzen, klagenden Schrei gestört. Ich schaue auf, lausche, höre aber nichts mehr und wende mich wieder meinen Akten zu. Einige Augenblicke später ist die Stimme aus der Ferne wieder zu hören, diesmal ein bisschen lauter.

»Ist da jemand? Hilfe!«

Stille. Dieser Beruf frisst mich eindeutig auf: Jetzt höre und sehe ich die Gefahr schon überall! Die Stimme meldet sich aber wieder: »Hilfe, bitte!«

Ich strecke den Kopf zur Tür hinaus, und was ich sehe, verblüfft mich völlig: Das ist ein echter Video-Gag. Ich geriet fast in Versuchung, die Kamera zu holen, aber das wäre nicht gerade fein gewesen von mir. Das Mädchen wollte im Vorbeigehen zweifellos den Hund streicheln, aber dieser – immerhin ein Brocken von etwa vierzig Kilogramm Gewicht – hat seine Pflicht erfüllt. Er hat sie offenbar angesprungen und hält sie nun unter sich auf dem Rasen fest, das Maul zehn Zentimeter von ihrer Nase entfernt. Er gibt keinen Laut von sich, nicht einmal ein Knurren.

Das Mädchen ist völlig verängstigt und wagt nicht, sich zu rühren, aus Angst, verspeist zu werden. Angesichts des Formats des Tieres befielt mir mein gesunder Menschenverstand, mich nicht direkt einzumischen. Ich beeile mich also, den Besitzer des Hundes zu finden. Blaise gibt seinem Hund zwei oder drei Befehle, sofort lässt er die Maus entkommen. Er sieht aus, als sei er zufrieden mit sich. Ich bin es auch: Schon wieder habe ich ein Leben gerettet!

Gervasuttipfeiler: Das Ende der armen Teufel

Mein Kopf rollt hin und her. Dieser Geschicklichkeitstest zwischen den Gletschertürmen, den Séracs, dauert schon fünf Minuten, jetzt ist mir speiübel. Paulo, der Pilot des Lama-Hubschraubers, hat Gulio und mich zum technischen Einsatz der Woche mitgenommen. Er hat sich ins Labyrinth des Bossonsgletschers begeben und fliegt hinauf Richtung Grands Mulets. Wolken haben sich eingefunden, um uns davon abzuhalten, dieses Gewirr von Brücken und Spalten zu überqueren. Einmal geht's nach rechts, einmal nach links, ich bin völlig desorientiert: Es ist wie ein echtes dreidimensionales Videospiel.

Der Lama-Helikopter ist bei bestimmten Einsätzen die einzige Möglichkeit. Er hat dieselbe Turbine wie die Alouette III, eine Artousse, wiegt aber 300 Kilogramm weniger. Die Ausstattung der Alouette III ist schwerer und ihre Kanzel größer, was eine Kabine erlaubt, die für den Transport der Bergretter und Verletzten geeignet ist. Der Platz für die medizinische Versorgung ist dennoch beschränkt, wenn die Rettungstrage hinten installiert ist. Es ist daher besser, alles Wichtige vor dem Abheben zu erledigen, da es hinten für jeden Eingriff zu eng ist. Der Lama-Heli, der nicht so ausgestattet ist, bringt dafür eine wesentlich höhere Leistung als die Alouette. Er hält den beeindruckenden Höhenrekord von 11 000 Metern. Um den zu schaffen, hatte der Pilot Jean Boulet damals alles ausgebaut, was er nicht unbedingt brauchte. Nachdem er mit Kerosin vollgetankt hatte, war er hochgestiegen, bis der Tank leer war, und kam dann mit Autorotation herunter.

Paulo hat keinen Höhenrekord aufgestellt, aber er dürfte unter den Piloten der Rekordhalter mit den meisten Flugstunden im Massiv sein. Er fliegt hier seit mehr als zwanzig Jahren und kennt die verborgensten Winkel. Mit seiner Maschine unterwegs zu sein verschafft ihm das Gefühl, das jenem ähneln dürfte, das man als Knirps auf der Achterbahn empfindet. Er fliegt das Gerät mit einer Geschicklichkeit, die an Perfektion grenzt. Dennoch hat es ihn viermal zerlegt, wobei er wie ein Wunder jedes Mal heil davongekommen ist. Wir brauchen nur einige Minuten, um den Fallen des Bossonsgletschers zu entgehen und die Cosmiqueshütte zu erreichen, wo die Sichtweite wieder akzeptabel ist.

Die Vermissten aus Paris wurden lokalisiert. Die Rettungsgendarmerie hat ein Team zum Rognon hochgeschickt, um von dort zu versuchen, die beiden Seilschaften ausfindig zu machen. Eine kleine Gruppe, die der vorliegenden Beschreibung entsprach, wurde zwischen zwei Wolkenschichten entdeckt, die den Tacul noch einhüllen. Die Alouette hatte bereits zwei Versuche unternommen, die erfolglos waren. Der Wind blies zu stark. Es war unmöglich, sie herauszuholen, nicht mal mit der Longline.

Die Flugverhältnisse sind immer noch sehr schlecht, und wir haben keine Ahnung, in welchem Zustand wir unsere vier Bergsteiger vorfinden werden. Diese Einschätzung ist immer schwierig. Die Widerstandsfähigkeit der Menschen ist verschieden und dem Zufall unterworfen. Da spielen viele Parameter eine wichtige Rolle: die Erfahrung, die Ausrüstung, die Müdigkeit und vor allem die Fähigkeit zu kämpfen und sich nicht unterkriegen zu lassen.

Beim Überfliegen des Mauditsattels hat Paulo die Höhe von 4000 Metern überschritten. Wir werden noch kräftig durchgeschüttelt, aber die Wolken sind schon dabei, sich aufzulösen. Der Pilot fliegt am Pfeiler entlang, während drei Augenpaare still den Kamm der spitzen Nadeln absuchen. Gulio und ich sind diese herrliche Route schon einmal geklettert, und wir haben beide eine Vorstellung davon, wo sie sich befinden könnten. Wir hatten recht! Wir entdecken drei Personen auf dem kleinen Col vor dem letzten Abschnitt, der zum Ausstieg am Gipfel des Tacul führt. Diese kleine Scharte ist ideal für ungeplante Biwaks. Sie waren kurz vor dem Ziel, als sie nicht mehr weiterkamen.

»Also gut, wir werden mit der Seilwinde arbeiten, solange die Wolken es erlauben. Wir müssen uns beeilen, das dauert bestimmt nicht mehr stundenlang!«, sagt Paulo.

»Warte mal, Paulo! Wo ist denn der Vierte?«, wundert sich Gulio.

»Ich sehe ihn nicht ... Ihr müsst näher ran, um mehr zu sehen. Ich lasse euch ab und warte.«

»Okay, lass uns runter.«

Paulo vermittelt einem immer den Eindruck, dass alles auf Messers Schneide steht – eine Mischung aus unerschütterlichem Fingerspitzengefühl und ständiger Beunruhigung, eine Form von Anspannung, die niemals nachlässt.

Gulio saust hinab, dann bin ich an der Reihe. Es prügelt von allen Seiten auf uns ein. Ich spüre die Kraft an den Erschütterungen des Stahlseils, an dem ich abgelassen werde. Gulio schnappt mein Bein und zieht mich auf die kleine Terrasse, auf der sich die Vermissten befinden. Die Luft ist eisig. Man könnte meinen, man wäre mitten im Winter. Drei der vier gesuchten Bergsteiger sind hier, stark unterkühlt. Sie können uns kaum mehr antworten. Sie sind bedeckt von Schnee und Eis und scheinen nicht zu begreifen, was geschehen ist. Die weit aufgerissenen Augen von Max stehen in starkem Kontrast zur Lethargie von Olive und Dod.

»Hallo Jungs, wie geht's?«, fragt Gulio. »Hier ist die Bergrettung, wir holen euch raus ...«

»Wir haben schon nicht mehr daran geglaubt«, bringt Max heraus.

»Könnt ihr aufstehen?«

»Keine Ahnung …«

Ich untersuche sie schnell. Alle sind bei Bewusstsein. Der, der Max heißt, zittert ununterbrochen. Er hat Mühe, sich zu artikulieren. Die beiden anderen sind ruhiger. Ein bisschen zu ruhig. Sie zittern nicht, aber ich bekomme von ihnen keine einzige kohärente Antwort auf meine Fragen. Ich befürchte, dass sie genauso stark unterkühlt sind wie die beiden Fälle der letzten Woche. In diesem Jahr hatte ich all meine Unterkühlten im Sommer. Ich habe Pech, dass mein Spezialthermometer fürs Ohr kaputt ist und nichts anzeigt. »Es ist Porzellan, behandelt es also wie Porzellan!«, höre ich im Geist Grand Chef sagen.

Ob aus Porzellan oder nicht, wir müssen hier rasch weg, wenn wir nicht festsitzen wollen. Die Wolken stehen kurz davor, alles zu verhüllen, und selbst wenn Gulio und ich die Möglichkeit hätten, die Route aus eigener Kraft zu beenden, so wäre es uns doch unmöglich, die anderen mitzunehmen. Paulo kreist um uns wie eine Hornisse und wartet auf unser Zeichen. Aber wo ist bloß der vierte Bergsteiger?

Wir müssen ihn nicht lange suchen. Es genügt, dem Seil zu folgen, das sich an einem Felszacken verklemmt hat. Es ist gespannt wie eine Armbrust. Zehn Meter weiter unten hängt ein regloser Körper in der Eisrinne. Nachdem er die ganze Nacht über im Delirium war und visuelle und auditive Halluzinationen hatte, brannte bei Rob die Sicherung durch. Er sprang.

Wir evakuieren zuerst die Lebenden. Paulo bringt einen nach dem anderen zum Col du Midi, wo er sie an die Alouette III weitergibt, die sie ins Krankenhaus bringt. Rob wird als Letzter herausgeholt – wie eine für immer erstarrte Statue. Nie wieder wird er begeistert sein über alles und nichts, wie das so häufig bei ihm vorkam.

Die Kälte hat Schäden angerichtet. Zwei der Geretteten haben schwere Erfrierungen an den Füßen davongetragen. Die Prognose sieht düster aus. Als ich mich nach ihnen erkundige, erfahre ich den Namen ihres verstorbenen Freundes. Es haut mich fast um, als ich feststelle, dass Rob ein alter Freund von mir war, den ich seit über zehn Jahren nicht mehr gesehen hatte, mit dem ich aber einige unvergessliche Abenteuer erlebt hatte. Ich habe seine von der Kälte verzerrten Gesichtszüge nicht wiedererkannt.

Er war der Einzige der vier Bergsteiger, der keine Kinder hatte. Ich kann mich des Gedankens nicht erwehren, dass ihm vielleicht genau das fehlte, um dieses Martyrium zu überleben. Marianne hat heute Morgen im Krankenhaus angerufen, um sich nach den Männern zu erkundigen. Sie hat keine Nachricht hinterlassen ...

Schlangenbiss

Die Augusturlauber sind frisch eingetroffen und noch ganz blass. Die Juliurlauber sind ganz rot weggefahren. An manchen Tagen kommt alles zusammen. Dann knallt's, und keiner weiß, warum.

»Passiert denn heute gar nichts? Die wollen heute wohl nicht abstürzen, oder was? Es ist schönes Wetter, kein Gewitter weit und breit, das Gebirge ist voll von Kraxlern, und es gibt keinen, um den man trauern muss! Mist!«

Mattéo ist genervt. Die anderen nennen ihn inzwischen »Crampon les boules«, der genervte Crampon. Fünf Jahre lang hat er davon geträumt, Bergrettungsgendarm in Chamonix zu werden. Er stammt aus dem Aostatal. Er hat sich mit einer kleinen, drallen Französin eingelassen, die Véronique heißt, und hat vorerst nicht die Absicht zurückzugehen. Heute hält es ihn nicht auf seinem Platz, und er hört nicht auf zu meckern. Ich necke ihn ein wenig: »Aber Mattéo, was stimmt denn nicht, hast du heute schlechte Laune?«

»Ja, mir ist langweilig, wir machen heute nur Blödsinn!«

»Reg dich bloß nicht auf, in einer Stunde geht das Gewitter los, alle werden Angst kriegen und von überall kommen die Notrufe …«

»Vielleicht, aber dann gehe ich nicht. Ich habe keine Lust, schon wieder einen Schlag abzubekommen. Gewitter sind nicht mein Ding. An dem Tag, als wir im letzten Jahr die Jungs herunterholen mussten, die oben an den Grands Charmoz festsaßen, habe ich gedacht, dass ich es nie schaffen würde, den Haken zu packen. Er war komplett statisch aufgeladen. Du kannst dir kaum vorstellen, was ich für einen Schlag abgekriegt habe. Drei Tage danach hatte ich noch Strom in den Füßen. Dragon musste den Haken erst über den Fels ziehen, um ihn zu entladen. Vor Gewittern hab ich Schiss.«

Es stimmt, dass wir heute noch nicht viel getan haben. Dennoch sind viele in den Bergen unterwegs, überall wimmelt es von Leuten. Es ist erstaunlich, dass wir so wenig Notrufe haben. Dabei sind wir heute Morgen mit der Absicht angetreten, alle Rekorde zu brechen. Wir hatten aber nur einen kleinen Einsatz am frühen Nachmittag wegen eines Schlangenbisses, der keiner war. Im August muss man sich dennoch vor einem Schlangenbiss hüten. Ich kann mich gut erinnern, wie mich das in meinen Anfängen überrascht hat.

Es war ein schöner Tag wie heute, der allerdings besonders drückend war. Ich erinnere mich genau, denn da hatten wir gerade den neuen Kühlschrank für Getränke eingeweiht, auf den wir zwei Jahre lang gewartet hatten. Der Himmel war tief verhangen, viel Feuchtigkeit war in der Luft. Alles klebte am Körper.

René, ein früherer Pilot der Gendarmerie, war mit Henri in eine Partie Schach vertieft. Keiner der beiden hatte es geschafft, eine Strategie zu entwickeln, um den Gegner mattzusetzen. Jeder schnappte sich die Figuren des anderen, eine nach der anderen, bis zum Ende. Die anderen lasen oder unterhielten sich. Zwei spielten sogar Pétanque hinter dem kleinen Holzchalet, unserem einzigen Schlupfwinkel, bevor die aktuelle Dropping Zone in Betrieb genommen wurde.

Der Tag hatte in den frühen Morgenstunden mit einem Erkundungsflug per Helikopter begonnen. Zwei Bergsteiger wurden gesucht, die zur Überschreitung der Grandes Jorasses aufgebrochen waren und von denen man nichts gehört hatte. Tatsächlich waren sie umgedreht und heimgefahren, ohne jemandem etwas zu sagen.

Danach war es, abgesehen von zwei Erschöpften am Montblanc und einer Gastritis auf der Couverclehütte, immer ruhiger geworden, je schlimmer die Hitze wurde.

Das Telefon klingelte lange, ohne dass jemand reagierte. Schließlich opferte sich Henri und nahm seufzend den Hörer ab. »Hallo, die DZ?«

»Ja!«

»Bist du es, Gaby?«

»Ja.«

»Alarm, ihr müsst los!«

»Worum geht's?«, fragte Henri

»Schlangenbiss in Samoëns, am Fer à Cheval.«

»Weißt du Details?«

»Es müsste auf dem Weg der Chalets du Boret am ›Bout du Monde‹ sein.«

»Ich weiß nicht, ob ich René von seiner Partie Schach losreißen kann.«

»Mach keinen Blödsinn! Wenn der Notruf zutrifft, dann geht es diesem Mann schlecht. Nehmt den Arzt mit. Der Typ trägt ein gelbes T-Shirt, eine Frau ist bei ihm, und eine dritte Person ist abgestiegen, um Hilfe zu holen.«

»Alles klar, wir fliegen los.« Es gab wieder etwas zu tun.

Ein Schlangenbiss war damals schon ein banaler Notfall. Wenn ich da an die Anleitung in meiner Pfadfinderzeit denke: Lebensgefahr, Absaugen, Druckverband – die reinste Panikmache! Ich stellte mir vor, wie ich die Wunde mit dem Dolch aufschneide, um das Gift herauszuziehen. Tolle Sache! Ehrlich gesagt habe ich in meiner ganzen Laufbahn als Arzt noch nie erlebt, dass jemand an den Folgen eines Schlangenbisses gestorben wäre. Und dann konnten die diesbezüglichen Spezialisten sich auch nie auf eine Strategie einigen: Heparin, Kortisontherapie, Antiserumtherapie oder gar nichts tun? Wie soll man sich da zurechtfinden? Trotz der Fortschritte in der Wissenschaft wusste man wirklich nicht, was man all denen vorschlagen sollte, die völlig aufgelöst in der Ambulanz erschienen. In den meisten Fällen hatten die Opfer auch gar keinen Schlangenbiss abbekommen, sondern waren von einer Wespe oder einer Distel gestochen worden. Handelte es sich tatsächlich um einen Schlangenbiss, dann kam es oft vor, dass das Tier gebissen hatte, ohne das Gift zu injizieren.

Wir brauchten eine ganze Weile, bis wir ihn gefunden hatten. Es sah aus, als hätte er die SOS-Zeichen nie gelernt. Der Hubschrauber setzte uns schließlich neben einem Typ ab, der ausgestreckt auf dem Boden lag. Er war ängstlich und bleich. Ein großes Baby mit neunzig Kilogramm Körpergewicht.

»Guten Tag, ich bin der Rettungsarzt. Wie geht es Ihnen?«

»…«

»Geht's Ihnen gut?«

»Nein, ich wurde von einem Tier gebissen.«

»Was war das für ein Tier? Eine Schlange?«

»Nein, es war … Es sah aus wie eine dicke blaue Eidechse, mit Zähnen. Ich habe es nicht genau gesehen …«

Er wirkte wie ein Muttersöhnchen. Kaum abgestillt und eher von der wehleidigen Sorte. Das hieß also, dass ich nicht so recht an seinen Schlangenbiss glaubte. Er zeigte mir einen roten Punkt auf seiner Hand, der überhaupt nicht aussah wie die Spuren von Giftzähnen. Und sein Allgemeinzustand war auch nicht alarmierend. Sein Blutdruck war gut, sein Puls schnell, aber das ist normal, wenn jemand sensibel ist und zum ersten Mal in seinem Leben zusieht, wie ein großer Helikopter in fünf Meter Entfernung landet und dabei einen infernalischen Krach macht. Nachdem ich versuchte hatte, ihn zu beruhigen, was vergeblich war, da er weiterhin behauptete, dass ihn ein Monster gebissen habe, bat ich ihn, in die Maschine zu steigen, um ihn ins Krankenhaus von Chamonix zu bringen. Er nahm die Einladung brav an.

Der Flug hätte eigentlich ruhig verlaufen müssen. Der Anblick von all den kleinen Wanderern, die den Kopf hoben und dem Heli nachblickten, amüsierte mich. Auf halber Strecke wurde der Ausflug plötzlich ernst. Ich sah, wie mein Patient blass wurde und zusammensackte. Sein Puls raste, genauso wie es bei einem Schlangenbiss in den Notfallhandbüchern beschrieben wird. War vielleicht doch etwas Wahres an dem, was er erzählt hatte?

Um ganz sicherzugehen, verabreichte ich ihm 120 Milligramm Methylprednisolon ins Gesäß, ein Kortikoid, das einen allergischen Schockzustand verhindert. In Anbetracht seines Gewichts war mindestens diese Menge erforderlich. Sein Zustand schien sich nicht zu verbessern. Ich zog es also vor, den Mann nicht zuerst zur Dropping Zone, sondern gleich direkt ins Krankenhaus zu bringen.

Als ich zwei Stunden später ins Krankenhaus ging, um nach ihm zu sehen, waren große Reinigungsarbeiten in der Notfallstation im Gange. Das Linoleum wurde nass gewischt, und ein unangenehmer Geruch der Sorte »WC-Primelduft« stieg mir in die Nase. Mein Patient war in einem halbkomatösen Zustand, schweißnass und weiß wie ein Laken. Als ich ihn an meinen Kollegen in der Ambulanz übergeben hatte, fand ihn mein Kollege auch nicht gerade umwerfend. Er hatte ähnliche Schwierigkeiten, die These vom Schlangenbiss zu glauben, aber angesichts seines grauen Teints brachte er ihn sicherheitshalber doch zur Beobachtung auf die Intensivstation.

Kurz bevor ich kam hatte Grand Chef mit einer Krankenschwester die Visite gemacht. Er war es also, der sich dieses seltsamen Falls annahm. Die Ursache der mehrdeutigen Symptomatik war ihm auch nicht klar. Die Krankenschwester, die niemand anderes war als Cécile, die später meine Frau wurde, stand zusammen mit Grand Chef am Fuß des

Bettes, wobei Cécile auf Anordnungen wartete und Grand Chef sich auf der Suche nach Indizien am Kinn kratzte.

Der Patient war in dieser Zeit ruhig geblieben, vielleicht ein bisschen zu matt. Nur das Pfeifen des Sauerstoffgeräts war zu hören, das ihm mittels einer Maske auf der Nase Sauerstoff zuführte.

Grand Chef hatte zerstreut aus dem Fenster geblickt, vor dem gerade ein Gleitschirmflieger vorbeiglitt, der einen zu schlechten Start hatte, um am Clos du Savoie zu landen, dem offiziellen Landeplatz. »Ein Kunde für uns«, hörte man ihn sagen.

Plötzlich erregte das verzerrte Gesicht des Patienten ihre Aufmerksamkeit. Das Weiß des Gesichts verwandelte sich in Blau. Dann begann er sich zu verspannen, sich zu winden und gegen das Bett zu stemmen. Sein Gesicht war violett angelaufen, und sein Körper wurde von Krämpfen geschüttelt. Grand Chef und Cécile wussten nicht, was sie tun sollten.

»Monsieur, stimmt etwas nicht? Haben Sie irgendwo Schmerzen?«, versuchte Cécile etwas zu erfahren. Aber es war unmöglich, irgendetwas aus dem Mann herauszubekommen.

»Man könnte meinen, dass er Schmerzen in der Wampe hat«, kommentierte Grand Chef. »Gib ihm für den Anfang mal eine Ampulle Spasfon mit 80 Milligramm Solumedrol. Dann schauen wir, ob er sich beruhigt. Wie viel Flüssigkeit haben wir ihm vorhin verabreicht?«

»500 Ringer-Lösung und 500 Plasma. Aber sein Blutdruck schwankt zwischen neunzig und hundert.«

»Ich verstehe nicht, was da los ist ... Was er hat, sieht überhaupt nicht wie ein Schlangenbiss aus.«

»Kann es ein Wespenstich oder etwas Ähnliches sein, Chef?«

»Hmmm.«

Grand Chef kratzte sich wieder am Kinn und glaubte noch immer nicht daran. Obwohl Cécile ihm die Injektion verabreicht hatte, beruhigte sich der Patient nicht. Sie spürten, dass er etwas sagen wollte, aber es kam nichts. Er war violett und hörte nicht auf zu wimmern.

Nachdem wieder einige Minuten vergangen waren, kamen plötzlich Worte aus seinem Mund. Es hörte sich fast an wie ein Satz. Grand Chef und Cécile näherten sich ihm rasch und baten ihn, den Satz zu wiederholen. Aber er war unverständlich. Sie bückten sich daher noch mehr ... Das war ein fataler Fehler: Es gab eine Explosion. Die Rückkehr des Exorzisten! Ein Strahl Erbrochenes schoss mehr als zwei Meter weit aus ihm heraus.

Mit demselben Schwung machten Grand Chef und Cécile einen Satz rückwärts – zu spät. Zwei weitere, fast genauso starke Schwälle wie der erste überschwemmten den Raum. Der Kittel von Grand Chef war voll davon. Fluchend sah er an sich herab. Ein bestialischer Gestank, der aus den tiefsten Eingeweiden der Hölle hochkam, verbreitete sich in der Luft ... Die Schließmuskeln des Patienten wurden auch schwach, es rann aus allen Löchern.

Grand Chef und Cécile begutachteten angewidert und mit hängenden Armen die Schäden.

»Sauerei, mein Kittel ist voll!«, fluchte Cécile, die immer besonders stolz darauf war, dass sie vor den Patienten keine groben Worte benutzte. Grand Chef blickte sie niedergeschlagen an und erklärte: »Ich liebe diesen Beruf ...«

Wir sollten nie erfahren, welches Tier den Mann gebissen hatte.

Fünfzehn Uhr. Wie ich es vorausgesagt habe, entlädt sich das Gewitter über dem Montblanc. Schon klingelt das Telefon. Mattéo stürzt sich darauf. »Ein Notruf von der Requinhütte. Ein Typ soll in der Renaudie-Route gestürzt sein. Der Hüttenwirt sieht ihn. Er hängt offenbar auf der Platte in der Mitte«, meldet er wie aus der Pistole geschossen und mit einem siegreichen Unterton in der Stimme.

»Und das Wetter, wie ist es bei der Hütte? Von hier aus sieht es nämlich nicht gerade super aus«, erkundigt sich der Pilot, der den Himmel in Richtung Mer de Glace mustert.

»Er sagt, dass es momentan nicht schlecht sei, aber dass wir nicht zu lange warten sollten.«

In der Dropping Zone brodelt es: Winde, Bohrmaschine, statisches Seil, jeder erledigt seiner Aufgabe. Zwei Journalisten sind da, die seit drei Tagen darauf warten, einige Rettungsbilder für das Nachrichtenjournal um 20 Uhr in TF1 zu filmen, dem Ersten Programm des französischen Fernsehens. Pech, dass der Kameramann genau diesen Moment gewählt hat, um in der Kneipe an der Ecke Sandwiches zu holen. Die zwei aus Paris versuchen zu verstehen, was los ist, aber die Retter sind zu beschäftigt mit der Vorbereitung der Ausrüstung, um mit Erklärungen Zeit zu verlieren. Wir werden sie bei der einzigen Rettung des Tages auf der »Ersatzbank« lassen, da sie eine zu große Belastung wären.

Zur Krönung des Ganzen ist der Kameramann, der mit uns zum Filmen hoch muss, der Dickste des Trios. Er trägt dicke Kunststoffschuhe, die völlig unpraktisch sind, und eine Jägerjacke mit vielen Taschen voller Objektive und Wechselbatterien. Da baumelt einiges auf seinem Bauch herum und bleibt überall hängen.

Was mich betrifft, ich bin bereit. In zwei Sekunden habe ich meine Schuhe wieder zugeschnürt, die ich nicht länger als zehn Minuten ertrage, wenn ich unten bin. Wir holen die zwei, drei Kinder herein, die zusehen wollen, wie ihr Papa Leben rettet, damit sie von den Rotorblättern nicht in feine Scheiben geschnitten werden. Dann heben wir ab.

Die Renaudie-Route am Dent du Requin ist ein Klassiker. Es ist nicht schwierig, die in Not geratene Seilschaft ausfindig zu machen. Einer der beiden Kletterer, es muss der Seilzweite sein, hängt oben an einem Standplatz, während der andere, der gestürzt ist, unten in der Luft pendelt. Jules bleibt in der Luft stehen, damit wir die Situation analysieren können. Mattéo, der Chef des Rettungstrupps, gibt seine Anweisungen: »Okay, Gilbert, du setzt Manü auf der Requinhütte ab, während wir den Standplatz ausbauen. Ich ruf dich dann.«

»Brauchst du Verstärkung?«, fragt Jules.

»Im Moment nicht, es müsste gehen.«

Jules setzt mich auf dem Landeplatz der Hütte ab. Der Hüttenwirt erwartet mich schon, um mir zusätzliche Informationen mitzuteilen. Er beginnt mir zu erklären, was er weiß, noch bevor sich der Heli entfernt hat. Daher verstehe ich nicht viel.

»Es ist ein Typ und sein Mädchen. Sie sind heute morgen losgegangen. Ich habe Schreie gehört, also bin ich raus, um nachzuschauen. Ich habe nicht lange gebraucht, um zu kapieren, was los ist, als ich sah, dass der Typ wie eine Wurst hin- und herpendelte.«

Kurz und gut: Ich weiß nun auch nicht viel mehr, als dass einer der beiden ein Mädchen ist und dass sie nicht verletzt ist. Ich schalte mein Funkgerät ein, um das Ablassen von Mattéo und Nanard mit der Winde in die betreffende Seillänge direkt mitzuverfolgen. Nanard beschreibt mir schnell das Szenario: »Der Typ ist übel zugerichtet ... Er blutet in Höhe des Beckens und hat fürchterliche Schmerzen. Ich lasse dich abholen!«

»Alles klar, bin bereit!«

»Du musst aufpassen, wir hängen hier frei in der Luft ...«

Der Heli ist schon bei mir. Wegen des Höllenlärms habe ich den letzten Satz von Bernard nicht verstanden. Fred öffnet mir die Tür, ich steige in die Maschine. Ich habe nicht einmal die Zeit, den Helm aufzusetzen, damit man mir erklären kann, wo sie mich absetzen. Mir ist klar, dass es nicht auf einem Samtkissen sein wird. Die Tür öffnet sich wieder. Ich habe den Rucksack zwischen den Beinen und sitze hinten. Fred reicht mir den Haken, und ich hänge ihn in den großen Schraubkarabiner an meinem Gurt.

»Bereit für den Rauswurf?«

Ich mache das Okay-Zeichen mit dem Daumen. Ich werde brutal nach oben gerissen. Achtung, der Kopf! Danke, Helm ... Die kleine Ausstiegsstufe öffnet sich über dem Abgrund. Das fünf Millimeter starke Kabel lässt mich hinaus ins Freie. Leere unter mir. Alles dreht sich – Wind, Fels, Tiefe ...

Nanard packt mich an der Hand. Das ganze Material hängt an mir: die zwanzig Kilo schwere Trage, das KED-Rettungskorsett, mein Rucksack – ich bin ein wahrer Weihnachtsbaum!

Die Platte ist arschglatt. Es gibt nicht einmal die Möglichkeit, die Füße irgendwo aufzusetzen. Das Hervornehmen der Ausrüstung ist ein wenig kompliziert. Nicht das kleinste Ausrüstungsteil darf verloren gehen! Mattéo ist über uns bei der Freundin des Verletzten. Er hat den Standplatz mit zwei Friends verstärkt und ein statisches Seil fixiert, um die Trage daran zu befestigen. Nanard hängt meine Selbstsicherung ein. Ich löse den Windenhaken, der Helikopter entfernt sich und holt die Kletterin an Bord. Jetzt sind wir unserem Schicksal überlassen.

Bernard berichtet mir, was er weiß: »Er heißt auch Bernard ... Starker Blutverlust auf der Höhe seines linken Gesäßes – ich kann ihn nicht mal anfassen!«

Bernard stöhnt, aber man spürt, dass er ein starker Typ ist, der sich zusammenreißt, wo es nur geht. Er ist keiner, der jammert. Ich betrachte sein schmerzverzerrtes Gesicht. Es ist ganz grau. Das Blut rinnt in dicken Tropfen über den beigen Stoff seiner Hose und bildet einen riesigen dunklen Fleck. Kein gutes Zeichen!

Ich muss mich beruhigen. Nur nichts fallen lassen. Hier ist die medizinische Behandlung erforderlich, nicht nur um die Schmerzen zu lindern, sondern auch um zu verhindern, dass er verblutet. Ein Beckenbruch ... Wir müssen uns organisieren, aber auch beeilen. Oft regt man sich auf, wenn die Hütte noch gar nicht brennt. In dieser Situation ist es aber unerlässlich, schnell zu handeln: Der Standplatz ist völlig unbequem, das schlechte Wetter sitzt uns im Nacken, und das Opfer blutet in Strömen.

Nanard sieht, dass ich zögere, und errät meine Gedanken. »Manü, glaubst du nicht, dass wir ihn direkt herausholen und an der Hütte absetzen sollten? Wir werden hier von den Wolken eingeschlossen!«

»Warte, bis ich den Überblick habe.« Bernard hängt mit seinem Gurt am Seil, und Nanard hat ihm eine zusätzliche Sicherung an einem Spit eingehängt, der dort in der Nähe war.

Ich taste seinen Oberkörper und sein Becken ab, um eine Vorstellung von den Verletzungen zu bekommen. Der Schädel scheint nichts abbekommen zu haben, das ist schon mal gut! Als ich spüre, dass sich die Knochen in Höhe des Beckenkamms unter meinen Fingern bewegen und krachen, bestätigt sich der offene Beckenbruch. Scheiße! Schwierig zu sagen, ob die Kompression durch den Klettergurt die Blutung verringert oder im Gegenteil den Zustand des Verletzten noch verschlimmert, indem sie den venösen Rückfluss reduziert.

Ich merke, dass er ohnmächtig wird. Es ist unmöglich, am Handgelenk einen Puls zu ertasten. Sein Blutdruck ist im Keller. Ich muss jetzt eine Entscheidung treffen, und meine Stimme lässt kein Zögern erkennen. »Wenn wir ihn so mitnehmen, dann geben wir ihm den Rest. Ich muss zuerst seine Adern auffüllen.«

»Bist du sicher?«, fragt mich Nanard.

»Ja, gib mir fünf Minuten!« Ich bin mir überhaupt nicht sicher, aber die Entschlossenheit, mit der ich geantwortet habe, bestärkt mich in meiner Idee. Es ist nun schon eine ganze Weile her, dass eine meiner Entscheidungen angezweifelt wurde, zumindest offen. Die Bergretter, mit denen ich arbeite, sind meist jünger als ich. Ich habe mehr als fünfzehn Jahre Bergrettung auf meinem Konto zu verbuchen, und ich merke, dass sie mir ein gewisses Vertrauen entgegenbringen.

Alte Erinnerungen tauchen in meinem Gedächtnis auf. Jene von meinen ersten Intubationen. Ich erinnere mich an jenen traurigen Tag, an dem wir zu einem Schädeltrauma auf einer Piste der Grands-Montets-Bahn gerufen wurden. Das war mitten in der Hauptsaison, seit mehr als drei Wochen hatte es nicht mehr geschneit. Die Piste war voll von Leuten, so glatt wie eine Billardkugel, und hier und da schauten Steine heraus. Eine junge Frau war mehr als 150 Meter den Hang hinuntergerutscht, vermutlich war sie unterwegs auch zwei- oder dreimal am Fels aufgeschlagen. Ihr Kopf war stark geschwollen und blutüberströmt.

Ich hatte damals noch nicht viel Erfahrung mit der Intubation und fürchtete den Moment, in dem ich handeln musste. Die Augenhöhlen des Mädchens waren durch Prellungen so stark zugeschwollen, dass man ihre Augen nicht öffnen konnte, um den Zustand der Pupillen zu beurteilen. Sie war unruhig, wand sich röchelnd in alle Richtungen und war völlig weggetreten. Einige Jahre zuvor wäre ein Verletzter in diesem Zustand gar nicht behandelt worden, weil es noch keine Ärzte bei der Bergrettung gab. Man hätte ihn mit Gewalt in die Rettungstrage geschnürt und so, wie er war, ins Krankenhaus geflogen. Die Anwesenheit eines Arztes vor Ort war gut, sofern dieser in der Lage war, die erforderlichen Eingriffe dort zu machen. Im Falle eines schweren Schädeltraumas hatte man uns vollgestopft mit Empfehlungen. Die wichtigste und dringlichste war, den Patienten sofort völlig ruhigzustellen, um die Sauerstoffversorgung seines Gehirns mit Hilfe einer künstlichen Beatmung sicherzustellen. Das Gehirn erleidet in der Tat irreversible Schäden, wenn nicht innerhalb von drei Minuten Sauerstoff zugeführt wird.

Die Atmosphäre war dramatisch. Die Familie der Skifahrerin drehte durch. Die Pistenkontrolleure hielten die Skifahrerin fest, so gut sie konnten. Zwei oder drei Urlauber behaupteten, vom Fach zu sein und wollten mir helfen: Ich bin Kardiologe, ich bin Pfleger … All diese Augenpaare beobachteten mich, während ich die Situation mit Gelassenheit meistern sollte. Ich musste die schwierige Entscheidung treffen: Sediere und intubiere ich sie? Das hieß, zu tun, was getan werden musste … Oder mache ich mich feige davon, in dem ich sie wie früher auf der Rettungstrage festbinde, so schnell wie möglich ins Krankenhaus bringe und an Kollegen übergebe, die mehr Erfahrung haben? Ich wählte die mutigere Option, um meine Arbeit zu machen.

Das ging ziemlich daneben. Das Opfer riss zweimal die Infusion heraus. In dem Moment, als ich ihr das Narkotikum Etomidat spritzen wollte, um sie ruhigzustellen, fiel mir die Spritze in den Schnee. Mein Rucksack war ruiniert, jemand war auf ihm herumgetrampelt – diese Idioten! Da ich damals noch kein Curare einsetzen durfte, brauchte ich drei Anläufe, um den Tubus ins richtige Loch einzuführen. Das kostete mich so viel Zeit, dass mich einer der Bergretter ironisch fragte, ob ich nicht lieber aufhören wolle, Schaden anzurichten, und sie einpacken wolle, wie sie war. Ich war am Schwimmen.

Im Hubschrauber wurde mir klar, dass ich so langsam gewesen war, dass die Sauerstoffflasche schon leer war. Ich musste meine Patientin über den Ballon mit Sauerstoff versorgen, bis sie langsam wieder zu sich kam. Das war vor fünfzehn Jahren, aber die Erinnerung daran ist noch ganz frisch.

»Manü, soll ich deinen Rucksack nehmen?«, schlägt Nanard vor.

»Nein, alles okay, er wird mir als Arbeitstisch dienen.«

Wieder einmal wird er seiner wahren Funktion gerecht werden. Ich habe ihn an einen Karabiner links von Bernard gehängt und benutze ihn als Fläche. Ohne allzu große Schwierigkeiten gelingt es mir, dem Verletzten einen Infusionsbeutel mit Kochsalzlösung zu verabreichen.

»Manü, beeil dich, es zieht wieder zu! Dragon kann uns sonst nicht mehr holen«, sagt Mattéo beunruhigt dreißig Meter über uns.

»Es ist gut, ich verabreiche ihm Fentanyl, dann können wir ihn auf die Trage legen.« Bis dahin ist die Behandlung recht gut verlaufen. Wir fixieren ihn aber nicht auf der Trage, sondern legen ihm lieber das KED-Rettungskorsett an. So bleiben die Hände und Beine des Verletzten frei, wir können ihn am Korsett hochziehen und müssen das nicht an seinem Klettergurt tun, wodurch sich das gebrochene Becken verschieben würde. Das Problem besteht nun darin, die Seile zu sortieren und jene, die gekappt werden müssen, von jenen zu unterscheiden, die hängen bleiben müssen.

Der Blutdruck des Verletzten scheint stabil zu sein. Die hypertonische Kochsalzlösung hat ihn wahrscheinlich richtig in Gang gebracht. Aber ich sehe auch, dass das Blut weiter aus ihm herausläuft. Jetzt, wo seine Hose völlig blutdurchtränkt ist, kann ich unmöglich feststellen, woher es kommt.

»Verfluchter Mist, es macht zu«, ruft Mattéo.

»Dragon, hier Crampon?«, meldet sich Nanard.

»Hier Dragon, ich höre.«

»Wir sind fertig fürs Aufwinschen, aber es macht zu, und ich bin nicht sicher, ob du noch durchkommst«, erklärt Nanard.

Ich füge hinzu: »Sag ihm, er soll alles tun, was er kann, es ist wirklich dringend!«

»Wir kommen. Wir werden schon sehen, ob's geht«, antwortet Dragon.

Bernard ist bewusstlos geworden. Das starke Schmerzmittel hat ihn völlig betäubt, aber er atmet regelmäßig. Sein Teint ist grau. Ich frage mich, was wohl in diesem Moment in seinem Kopf vorgeht. Die Schmerzen sind wahrscheinlich durch die Wirkung des Fentanyl verschwunden, und er hat sich völlig aufgegeben. Nichts deutet mehr darauf hin, dass er kämpft. So ist das Arbeiten für uns bequemer. Schon wenn man spürt, dass der Verletzte nicht mehr leidet, hat man das Gefühl, die Hälfte der Arbeit erledigt zu haben. Das ist aber nicht so. Bei Fällen wie diesem bleibt weiterhin Eile geboten.

Der hämorrhagische Schock, das lebensgefährliche Versagen des Kreislaufs durch den großen Blutverlust, steht unmittelbar bevor. Ein Herzstillstand während der Phase des Aufwinschens ist das Risiko, das ich am meisten fürchte. Bei diesem Manöver ist der Verletzte immer in einer schrägen Haltung, da er nicht auf der Trage liegt. Die Ansammlung des Blutvolumens in den unteren Gliedmaßen, die keinen Tonus haben, kann zu einem Leerlauf der Herzpumpe führen. Wäre es möglich, den Verletzten in der Trage liegend hochzuziehen, dann würde er flach liegen und das Problem wäre vermieden worden.

Dragon dreht um und kehrt wieder zurück. Er tut, was er kann. Man hört ihn von rechts und von links. In der Ferne ist Donnergrollen zu hören, das Gewitter ist nah. Das jagt uns Angst ein. Nach mehr als zehn unendlich langen Minuten taucht Dragon plötzlich über uns auf. Fred teilt uns mit: »Schickt ihn uns schnell hoch, es brennt. Wir können hier nicht bleiben!« Der Haken ist schon weit unten. Ich sehe, wie Nanard beim Durchtrennen des Seils für den Bruchteil einer Sekunde zögert … es war das Richtige! Bernard fliegt, sich im Kreis drehend, davon und verschwindet in den Wolken, was in seinem Zustand bestimmt nicht gut ist. Dann sind wir allein, der Nebel hat uns eingehüllt.

Nanard schaut mich erleichtert an: »Puh, er wird davonkommen!«

»Falls er durchhält bis ins Krankenhaus …« Ich bin mir diesbezüglich nicht ganz sicher. Auch wenn für die Bergretter mit der Evakuierung des Verletzten die Aufgabe beendet ist, beginnt sie für uns Ärzte dann eigentlich erst richtig. Ich habe Bedenken wegen der Folgen von Bernards Verletzungen. Alles hängt davon ab, wie sie genau aussehen. Eine Beckenfraktur kann so stark bluten, dass viele Chirurgen es nicht schaffen, die Blutung zu stillen. Dann sind sie gezwungen, den Patienten überstürzt in eine Universitätsklinik einzuliefern. Wenn das Becken mehrfach gebrochen ist, ist oft die einzige Therapie, die blutenden oberen Arterien durch eine künstlich hervorgerufene Embolie zu verschließen, um die Blutung zu stillen – eine Technik, die nur in großen Spezialzentren durchgeführt werden kann.

»Crampons, hier Dragon«, tönt es aus meinem Funkgerät.

»Ja, wir hören«, antwortet Nanard.

»Es ist schwierig, den Arzt gleich mitzunehmen. Es ist völlig dicht.«

»Bring den Verletzten zur DZ des Krankenhauses und bereite sie darauf vor, dass der Schockraum benötigt wird!«, ordne ich an.

»Okay, alles klar.«

Das Brummen des Hubschraubers wird immer leiser und macht der flauschigen Stille des Nebels Platz, der uns umhüllt. Wir werden hier doch nicht an unseren Bohrhaken hängend warten, bis es wieder aufklart! Es sieht ganz danach aus, als ob uns Dragon hier zurücklassen würde. Nach der Euphorie, die durch die relative Effizienz unseres Vorgehens hervorgerufen wurden, folgt nun ein leichter Anfall von Enttäuschung, der durch die brutale Abkühlung nicht gerade gemildert wird. Wir spüren die Kälte umso mehr, da unsere T-Shirts völlig durchgeschwitzt sind. Mitten in Aktion war uns das gar nicht aufgefallen. Aber jetzt, nachdem der Stress nachgelassen hat, fröstelt es mich. Die Botschaft ist klar: Wir müssen es schaffen, mit eigenen Mitteln hinunterzukommen. Vier Seillängen mit der kompletten Ausrüstung – und der feuchte Schnee, der jetzt auf uns fällt, wird uns diese Aufgabe auch nicht gerade erleichtern. Wir müssen uns auch noch um die Trage kümmern, die nicht mit dem Verletzten abtransportiert wurde, da dieser mit dem Rettungskorsett geholt wurde. Na toll!

Wir brauchen eine gute Stunde bis zum Wandfuß. Der Bergschrund ist völlig aufgeweicht, wir versinken bis zu den Knien in einem Sorbet aus dickem Gries. Mattéo verfügt mit Autorität: »Wir werden uns nicht damit abplagen, das ganze Material zur Hütte zu bringen! Am besten ist es, wenn wir das alles irgendwo verstecken. Dann kommen wir morgen mit dem Heli zurück, wenn es aufgeklart hat.«

Nanard und ich stimmen diesem Vorschlag sofort zu. Allerdings überrascht uns die Stelle, die Mattéo auswählt, um das Material zurückzulassen. Ich weiß nicht, was ihn dazu bewegt hat, aber er beschließt plötzlich, die Trage zu einem kleinen Überhang am Rand einer engen Rinne aus Schnee und Steinen zu ziehen. Um dorthin zu gelangen, muss man ein kleines Schneefeld direkt über dem gähnenden Bergschrund queren. Ich halte diese Stelle nicht für besonders sicher, und Nanard auch nicht. »Pass auf, das ist nicht gut. Das ist völlig instabil da drunter!«, meint er zu Mattéo.

»Ja, ich weiß!«, erklärt Mattéo.

Wir lassen ihn machen und stehen untätig da. Als er die Trage nachzieht, löst sich über ihm ein Schneebrett vom Hang. Er rutscht mit seinen Schuhen. Dass er zu faul war, die Steigeisen wieder anzulegen, erweist sich jetzt als grausamer Fehler. Zunächst will er die Trage nicht loslassen, die Richtung Spalte gleitet. Als er merkt, dass er sich in diesem faulen Schnee nicht halten kann, lässt er sie los. Zu spät. Das ganze Schneebrett über ihm kommt herunter und zieht ihm die Beine weg. Er kämpft wie ein Verrückter, aber seine Hände finden keinen Halt. Für den Bruchteil einer Sekunde krallt sich sein verzweifelter Blick an meinem fest, bevor er im Bergschrund verschwindet, ohne dass wir etwas machen können.

Nanard wirft sich auf seinen Rucksack, um die Schaufel zu holen, die er gerade verstaut hat, während ich dastehe wie erstarrt. Ein zweiter Schneerutsch folgt und füllt die Spalte, von der Mattéo verschluckt wurde. Das ist doch nicht möglich, ich muss mich in einem Albtraum befinden! Wie kann sich eine banale Situation auf so brutale Weise in eine Tragödie verwandeln? Mattéo wurde unter vier Metern Schnee begraben, noch bevor er verstehen konnte, was geschah. Es ist furchtbar.

Nanard stürzt sich auf die gefüllte Spalte und beginnt verbissen zu graben. Ich steige zu ihm auf und versuche, den Schnee, so gut es geht, mit den Armen und Händen wegzuschieben. Aber die Realität zwingt sich uns auf und ist unabänderlich: Aus dieser Spalte müssen mindestens zwei Tonnen Nassschnee entfernt werden. Der Helikopter kann nicht hochkommen, um Verstärkung zu bringen. Wir haben nur unsere Hände und unsere mickrige Schaufel ... Nach zwei Stunden geben wir völlig erschöpft auf und wagen nicht, einander in die Augen zu schauen, da wir von einem seltsamen Gefühl der Schuld überflutet werden. Obwohl ich schweißgebadet bin, ist mir eiskalt.

Kurz zuvor brachte es Nanard über sich, Cordial anzurufen. Nach einigen Wortwechseln kam Panik unter den Bergrettern an der Dropping Zone auf. Wir hörten den Hubschrauber, der über den Wolken Runden drehte, um zu versuchen, die Decke zu durchdringen, die uns vom Tal trennte. An Bord waren der Lawinenhund und die Freunde. Dragon schaffte es schließlich, sie auf der Requinhütte abzusetzen. In der Zeit, die sie für den Aufstieg zu uns brauchen werden, wird sowieso alles vorbei sein.

Endlich erscheint der Arm von Mattéo. Ich mache mir keine Illusionen über sein Schicksal, da ich mit einer Realität konfrontiert werde, die ich nur zu gut kenne: Bei einer Verschüttungszeit von mehr als 45 Minuten ist die Chance, in einer Lawine zu überleben, sehr gering, außer man hat eine Lufthöhle rund um den Mund. Und selbst wenn dies der Fall sein sollte, wird das Opfer im Laufe der Zeit durch das ausgeatmete Kohlendioxid vergiftet. Nach zwei Stunden unter dem schweren, kompakten Schnee kann man nur davon träumen …

Mattéo ist blau und leblos. Ich habe meine Wiederbelebungsgeräte herausgeholt, allerdings ohne Überzeugung. Ich kann es aber auch nicht lassen, das Unmögliche zu versuchen. Meine Hände sind so eisig und ich bin so erschöpft, dass ich alles falsch mache. Ich setze ihm die Sauerstoffmaske verkehrt auf und führe den Tubus mit Gewalt ein. Diese Handgriffe an einem Freund durchzuführen, das kommt mir unerträglich vor. Ich weiß ganz genau, dass ohnehin alles vorbei ist, und diese Feststellung beeinträchtigt mein ganzes Handeln.

Endlich kommt die Rettungsmannschaft. Der Hund vorneweg, ganz aufgeregt, endlich Arbeit zu haben. Blaise beruhigt ihn, denn es gibt nichts mehr zu tun. Wir bleiben da, unnötig, schlottern vor Kälte neben diesem leblosen Körper. Nanard holt aus seinem Rucksack eine Rettungsdecke. Ich kann nicht anders und stelle fest, dass die Bezeichnung »Rettung« hier nicht ganz angebracht ist.

Wir wickeln Mattéo darin ein, um ihn an eine Stelle zu bringen, die sicherer ist. Der Heli wird ihn holen, sobald die Verhältnisse besser sind. Meine Notfallausrüstung ist überall im Schnee verstreut, und ich habe gute Lust, den ganzen Krempel in die Spalte zu kicken. Wir können keine Wunder vollbringen, meine Grenzen werden mir auf brutale Weise gezeigt. All diese Jahre des Studiums und des Trainings, diese ganze Energie, die ich seit so langer Zeit dafür aufbringe – dafür! Ich bin nichts, nur ein Steinchen, das vom Schicksal einfach weggeblasen wird, wenn es seine Wahl getroffen hat. Mattéo musste gehen, und er ist gegangen.

Bevor wir seinen Körper zudeckten, verpasste ihm Jeannot, einer unserer Ältesten, in einer letzten enttäuschten Geste eine leichte Ohrfeige, so als ob er ihn dafür bestrafen wollte, dass er sich erwischen ließ. Es war bestimmt nicht der erste Freund, den er auf diese Weise verloren hat.

Wie um den Nagel noch tiefer in die Wunde zu treiben, folgte in dieser Woche ein schwerer Unfall dem anderen. Eine schwarze Serie. Der Montblanc war im August eine ganze Weile auf dem Titelblatt der Tageszeitungen. Seit mehr als zehn Tagen hatte es in der Höhe nicht geschneit. Der Gipfelgrat des Normalwegs war vereist, glatt und glänzte wie Marmor. Tag für Tag erwischte es unerfahrene Seilschaften beim Abstieg. Wir sammelten die zerschlagenen Reste dreier Seilschaften ein. Manche forderten, man müsse den Zugang zur Route sperren, während die Presse die Polemik anfeuerte.

Meiner Ansicht nach müsste man damit anfangen, dort das Gehen am Seil zu verbieten. Das Seil ist dazu da, um zu sichern, und nicht, um die Gefährten mit in den Abgrund zu reißen. Die alten Stiche zeigen das gut. Der Abstieg vom Montblanc über den Bossesgrat ist nicht schwierig, wenn im kompakten Schnee eine gute Spur ist. Aber auf jeder Seite ist ein Abgrund. Jeder weiß, dass die meisten Alpinisten, die diesen Normalweg gehen, nicht gerade erfahrene Bergsteiger sind. Es gibt solche, die sich einen Führer leisten können, und es gibt die anderen. Die anderen sind zahlreicher.

Der Vorteil eines Bergführers ist der, dass er gelernt hat, wie er seinen Kunden in einem Eishang führen muss. Die Technik besteht darin, ihn zu halten, bevor er stürzt. Dazu muss man das Seil bei jedem Schritt gespannt halten, und das können nur wenige. Für einen Unfall langt es nämlich schon, wenn der Hintere, der beim Abstieg sichert, in dem Moment woanders hinschaut, wo der Vordere mit seinen Steigeisen in seinen meist voluminösen Gamaschen hängen bleibt. Wenn dann das Seil fünfzig Zentimeter durchhängt, reicht das aus, um das hervorzurufen, was man im Bergsteigerjargon als Mitreißunfall bezeichnet. Der plötzliche Zug ist so heftig, dass er alle mitreißt. Es gibt Stellen, an denen man das nicht überlebt.

Hitzewelle

Los, Gaston, wir müssen uns beeilen! Bei diesem Tempo verpassen wir noch die Seilbahn am Plan de l'Aiguille …«

»Meine Füße sind völlig kaputt. Was für eine Dummheit, dass ich mir neue Schuhe gekauft habe! Ich hätte meine alten Lederschuhe behalten sollen. Außerdem ist es viel zu heiß. Ich kann nicht mehr!«

»Wieso ziehst du denn nicht deine Daunenjacke aus? Du wirst bei diesem Tempo eingehen!«

»Ich habe keinen Platz mehr in meinem Rucksack, da müsste ich alles rausnehmen und neu einpacken … Keine Zeit!«

Alain hat die Nase voll. Mit diesem Gast hat er das große Los gezogen. Am Anfang wirkte er eher sympathisch. Der Fünfzigjährige mit dem kleinen Bäuchlein, der noch einmal topfit werden und zeigen will, dass er noch in der Lage ist, den Montblanc zu besteigen. Er sagte, dass er wieder regelmäßig trainiere, zweimal pro Woche fünf Kilometer jogge und seinen Zigarettenkonsum einschränke. Aber an diesem Morgen pfiff er aus dem letzten Loch. Als Alain ihn zwei Tage zuvor besucht hatte, wurde er zum Schnaps eingeladen. Gaston hatte sich drei Gläser hinter die Binde gekippt, während er selbst Mühe hatte, sein Glas auszutrinken. Kurz und gut: ein sehr motivierter Genießer.

Gestern Nachmittag hatte ihn Gaston mit seinen ständigen Kommentaren genervt. Das ging so weit, dass Alain Migräne bekam. Wenn Alain Migräne hat, dann hilft nichts außer Stille. Aber der Typ hörte nicht auf, Gemeinplätze herunterzuleiern über all die Unwissenden, die keinen Führer engagieren und bei jeder Kleinigkeit die Bergrettung rufen. Als sie nach der Auffahrt mit der Seilbahn auf die Aiguille du Midi auf den Grat hinaustraten, war Gaston durch die Auswirkungen der Höhe ganz aufgeregt. Mit einem Puls von 130 hatte er einen Blödsinn nach dem anderen gemacht, von jener Sorte, die einen Bergführer nerven: ein Handschuh, der über den Hang hinabfällt, die angeblich angepassten Mietsteigeisen, die Alain dann mit dem Leatherman aufschrauben musste … Gastons Gestik war hektisch und unkontrolliert. Kurz: Er gehörte zu jener Sorte Gäste, bei der man auf alles gefasst sein muss. Alain hatte ihn zwar im vorigen Jahr auf eine Trainingstour mitgenommen, doch jetzt musste er wieder ganz von vorne anfangen. Als Gaston beim Beginn des Abstiegs mit den Steigeisen auf seinem Seil herumtrat, war Alain ruhig geblieben. Mit Leuten wie ihm konnte man nur klarkommen, wenn man ganz gelassen blieb und ihn vor allem nicht reizte. Beim Abstieg vom Grat war jeder Schritt wie ein Wunder. Gaston war dreimal fast gestürzt. Alain hatte sich vorgenommen, nur noch auf die Fersen von Gaston zu schauen, um bei dessen nächster Dummheit gewappnet zu sein.

Der Abend auf der Cosmiqueshütte hatte Gaston wieder mit den Realitäten der Umgebung und den Freuden des Sauerstoffmangels konfrontiert. Die Flasche Rotwein, die er sich bestellte, obwohl Alain ihn gewarnt hatte, hatte ihn ausgetrocknet. Er hatte schnell seinen Mitteilungseifer verloren und war wie ein großes Baby eingeschlafen.

Der nächtliche Aufbruch war nicht viel ruhmreicher. Gaston hatte Ödeme unter den Augen, und er sah abgespannt aus. Die verrücktesten Albträume hatten ihn die ganze Nacht über gequält, und er wollte nur eines: sich in aller Ruhe übergeben. Die Wetterprognose war auch nicht ganz klar: Hochnebel mit wechselhafter Bewölkung, Aufhellungen am späten Vormittag mit einer Zuverlässigkeit von sechzig Prozent. Im Moment schneite es ...

Nach einer halben Stunde des Zögerns hatte es Alain geschafft, Gaston davon zu überzeugen, doch wenigstens den Montblanc du Tacul zu versuchen. Gaston hatte sich gefügt. Mit zwei Aspirin war seine Moral zurückgekehrt. Das Wetter war wirklich trist, und Alain glaubte nicht so recht an den Erfolg ihrer Tour. Die Hälfte der Kandidaten für den Montblanc hatte sich wieder schlafen gelegt, und es waren nicht allzu viele Seilschaften unterwegs.

Wild entschlossen stapfte Gaston hinter Alain her. Als sie die Schulter des Tacul erreicht hatten, hatte sich das Wetter nicht verschlechtert. Es hatte sogar aufgehört zu schneien. Im Dämmerlicht des frühen Morgens waren einige ermunternde Aufhellungen zu erkennen, Gaston fühlte sich bereit, auch die steilen Hänge des Mont Maudit noch anzugreifen. Der Aufstieg war viel anstrengender, und langsam machte sich der Sauerstoffmangel bemerkbar. Um 9.15 Uhr war der Sattel erreicht, nicht ohne Mühe. Gaston war völlig ausgetrocknet. Elektrisiert durch das schöner werdende Wetter wollte er sich damit aber nicht mehr begnügen.

Der Weiterweg bis zum Gipfel des Montblanc dauerte ewig. Nachdem sie den Brenvasattel hinter sich gelassen hatten, war das schon recht langsame Gehtempo noch langsamer geworden. Gaston hatte trotzdem durchgehalten. Der Wind war fast verschwunden, und die Sonne brannte stark. In dem Moment stellte Gaston fest, dass er seine Sonnenbrille auf dem Frühstückstisch liegen lassen hatte. Typisch! Alain lieh ihm seine. Der Gipfel schien nie weiter entfernt zu sein. Sie erreichten ihn um dreizehn Uhr. Gaston war erledigt, das Wetter war aber stabil und sehr warm.

Der Abstieg war ein heroischer Akt. Gaston hatte keine Kraft mehr in den Beinen. Die ihm eigene Ungeschicklichkeit hatte sich durch den Abbau seiner Kräfte noch verschlimmert. Alain musste extrem aufmerksam sein. Die Sonne brannte. Der Abstieg vom Grand Plateau war fürchterlich. Gaston schwitzte sehr stark und brach alle fünfzig Meter zusammen. Alain wollte nur eines: so schnell wie möglich die Seilbahn am Plan de l'Aiguille erreichen, um seine Augen schützen zu können. Wie dumm von ihm, dass er keine Ersatzbrille mitgenommen hatte! Er spürte, wie die Schweißtropfen in den Augen brannten.

Als sie drei Stunden später den Gegenanstieg zur alten Gletscherstation hinter sich bringen, spürt Alain einen kleinen Energieschub bei Gaston. Er redet nicht mehr und bewegt sich wie ein Büffel, die Schulter nach vorn geschoben und laut keuchend.

»Immer mit der Ruhe, Gaston. Dieses Tempo wirst du bis zum Plan de l'Aiguille nicht halten können!«

»...«

»Hallo, Gaston, hast du gehört? Geh nicht so schnell!«

»Ja, ja.« Gaston ändert sein Tempo aber nicht.

Alain lässt ihn seit dem Ende des Gletschers ohne Seil vorausgehen. Er rennt hinter ihm her, da Gaston einen Stechschritt vorlegt und sich dabei in seiner eigenen Welt verkriecht. Das unberechenbare Verhalten eines redseligen und extrovertierten Typs. Alain macht sich Sorgen. Nie zuvor ist er mit einer solchen Situation konfrontiert worden.

Bei der Abzweigung an einer Moräne nimmt Gaston den linken Weg, der ins Tal hinabführt, anstatt den rechten, der sie zur Seilbahn bringen würde.

»Nach rechts, Gaston, nach rechts!«, ruft Alain. »Was machst du denn?«

»Ich gehe doch schon rechts, du siehst doch, dass ich rechts gehe«, antwortet Gaston. Aber das ist nicht mehr derselbe Mann, der da spricht. Das ist ein Roboter.

Alain rennt, um ihn abzufangen. Er packt ihn am Ärmel. »Gaston, geht's dir gut? Was ist denn los, Herrgott noch mal?«

»Weiter … immer … weiter!« Gaston phantasiert. Er ist knallrot im Gesicht und fixiert Alain mit dem Blick eines Verrückten.

Bei dem ist der Faden gerissen, denkt sich der Bergführer. Als er versucht, ihn zu sich zu ziehen und auf einen Stein zu setzen, kommt der Angriff völlig unerwartet. Eine Reflexbewegung hilft ihm, wenigstens zum Teil dem Schlag auf seinen Kopf auszuweichen, den Gaston ihm mit dem Pickel überziehen wollte. Seine Stirn blutet, aber das ist das kleinere Übel. »Mein Gott, ist das ein gefährlicher Beruf«, denkt Alain völlig perplex.

Gaston befreit sich mit Gewalt und flüchtet ins Geröll. Fassungslos schaut Alain zu, wie er im Zickzack den Hang hinunterrennt, als würde er mit einem Maschinengewehr beschossen. Dabei bleibt er an jedem herausstehenden Zacken hängen. Was passieren muss, geschieht dann auch: Hinter einer Böschung bleibt er mit den Füßen zwischen zwei Blöcken hängen und stürzt Kopf voraus.

»Zum Glück hat er seinen Helm noch auf!«, denkt Alain, der hinter ihm herrennt. Als er bei ihm ankommt und sieht, dass Gaston versucht aufzustehen, packt er ihn am Kragen seiner zerfetzten Daunenjacke. »Verflucht, Gaston, hör auf! Was hast du denn? He, Gaston, antworte mir!«

»Halt die Klappe!«, schreit Gaston. »Auf geht's! Weiter! Dein Pickel, setz deinen Pickel richtig ein!«

»Gaston, beruhige dich. Ich bin's, Alain!«

»Weiter, los. Pass auf, bleib stehen. Setz endlich deinen Pickel richtig ein.« Gaston ist völlig daneben, das ist sicher. Offensichtlich erlebt er seine Tour noch einmal als Albtraum. Er schaut Alain mit seinen von Verzweiflung und von der Sonne geröteten Augen an, bevor er wieder wie ein Verrückter losrennt.

»Hallo Bergrettung, Bergrettung, hier Bergführer. Ich rufe um Hilfe, hört ihr mich?«

Es ist später Nachmittag. An der Dropping Zone hat sich Raoul an einen Tisch im Aufenthaltsraum gesetzt, um den Radiorekorder seines Großneffens auseinanderzunehmen. Er unterbricht, als er den Notruf hört. Offensichtlich nimmt Cordial nicht ab. Vielleicht hat sich der Bereitschaftsdienst kurz von seinem Posten entfernt. Widerwillig legt Raoul die kleinen Präzisionswerkzeuge weg, die er in der Hand hat, um ans Mikrofon der Basis zu gehen und zu antworten.

»Ja, hier ist die Bergrettung. Wer ist am Apparat?«

»Chardon, Alain Chardon, ich bin Bergführer. Ich habe ein dringendes Problem: Mein Gast ist abgehauen.« Es hört sich an wie die Stimme eines Typs, der gerade von einer Straßenschlacht kommt und versucht, wieder zu Atem zu kommen.

»Du hast deinen Gast verloren?,« wundert sich Raoul.

»Nein, ich weiß, wo er ist, ich renne ihm gerade nach ... Er hat völlig den Kopf verloren!«

Raoul blickt mit perplexer Mine auf das Mikrofon und fragt sich, ob das Ganze nicht ein Witz ist. Aber seine praktische Veranlagung und seine Professionalität veranlassen ihn, nicht zu versuchen, die Ursache des Problems verstehen zu wollen. Er nimmt das Gespräch wieder auf: »Wo bist du genau?«

»Unterhalb der Station des Glaciers. Er rennt runter, ich muss ihn erwischen!«

»Okay, wir kommen mit dem Heli.«

An diesem Morgen war ich ganz entspannt zur Dropping Zone gekommen. Der Wetterbericht kündigte einige Kumuluswolken für den späten Nachmittag an, aber das war nichts, worüber man sich aufregen musste. Im Moment war das Wetter gar nicht so schlecht, selbst wenn es ein schwüler Tag werden sollte. Ich hatte angefangen, den Arztraum aufzuräumen, in dem jede Menge unnötige Dinge herumlagen. Manchmal frage ich mich, ob ich nicht spießig werde, aber in einem Saustall zu arbeiten ist mir unerträglich. Die Spuren von Kaffee auf dem Boden, die Kataloge mit Snowboards für Angeber und Spinner, die stinkenden Aschenbecher, die vergessenen Handschuhe und die alten, schmutzigen Socken – das halte ich nicht mehr aus. Man stellt sich immer vor, dass alles im medizinischen Bereich einwandfrei sein muss, also sterilisiert, und dass die Ärzte deshalb stark auf Ordnung und Sauberkeit achten. Hier sind es die Gendarmen, die immer äußerst akkurat gekleidet sind: kein abstehendes Haar, glänzende Autos und perfekt aufgeräumte Ausrüstung. Wir jedoch, die Ärzte von Chamonix, sind alles außer perfekte Hausfrauen. Dieser Arztraum ist eine richtige Bahnhofshalle.

Ich räume immer auf, wenn ich weiß, dass kein Alarm zu erwarten ist. Einer meiner Kollegen behauptet, ich würde an einem Wasch- und Putzzwang leiden, der sich immer dann äußert, wenn ich in einer deprimierten Phase bin … Ich schließe die Türen und beginne mit einem Gemetzel unter den Mücken. Mein Rekord liegt bei 45 in weniger als fünfzehn Minuten. Ich habe eine einzigartige Technik entwickelt, bei der ich mir die Fliege nicht schnappe, wenn sie sitzt, sondern dann, wenn sie losfliegt. Viele schaffen es nicht, mir zu entgehen.

Wenn ich mich dann ausgetobt und den Boden nass gewischt habe, stürze ich mich auf den Schriftverkehr. Meine Spezialität ist das Redigieren von Artikeln über Erfrierungen. Erfrierungen sind eine Nische. Chamonix ist einer der wenigen Orte auf der Welt, an dem Alpinisten, die Opfer »frischer« Erfrierungen sind, gleich nach ihrem Abstieg behandelt werden. Andernorts arbeiten wenige Teams an diesem Problem, da es ihnen an Patienten fehlt. Es ist daher nicht schwierig, Spezialist zu werden. Die Konkurrenz ist nicht hart, ich werde in alle möglichen Länder eingeladen, und momentan gefällt mir das gut. Umso mehr, weil diese Orte, an die man mich einlädt, oft in den Bergen liegen, sodass ich diese Gelegenheiten gern zum Bergsteigen nutze.

Ob französisch, englisch, spanisch – keine Zeitschrift lehnt ab. Wenn ich diese Artikel schreibe, habe ich oft den Eindruck, mich zu wiederholen, aber es beschäftigt meine Neuronen. Ich verbringe unglaublich viel Zeit damit, Sätze zu bilden und zu verändern, damit sie auf minimalem Platz ein Maximum ausdrücken. Das ist das genaue Gegenteil von einem Roman. In der Tat ist diese Arbeit wie eine Droge für mich. Wenn ich dann den Kopf hebe, ist es oft spät.

»He, Doc! Machst du dich fertig? Da ist ein Typ, der unter der Station des Glaciers ausgerastet ist. Sein Bergführer rennt hinter ihm her«, erklärt mir Raoul und zurrt seinen Helm fest.

»Ein Typ, der ausgerastet ist? Das entspricht dem, was ich denke: Es sind nur Verrückte, die diesen Sport betreiben. Was hat er denn?«

»Ich hab keine Ahnung. Wir müssen da hin. Und nimm was mit, um ihn ruhigzustellen!«

Als ob ich normalerweise mit den Händen in der Tasche aufbrechen würde. Ich muss aber zugeben, dass ich in dem Moment nicht besonders motiviert war. Ich war noch immer mit etwas anderem beschäftigt. Nachdem ich mit dem Aufräumen fertig war, nutzte ich die Ruhe, um einige Materialprobleme von größter Wichtigkeit zu regeln. Ich hatte meine Trompete zerlegt, weil ich die Ventile fetten musste, und auf dem Schreibtisch lag außerdem meine gesamte Videoausrüstung, die ich sortieren wollte. Sie war überall verstreut, und alles war wertvoll. Darüber hinaus war ich nicht angezogen für einen »Blitzstart«, wie die Feuerwehrleute das nennen. Mit Bermuda, T-Shirt und Sandalen an den Füßen war ich eher für den Strand gerüstet. Es ist immer dasselbe: Man muss sich nur eine Minute lang mit etwas anderem beschäftigen, schon geht's rund ... Kurz, ich hatte keine Wahl: Ich musste mich wieder anziehen.

»Pass auf die Kabel auf, Jean-Jacques!«

»Ja, gesehen.«

»Gleitschirmflieger auf elf Uhr!«

»Okay.«

»Auf zwölf Uhr ein anderer, blau!«

»Gesehen.«

Das ist der übliche kleine Dialog zwischen dem Piloten und seinem Bordmechaniker, der uns schnell in die richtige Stimmung versetzt. Raoul sucht auf der rechten, ich auf der linken Seite. Mit meinen kurzsichtigen Augen suche ich den Boden ab nach einem Verrückten, der durch die Gegend rennt. Das ist nicht leicht in diesem Gelände, vor allem nicht, wenn er auch noch die glorreiche Idee hatte, sich grün anzuziehen.

»Ich hab ihn!«, ruft Raoul.

»Wo denn?«, fragt Jean-Jacques.

»Da unten, du hast ihn gerade überflogen. Flieg noch mal einen Bogen!«

Der Typ rennt nicht mehr. Der Bergführer hat ihn gefangen und gibt uns mit einer Hand ein Zeichen, während er mit der anderen versucht, seinen Gast festzuhalten, der um sich schlägt wie ein Wilder.

»Okay, wir nehmen die Winde. Mach dich fertig, Raoul.«

Raoul stellt seinen Gurt ein, kappt die Kabinenverbindung seines Funkgeräts und kontrolliert automatisch den großen Karabiner an seinem Gurt, an dem Fred das Kabel fixiert. Die Tür öffnet sich, die kleine Ausstiegsstufe ist unten, los geht's.

Der Monolog des Mechanikers, der das Ablassen mit der Winde kommentiert, ermöglicht dem Piloten, genau zu wissen, was unter seinem Hubschrauber passiert, während er auf eine Tanne direkt vor sich blickt. Jetzt bin ich dran und wirble hinab in die Hitze der Lärchen.

»Gaston, beruhige dich! Es wird alles gut.«

Ich erkenne den Bergführer sofort, nicht etwa an seinem Abzeichen, sondern weil ich ihm regelmäßig begegne. Er gehört zu den Zurückhaltenden und Gewissenhaften. Ich habe ihm zweimal geholfen, als er Migräne hatte. Er bekommt das in der Höhe. Bei einem Bergführer ist das ganz schön lästig. Er begrüßt mich immer bei meinem Vornamen, und ich habe seinen jedes Mal wieder vergessen. Wie alle, die zu oft in großen Höhen unterwegs sind, leide ich zunehmend an einem schlechten Gedächtnis. Ich kann mir Gesichter leichter merken als Namen.

Der Bergführer hält seinen Gast so fest, wie er nur kann. Er schaut mich mit angespanntem Gesichtsausdruck an. Blut rinnt von seinem Kopf. Ich bin meilenweit davon entfernt, mir vorzustellen, dass der andere versucht hat, ihm mit einem Pickelschlag den Kopf zu spalten. Der Bergführer ist völlig verschwitzt, sitzt rittlings auf seinem Gast, um ihn auf dem Boden festzuhalten, und ist ziemlich froh, als er uns kommen sieht. Der Typ unter ihm wirkt völlig verrückt, er verdreht die Augen und scheint bereit zu sein zu töten.

Raoul zögert einen Moment, bevor er dem Bergführer die Hand gibt. Welcher der beiden ist der Verrückte? Der Lärm des Hubschraubers, das Knistern des Funkgeräts und die Schreie des Gastes verleihen der Szene etwas Irreales. Die Klagen des Bergführers holen mich aus meiner Verwirrung. »Helft mir! Ich kann nicht mehr, er ist tobsüchtig!«

Der auf dem Boden liegende Typ schreit wie am Spieß, sein Gebrüll übertönt unsere Stimmen. Raoul beschließt, endlich etwas zu tun. Er versucht Gaston in Schach zu halten. Der eine wirkt dann doch etwas verrückter als der andere. Der Heli hat endlich gemerkt, dass er überflüssig ist und ist davongeflogen. Endlich können wir miteinander kommunizieren.

Alain erklärt, so gut er kann: »Er ist verrückt geworden und über den Hang abgehauen. Ich musste hinter ihm herrennen und ihn festhalten.«

»Wie heißt er denn?«, fragt Raoul.

»Gaston. Und ich bin Alain. Er ist mein Gast.«

Gaston windet sich nach allen Seiten. Er will sich nicht helfen lassen.

»Also Doc, was machen wir jetzt?«, fragt Raoul ungeduldig.

»Ich sehe da nicht viele Möglichkeiten.« Ich habe nicht den blassesten Schimmer, was mit dem Kerl los ist. Ich kann ihm mal eine Infusion legen. Das gibt mir Zeit, darüber nachzudenken und ihn zu beruhigen. »Haltet ihn einen Moment lang gut fest, ich suche eine Vene, um ihn ruhigzustellen.«

Raoul versucht, seine Hand zu blockieren, damit ich eine Einstichstelle finde. Ich habe gedacht, dass alles klar sei und ich den Oberarm nicht abbinden müsse, so wie Raoul seinen Arm runterdrückt. Doch welch ein Pech, in dem Moment, in dem die Nadel die Haut durchdringt, hat Gaston einen Energieschub, und es gelingt ihm, alles herauszureißen. Das Blut rinnt … Das gibt ein Hämatom.

Ich schreie: »Scheiße! Du nervst, Gaston! Beruhige dich endlich!«

»Gaston, du bist jetzt ruhig, verflixt noch mal«, fügt Raoul mit seinem savoyischen Akzent hinzu. Da ich nun die grobe Methode anwenden muss, hole ich meine große Schere und schneide den Ärmel mit meinem scharfen Gerät auf. Die Armbeuge – es gibt einfach nichts Besseres. Die Nadel steckt in einer schönen, dicken Vene, und der Rücklauf des Bluts bestätigt mir, dass der Zugang richtig liegt. »Schnell, einen Stöpsel!«

Na toll, meine Hände sind voller Blut, und ich habe nicht mal Handschuhe angezogen. Die Spritze ist fast fertig. Ich rufe ihnen zu: »Haltet ihn gut fest, Jungs, ich komme!«

Kaum habe ich zu Ende gesprochen, regt sich Gaston wieder auf. Raoul auch: Er blockiert mit dem Ellbogen seinen Hals. Zu spät! Gaston hat den Arm abgewinkelt. Mein Stopsel ist herausgesprungen und der Zugang folgt nach. Großes Stöhnen.

»Gaston, Scheiße, jetzt reicht's aber!«, schreit Raoul.

»Lasst mich los! Hilfe! Ihr Dreckskerle!«, schreit Gaston aus vollem Hals.

Alain sagt gar nichts mehr, er ist völlig geschafft. Gaston tut mir leid. Sein Blick drückt Verwirrung, Angst und Entsetzen aus. Was geht in seinem Kopf vor? Er muss uns für Folterknechte halten. Ich frage mich, was ihm wohl fehlt. Hatte er vielleicht zufällig gerade eine chronische halluzinatorische Psychose? Oder einen Gehirntumor? In den Bergen kommt es oft vor, dass sich ein Tumor unter dem Einfluss der Hypoxie bemerkbar macht. Und warum kein Höhenhirnödem, jene berüchtigte Höhenkrankheit, bei der die Leute verrückt werden? Jene Krankheit, welche die Eroberer des Himalaja befiel, wie es in den Berichten der Pioniere des Alpinismus steht?

Ich habe diesbezüglich einen beeindruckenden Fall in Argentinien miterlebt, als ich vom Aconcagua abstieg. Mein Kumpel Nicolas und ich hatten beschlossen, die Besteigung in weniger als zehn Tagen zu machen. Das war ein idiotisches Projekt, da überall steht, vor allem in den Zeitschriften, bei denen ich mitarbeite, dass man sich in der Höhe Zeit lassen soll. Macht das, was ich sage, aber bloß nicht das, was ich tue! Man muss die Akklimatisationsstufen berücksichtigen, heißt die Devise. Über 3000 Meter ist der Sauerstoffpartialdruck niedriger. Der Körper braucht Zeit, sich zu organisieren, sich anzupassen und rote Blutkörperchen zu produzieren. Wichtige Veränderungen laufen da ab, sowohl bezüglich des Körpers als auch bezüglich der Stoffwechselvorgänge. Man kann das bei einer Plastikflasche beobachten, die man auf 5000 Meter Höhe mitnimmt. Wenn man sieht, wie sie sich aufbläht, dann bekommt man eine Vorstellung davon, was sich in jeder unserer kleinen Zellen abspielen kann.

Wir stiegen erschöpft ab, die vielen Verhauer und falschen Fährten hatten uns viel Zeit gekostet, und es war Nacht geworden. Zwei- oder dreimal hatten wir uns bereits gefragt, ob wir nicht schon zu weit abgestiegen waren. Der eisige Wind gestattete uns nicht die geringste Pause, ohne dabei das Risiko einer Unterkühlung einzugehen. Unsere Energiespeicher waren leer, und wir befanden uns immer noch auf mehr als 5000 Meter Höhe. Um zwei Uhr morgens tauchte plötzlich wie durch ein Wunder unser winziges Zelt in der Dunkelheit auf. Wir hatten es wegen seines geringen Gewichts gewählt, weil wir mit ihm noch durch Patagonien und Feuerland reisen wollten. Es war wirklich winzig, sozusagen ein mobiler Sarkophag. Hinten war gerade genug Platz für die Füße, und vorne konnte man sich nicht einmal hinkauern.

Wir waren nur noch Wracks. Keiner von uns war noch in der Lage, Wasser zu erhitzen. Unsere Gehirne waren schon auf halbem Weg zwischen albtraumähnlichen Sequenzen und dem vagen Gefühl verdienter Gelassenheit, als sich das Heulen des Windes mit dem eines Tieres vermischte, das nur der Yeti sein konnte. Nachdem wir gemeinsam zu dem Ergebnis gekommen waren, dass es sich dabei nur um eine Halluzination handeln konnte, brach das Zelt über uns zusammen – unter dem Gewicht einer lebendigen Masse.

»Was ist das denn?«, schrie Nico.

»Hallo!«

Es war ein Mann. Wahrscheinlich einer von den Bergsteigern, die wir am Tag nach unserem ersten Ausflug ins Hochlager im Basislager gesehen hatten. Er brabbelte in einer Sprache, die Deutsch sein musste. Eingepackt in unsere Daunenschlafsäcke kämpften wir gut zehn Minuten, bis wir draußen waren. Der Typ war auf unserem mickrigen Zelt zusammengebrochen. Er würde es zerstören.

Dem Gestammel nach zu urteilen, das er von sich gab, wollte er uns offenbar etwas mitteilen. Sein körperlicher Zustand war jämmerlich. Draußen ging man ein vor Kälte. Da er aus dem Nichts kam und nicht in der Lage war weiterzugehen, blieb uns nichts anderes übrig, als ihn bei uns aufzunehmen. Bei unserer Minimalunterkunft war das ganz schön heroisch von Nico und mir.

Damit er von der Wärme unserer Schlafsäcke profitieren konnte, legten wir ihn zwischen uns. Er blieb voll und ganz bekleidet und hatte schwere Bergstiefel an. Einen Moment lang glaubte ich, dass wir uns endlich bis zur Morgendämmerung ausruhen könnten, aber weit gefehlt. Zehn Minuten später fiel der Junge ins Delirium. Wir versuchten ihn, so gut es ging, zu beruhigen, aber er wurde gewalttätig, und wir konnten ihn auch keine Wunderpille schlucken lassen, um das Gehirnödem einzudämmen, das er offenbar hatte. Dem Typ gelang es dann, das Zelt zu verlassen und in der Dunkelheit zu verschwinden. Da wir es satt hatten, uns mit einem Spinner herumzuschlagen, und vor allem viel zu erledigt dazu waren, ließen wir ihn gehen. Die ganze Nacht über machte ich mir deswegen Vorwürfe.

Wir waren nicht besonders stolz auf uns, als wir die Nase aus dem Zelt streckten. Ich sah, dass Nico beunruhigt in alle Richtungen schaute, auf der Suche nach einem leblosen Körper. Erst am nächsten Tag fanden wir unseren Zombie. Er kam ins Dorf, in dem wir unsere Mulis gemietet hatten, um uns zu treffen. Er war am Leben, und noch unglaublicher war, dass er sich an uns erinnerte. Er bedankte sich bei uns und entschuldigte sich, dass er uns gestört hatte. Ich fand, dass wir uns nur mittelmäßig engagiert hatten, er war aber überzeugt davon, dass wir ihm das Leben gerettet hätten.

Wir tranken auf unser aller Wohl. Er hieß Bergen und hatte versucht, Lager 2 zu erreichen, das oberhalb unseres Zelts lag. Auch er war beim Abstieg in die Falle der zahlreichen Verhauer getappt. Die Nacht hatte ihm dann noch den Rest gegeben, da er noch nicht gut akklimatisiert war. Er erinnerte sich noch daran, dass er sich mit uns geschlagen hatte, danach aber an nichts mehr. Es war ein Wunder, dass er den Rückweg nachts gefunden hatte, vor allem in seinem Zustand.

Der Zustand von Gaston erinnert mich an diese Geschichte. Aber ein Höhenhirnödem auf dieser Höhe? Das scheint mir nicht sehr wahrscheinlich. Was hat Gaston denn bloß?

Einmal mehr wähle ich die grobe Methode: das Ketamin. Ich liebe dieses Medikament. Wenn ich eines Tages einen anderen Beruf ergreifen sollte, dann werde ich Pharmavertreter für dieses Mittel. Mir ist schon klar, dass es für Psycho-Fälle nicht empfohlen wird, aber ich weiß nicht, was ich sonst tun soll, damit Gaston im Heli nicht alles kurz und klein schlägt. Die Pferdebehandlung lässt ihm keine Chance.

Zwei Minuten später ist Gaston steif, völlig weggetreten und hat die Augen weit aufgerissen, als hätte er den Teufel gesehen. Die Anspannung lässt nach. Jeder atmet auf, selbst Gaston ... Es ist besser für ihn. Wir müssen ausnutzen, dass das wilde Tier schläft, um ihn auf der Trage zu fixieren. Ich lege schnell einen Venenzugang, um ihm noch ein kleines Beruhigungsmittel, Midazolam, zu verabreichen. Das erspart ihm Albträume beim Aufwachen.

Alain entspannt sich – aber was ist das für eine Geschichte! Dabei sieht dieser fünfzigjährige Papa doch gar nicht gewalttätig aus ... Raoul, der Gaston beobachtet, bemerkt, dass Gaston knallrot ist.

»Klar, er ist angezogen wie für eine Winterbegehung, man könnte ihn schälen wie eine Zwiebel.«

In meinem Gehirn macht es klick! Ganz rot, kein Schwitzen ... Ich taste seine Stirn ab und werde fündig: Sie glüht so stark, dass man fast ein Ei darauf braten könnte. Triumphierend verkünde ich, dass ich weiß, was er hat: eine maligne Hyperthermie – einen Hitzschlag! Er muss mindestens 41 Grad heiß sein.

Die beiden anderen schauen mich skeptisch an. Wegen des Begriffs »maligne«, also bösartig, denken sie, dass es sich dabei um eine Krebsform handelt. Ich bin froh über die Diagnose und werde aktiv: »Wir müssen ihn kühlen, er ist im Koma!«

Und so reißen wir ihm alle drei die Kleider vom Leib. Bei diesem Krankheitsbild ist das beste Mittel: so schnell wie möglich abkühlen.

»Schade, dass es hier keinen Schnee mehr gibt, dann hätten wir ihm davon was unter die Achseln und zwischen die Beine packen können.«

Die beiden anderen schweigen und gehorchen. Ich beschließe, Gaston mit physiologischer Kochsalzlösung aufzufüllen, damit er genügend Flüssigkeit hat und nicht austrocknet wie eine Feige.

»Wir müssen ihn auf die Intensivstation bringen. Ein Fall wie dieser wird Grand Chef gefallen!«, kann ich mir nicht verkneifen zu sagen.

Raoul und Alain werfen mir einen strafenden Blick zu. Aber es stimmt schon, er sah heute Morgen deprimiert aus. Er hat keinen Patienten mehr auf seiner Station. Das drückt auf seine Stimmung ... Und außerdem ist das mal etwas anderes als immer nur die Unterkühlten!

Ich zögere, das große Spielzeug herauszuholen, den Tubus und das ganze Zeug. Ich betrachte meinen Patienten: Er ist ruhig, er atmet, der Blutdruck ist gut, vielleicht sogar zu hoch. Mit dem Sauerstoff, den er durch die Nase bekommt, beträgt sein Sättigungswert 95 Prozent auf 2000 Meter Höhe. Also: »Scoop and run!« Wir sind nur drei Flugminuten vom Krankenhaus entfernt ... Auf geht's, wir werden ihn einpacken und Grand Chef übergeben!

Grand Chef ist nicht da. Heute ist Chaussée-aux-Moines der diensthabende Reanimationsspezialist. Das ist nicht dasselbe. Er ist zwar recht sympathisch, aber wenn uns Grand

Chef manchmal ein bisschen zu viel auf die Finger schaut, dann glänzt Chaussée-aux-Moines eher durch Abwesenheit. Es ist sein Haarschnitt, der ihm diesen Spitznamen eingebracht hat – er ähnelt auf verblüffende Weise der Frisur der beiden Mönche in der Käse-Werbung. Er ist zu allem fähig, vom Besten bis zum Schlimmsten. Wenn er Lust hat zu arbeiten, dann ist alles gut. Heute Abend hat er sich schon umgezogen zum Joggen. Es passt ihm nicht, dass er seinen Kittel wieder anziehen muss. »Auf geht's, Großväterchen, die Arbeit ruft! Ich bringe dir hier jemanden … Der ist etwas zu kompliziert, um ihn ganz allein zu lassen. Du kannst dein Joggen abhaken!«

Er sitzt in der Falle, es bleibt ihm gar nichts anderes übrig, als zu warten, bis ich ihm die Infos mitgeteilt habe. Während ich ihn informiere, wird die Trage auf die Rollliege gehoben. »Man muss seine Temperatur messen. Ich bin davon überzeugt, dass es ein Hitzschlag ist. Er ist nicht mehr bei Verstand und glüht. Ich musste ihn mit Ketamin ruhigstellen … Ich hatte keine andere Wahl. Ich komme heute Abend vorbei, um nach ihm zu sehen.«

Wir fliegen für eine neue Aufräumaktion zur Dropping Zone. Beim Kämpfen hat Gaston in meinem Rucksack ein schönes Chaos angerichtet.

Gegen Ende des Tages besucht mich Alain in dem Moment, als ich gehen will. Er ist noch ein wenig durcheinander. Auf seiner Stirn hat der Pickel eine Schnittwunde hinterlassen, die mit einigen Stichen genäht werden müsste. Ich nehme ihn mit ins Krankenhaus.

Die Ambulanz sieht aus wie ein Schlachtfeld. Die Mädels rennen in alle Richtungen. Der große Schockraum, in dem es nach Erbrochenem stinkt, wird nass gewischt. Eine Krankenschwester, bleich wie ein Laken, desodoriert den Raum mit Lavendelduft. Die Atmosphäre in den Gängen bestätigt mir, dass der Ansturm am Nachmittag hart war. Wie immer war bis sechzehn Uhr nichts los, und Punkt siebzehn Uhr kam dann alles gleichzeitig. Zuerst hat man eine bettlägerige Oma gebracht, überwiesen vom Hausarzt der Familie, direkt vor dem Wochenende. Man wollte sie offensichtlich gerne vor dem Aufbruch in die Ferien loswerden, damit sie ihnen keinen Strich durch die Rechnung macht. Auf dem mehr oder weniger unlesbaren Schreiben des Arztes stand nicht das Geringste darüber, womit sie normalerweise behandelt wird, und nichts über ihre Krankengeschichte. Man musste alles herausfinden, da natürlich niemand von ihrer Familie bei der Einlieferung dabei war. Und was den praktizierenden Arzt betrifft – der war nicht erreichbar, die Praxis war wegen des Brückentags geschlossen: »In dringenden Fällen wählen Sie bitte die Notrufnummer 15!«

Bruno, der Internist, hat mit einer zwielichtigen Gestalt zu tun, die auch noch übel riecht: nach Bier am Morgen, Ricard am Mittag und Kölnisch Wasser um zwanzig Uhr. Ich kenne diesen Typ, er ist ständig in der Ambulanz. Man muss sich immer mit ihm herumprügeln, er kostet uns unglaublich viel Energie, und fast immer endet das für in ihn in der Psychiatrischen Klinik von La Roche-sur-Foron mit einer Spritze in den Hintern. Am Tag danach schläft er seinen Rausch aus. Seine Mutter, die sich schuldig fühlt und sich vor allem vor dem Zorn ihres Sohnes fürchtet, unterschreibt eine Entlastung, damit er herauskommt. Ich gebe ihm einen Monat, dann geht der ganze Zirkus wieder von vorne los.

Alle Notfälle aus den Bergen haben sich im Wartezimmer versammelt: verstauchte Knöchel, Sonnenstiche, Wespenstiche ... Mit den Wespen ist es wie mit den Schlangen: Weil so viele Personen behaupten, sie würden jemanden kennen, der an einem Wespenstich gestorben ist, rennen die Leute in panischer Angst in die Ambulanz – und Stress ist das beste Mittel zum Auslösen eines allergischen Schocks.

Der Heli hat zweimal Wanderer gebracht, die überall

Wunden haben und Gesichter so weiß wie Mehl. Es gab auch einen Fall mit eindeutigen Schmerzen im Thorax, den wir in die kardiologische Abteilung des Krankenhauses von Annecy verlegen mussten, wo sich das Zentrum unseres Départements für kardiologische Eingriffe befindet. Und im Schockraum 2, der völlig ruiniert ist, befindet sich Chaussée-aux-Moines, der Gaston schließlich doch intubiert hat. Das ist ein Reflex bei den Reanimationsspezialisten. Das Gespräch mit den Patienten ist nicht ihr Ding. Ein gutes Sedativ intravenös und einen Tubus zum Beatmen – fertig!

Ich finde einen kleinen Platz, an dem ich Alains Wunde mit zwei Stichen selbst nähen kann. Das geht schneller!

Alain befürchtet, sich seinem Gast gegenüber nicht korrekt verhalten zu haben, und fühlt sich nicht wohl in seiner Haut. Bei den Bergführern stößt man oft auf diesen Zwiespalt angesichts ihrer Verantwortung. Letztendlich ähnelt dieser Beruf stark dem unseren. Die Gäste zögern auch nicht, sie zu verklagen, wenn etwas schiefläuft. Wie bei der Beziehung zwischen einem Patienten und seinem Arzt hat sich die Beziehung zwischen Bergführer und Gast in den letzten Jahren verschlechtert. Wer beide Berufe ausübt wie ich, sitzt dann auch doppelt so schnell im Gefängnis.

Für die Bergführer ist die Sicherheit sehr wichtig, was manchmal auf Kosten des Abenteuers und des Entdeckens geht. Meine Bergführerkollegen kommen oft zu mir und bitten um Infos. Bei einem Unfall möchten sie wissen, was sich im medizinischen Bereich genau abgespielt hat. Ich habe dann den Eindruck, dass ich eine Schaltstelle bin zwischen einer eventuellen Untersuchung, die den Bergretter betrifft, und ihrer Verantwortung. Ich versuche neutral zu bleiben, was nicht immer einfach ist, vor allem, weil ich mich den Bergführern sehr verbunden fühle. Ich bin einer von ihnen und befürworte immer die Handlungsfreiheit in der Wildnis, die die Berge nun mal sind. Das unterscheidet den Alpinismus von anderen Sportarten. Aber ich bin auch der Meinung, dass es hier Grenzen gibt. Der Gast ist kein Objekt, er muss respektiert werden.

Was den Fall von Gaston betrifft, so trifft Alain keine Schuld: Ein Hitzschlag kommt sehr selten vor und ist nicht vorhersehbar. Gaston ist alt genug, um zu wissen, dass man nicht mehr so schwitzt, wenn man seinen Pullover auszieht!

Es ärgert mich sehr, dass es in dieser verrückten Welt, in der man systematisch nach einem Schuldigen sucht, stets einen Rechtsanwalt gibt, der feststellt, dass der Bergführer eine Dummheit gemacht hat, und dann sogar genügend überzeugende Argumente dafür findet.

Alain hat einen Kopfverband bekommen. Das scheint aber seine geringste Sorge zu sein. Es ist Gaston, um den er sich Gedanken macht. Um ihn zu beruhigen, schlage ich vor, dass wir uns nach ihm erkundigen. Der Anblick der Intensivstation trägt aber nicht gerade zu seiner Erheiterung bei. »Reg dich nicht auf, Alain, die Schläuche sind nur Theater. Gaston braucht nur ein bisschen Ruhe. Man muss sich nur ein paar Tage um ihn kümmern.«

»Meinst du, dass er ohne Folgeschäden davonkommt?«, fragt er mich schüchtern.

»Normalerweise ja. Seine CPK-Werte sind sehr hoch, aber das ist normal, denn er hat sicher einige seiner Muskelzellen gegrillt ...«

»Aha, was ist das, CPK?«

»Das sind die Enzyme, die in den Muskelzellen sind. Sie werden im Blut freigesetzt, wenn die Zellen aus irgendeinem Grund zerstört werden. Beispielsweise bei einem Hitzschlag. Das Zentrum der Wärmeregulierung, das sich im Gehirn befindet, war in dieser Situation überfordert. Die Hitze, die starke körperliche Anstrengung, die mangelnde Ausdauer und der Flüssigkeitsmangel führten zu einer Überhitzung des Körpers. Um abzukühlen, löst das Regulierungszentrum dann Abkühlungsprozesse aus, wie beispielsweise das Schwitzen. Wenn man dann aber so warm bekleidet ist wie ein Eskimo, kann man nicht normal schwitzen und explodiert. Bei einigen macht sich das dann als Hitzschlag bemerkbar. Meistens passiert nicht viel, weil sie ihre Aktivität verringern. Bei anderen wirkt sich das aber auf den Kopf aus. Sie wissen nicht mehr, was sie tun, sie werden verwirrt und reagieren aus unerfindlichen Gründen paradox in Form von Hyperaktivität ...«

»Entschuldigung, Alarm.«

Das EKG hat einen Alarm ausgelöst. Die Schwester drängelt sich auf nette Weise an uns vorbei, um nachzusehen, was los ist. Ich entdecke einen Anflug von Panik in den Augen von Alain. Corinne rückt das Sauerstoff-Sättigungsgerät zurecht, das von Gastons Finger gerutscht ist. Der Alarm hört auf.

»Wird er wieder ganz zurechnungsfähig?«, fragt Alain.

»Ja, das Problem sind eher die Nieren. Die zerstörten Zellen schütten Myoglobin in den Blutkreislauf aus. Manchmal zerstört sie das, und das bedeutet dann Hämodialyse für den Rest des Lebens.«

Alain verzieht das Gesicht. Diese Nierengeschichte gefällt ihm nicht. Er bedankt sich trotzdem bei mir, bevor er Gastons Ausrüstung holt, die er nach Lyon bringen wird. Dort sitzt Gastons Frau und wartet auf Nachrichten.

SMUR

Es ist 20.30 Uhr, ich beeile mich heimzufahren, damit ich die Kleinen wenigstens noch beim Abendessen sehe. Sie sind an diesem Abend außer Rand und Band. Pierrot spielt den Clown, und seine Schwester amüsiert sich prächtig dabei. Sie haben beschlossen, sich gegen ihre Mutter zu verbünden, die am Verzweifeln ist. Cécile schafft es nicht, sie am Tisch zu halten. Wenn Alix nicht auf dem Klavier herumklimpert, dann steht Pierrot auf, um das Fenster für den Kater zu öffnen. Der kommt und geht, wie es ihm gefällt. Die Teller sind noch nicht mal aufgegessen … Cécile wird sich aufregen!

Alix fällt mir wie immer zur Begrüßung um den Hals, während ich die Hände voll habe: die Schuhe in der rechten Hand, den Bergrettungsrucksack über der Schulter, das Funkgerät und meine Videotasche in der anderen Hand. Ich glaube immer, dass ich alles auf einmal tragen kann … Und natürlich fällt dann alles runter.

Aus komplizierten organisatorischen Gründen, wegen der Rentabilität und weil die Zahl der nächtlichen Bergrettungen gering ist, muss der für den Helikopterdienst eingeteilte Arzt nach zwanzig Uhr eine andere Mütze aufsetzen und dem SMUR, dem mobilen Notfall- und Reanimationsdienst von Chamonix, zur Verfügung stehen. Und da wird er auch gebraucht: Zwanzig Minuten nach meiner Ankunft klingelt das Telefon. Alix stürzt sich darauf, spricht mit ihrer Stewardessen-Stimme und antwortet in der Form, wie wir ihr das beigebracht haben.

»Guten Tag, hier ist die Schule von Taconnaz, mit wem spreche ich bitte? ... Ja, gut, ich geb ihn dir.« Sie gibt mir den Hörer und hüpft davon.

»Manü, hier ist Karine!«

»Ja, was ist los?«

»Du musst kommen, es gibt einen SMUR-Einsatz. Ein Typ ist in einer Tür eingeklemmt, großer Blutverlust ... In einem Hotel.«

»Eingeklemmt in einer Tür, die blutet? Muss die Tür versorgt werden?«

»Ah, sehr witzig! Ich erwarte dich!« Sie hängt auf.

Vor einigen Stunden war ich noch mitten in den Bergen und rannte hinter einem Verrückten her, jetzt muss ich eine Tür versorgen, die blutet! Karine erwartet mich mit ihrem Toyota RAV 4 bei laufendem Motor und mit einem kleinen, verhaltenen Lächeln auf den Lippen. Wir kennen einander seit gut fünfzehn Jahren. Wir müssen inzwischen nicht mehr miteinander plaudern. Zwischen uns ist es fast so wie bei einem alten Ehepaar. Wir haben uns von Zeit zu Zeit auch mal angeschrien, unser Verhältnis ist aber eng. Karine ist eher launisch und überempfindlich. Wenn sie gut aufgelegt ist, ist alles bestens. An diesem Abend ist das der Fall, obwohl sie für meinen Geschmack etwas zu schnell fährt. Die Fenster sind offen, der laue Wind dieses heißen Sommerabends gibt mir wieder Energie.

»Weißt du wirklich nicht mehr?«

»Nein, ich hab nichts verstanden. Die 15 hat uns alarmiert. Der einteilende Arzt wusste auch nicht mehr.«

»Ah, das liebe ich!«

»Ich weiß nur, dass es im ›Chardon Bleu‹ ist.«

Dabei handelt es sich um ein recht gutes Hotel gegenüber der Post. Die ganze Kavallerie ist schon da: zwei Rettungswagen der Feuerwehr und der kleine Transporter der Polizei.

Der Mann von der Rezeption wirkt genauso gelassen wie sonst auch. Er hält uns die Tür auf, damit wir mit der Ausrüstung hineinkommen. Die Art, in der man empfangen wird, vermittelt einem schon eine Vorstellung von der Situation, bevor man den Patienten überhaupt gesehen hat. Wenn es sich um einen Herz-Kreislauf-Stillstand handelt, dann erwartet uns immer ein Feuerwehrmann, damit wir keine Zeit mit der Suche nach dem Ort des Geschehens verlieren. Im Hotel herrscht keine Panik.

Ein Gendarm der Kriminalbrigade stößt zu uns. »Er ist im ersten Stock, Zimmer 135. Ich glaube, dass er seit einer guten Stunde tot ist.«

»Ah, er ist tot? Ich dachte, es wäre dringend!«

»Das hängt davon ab, was man unter Notfall versteht …«

Das ist das uralte Problem: Was ist ein Notfall? Diesmal bestand der Notfall darin, dass ich kommen und einen Totenschein unterschreiben sollte, damit die Leiche eingepackt werden konnte und jeder heimgehen durfte.

Auf der Treppe des ersten Stocks sind drei Feuerwehrmänner, die wir kennen, und zwei Gendarmen. Sie sind entspannt. Für die Einsatzkräfte ist der unmittelbar bevorstehende Tod stressig. Sobald er eingetreten ist, hat man aber den Eindruck, dass die Krise vorbei ist und die Welt sich weiterdrehen kann.

Der ranghöchste Gendarm klärt uns auf: »Der Typ wurde hinter der Tür tot aufgefunden. Er hat sich die Pulsadern an beiden Handgelenken aufgeschnitten. Um siebzehn Uhr hat er seine Rechnung bezahlt, um am nächsten Morgen abzureisen. Die Rezeptionistin sagte, dass er dabei ganz normal ausgesehen hätte. Das Zimmermädchen ging hinein, weil sie dachte, dass das Zimmer bereits verlassen sei. Sie sah dann, dass die innere Tür halb offen war und die blutende Hand herausschaute. Es gelang ihr nicht, ins Zimmer zu schauen, und sie alarmierte dann die Feuerwehr.«

Über die Schulter des Gendarmen hinweg sehe ich im

Türrahmen den ausgestreckten Körper liegen. Neben ihm liegt ein Handtuch auf dem Boden, das ursprünglich einmal weiß war und nun blutbefleckt ist.

Wir stellen die nun unnütz gewordene Notfallausrüstung auf den Boden. Die Feuerwehrleute machen mir etwas Platz, damit ich schauen kann. Ich frage mich, warum der Kerl neben dem Bett liegt. Der Jüngste der Feuerwehrmänner erklärt mir, dass er beim Öffnen der Tür Gewalt anwenden musste. Dann habe er sich ins Zimmer geschoben und den Körper weggezogen, damit die anderen eintreten konnten.

Ich bekomme Zweifel. Meines Wissens nach ist es schwierig, durch einen Schnitt durch die Adern am Handgelenk zu sterben. Im Gegensatz zu dem, was man im Fernsehen sieht, ist das keine ideale Methode, um zu verbluten. Meistens verwechseln die Leute dabei Venen und Arterien. In der Hälfte aller Fälle gerinnt die Wunde, außer man macht es in der Badewanne.

Seit einiger Zeit habe ich meine Leidenschaft für Serienkiller entdeckt. Ich habe die Bücher von Patricia Cornwell und von Jean-Christophe Grangé verschlungen, aber am liebsten schaue ich mir immer wieder die alten Filme von Columbo an. Plötzlich interessiert mich dieser Fall. Wenn ich schon mal da bin, warum sollte ich nicht versuchen, zu verstehen, was geschehen ist? Eine kleine Untersuchung drängt sich da auf …

Der Typ liegt ausgestreckt neben dem Bett, sein Hemd ist halb offen. Ich ziehe Handschuhe an und nähere mich seinem Gesicht. Mir fällt die Checkliste ein, was ein Arzt angesichts eines Menschen, der unter fragwürdigen Umständen tot aufgefunden wird, tun und berücksichtigen muss. Vor einigen Monaten hatte ich eine lange Diskussion mit dem Gerichtsmediziner des Départements. Er erklärte mir den Hintergrund vieler dieser Punkte. Ich nehme also peinlich genau die Untersuchung auf.

Ich schätze den Mann auf gut fünfzig Jahre. Er weist

keine Einblutungen aus den Kapillaren in die Haut und auch keine Strangulationsmerkmale am Hals auf: Er wurde also nicht erwürgt. Ich taste seinen Schädel ab und die Halswirbelsäule, um zu prüfen, ob er dort keine Deformation oder offene Wunde hat. Es ist so leicht, einen Mord wie einen Selbstmord aussehen zu lassen! Man verpasst ihm einen Schlag auf den Kopf und schneidet ihm dann die Pulsadern auf. Plötzlich bin ich verunsichert. In meinem Berufsleben musste ich schon einige Totenscheine unter Zeitdruck ausstellen! Es stimmt zwar, dass wir unsere Toten meistens am Fuß einer Wand auffinden, völlig zerbröselt, wie es in unserem Jargon heißt. Der Tod durch Unfall ist dann offensichtlich. Aber es wäre ja auch möglich, dass sie hinuntergestoßen wurden.

Ich setze meine Inspektion fort und knöpfe sein Hemd auf, um die Haut des Toten zu betrachten. Die berühmten Totenflecke, die abschüssigen Hämatome entlang der Nieren, sind an der richtigen Stelle. Diese Hämatome werden abschüssig genannt, weil sie je nach Lage des Körpers der Schwerkraft nach unten folgen und sich dort auf der Haut abzeichnen. Befinden sich diese Anzeichen oben, dann heißt das, dass die Leiche einige Stunden nach dem Tod bewegt wurde. Ich teste gleichzeitig die Steifheit der Gliedmaßen und stelle fest, dass sie keine anormale Beweglichkeit aufweisen. Das ist ein weiteres klassisches Indiz dafür, dass eine Leiche bewegt wurde. Zieht man nämlich die Leiche am Arm, dann bricht man die Leichenstarre, die sich nicht wieder einstellt. Wenn man also eine Leiche mit einem beweglichen und einem steifen Arm findet und diese ein abschüssiges Hämatom an der falschen Stelle aufweist, dann kann man davon ausgehen, dass die Person nicht in der Lage gestorben ist, in der man die Leiche vorgefunden hat. Der Feuerwehrmann hatte den Mann bewegt, indem er ihn an einem Bein weggezogen hat. Ich suche an seiner Armbeuge und am Ansatz seines Penis nach den Spuren von Einstichen, was die These einer Überdosis aufgebracht hätte, finde aber nichts.

Dennoch ist mir einiges unklar. Ich teile Karine meine Bedenken mit, die auch ihre Zweifel hegt: »Ich habe im Schrank nachgeschaut. Kein Koffer. Nichts. Das ist doch seltsam, oder?«

»Ja, es gibt nur das da«, sage ich und zeige ihr eine kleine Plastiktüte mit zwei zusammengefalteten, gebügelten T-Shirts.

Der Polizist betritt das Zimmer. Er präzisiert: »Wir haben keine Papiere gefunden, kein Geld, nichts ... Die Rezeptionistin hat mir gesagt, dass ihm vorgestern in Italien sein Auto gestohlen wurde. Mein Kollege überprüft das gerade.«

Ich verstehe nicht, warum er hier, neben seinem Bett, geblutet hat und dabei offenbar versucht hat, die Blutung mit dem Handtuch selbst zu stoppen. Das beweist, dass er die Tat bereute. Aber warum hat er dann nicht die Rezeption angerufen, das Telefon war doch in seiner Reichweite? Und warum ist er zum Sterben auf die andere Seite des Bettes gegangen, wo es doch überhaupt keine Blutspuren gibt? Wo befindet sich das scharfe Objekt, mit dem er sich die Arterien aufgeschlitzt hat?

Ich schaue mir das Handtuch genauer an, das als Kompressionsverband diente. Es ist rot, aber der Stoff hat sich nur mit etwa einem halben Liter Blut vollgesogen.

Wie um meine Feststellung zu untermauern, ruft mich einer der Gendarmen: »Kommen Sie hierher, Doktor. Kommen Sie. Das Waschbecken im Badezimmer ist voller Blut!«

Tatsächlich befindet sich viel Blut im Waschbecken, und es ist schwierig, die Menge abzuschätzen, die durch den Siphon geflossen ist. »Wie heißt er?«, frage ich den Polizisten.

»Gullivan, Yan Gullivan. Er ist Holländer. Zumindest hat er sich unter diesem Namen an der Rezeption eingetragen.«

Ich denke zwei Minuten nach: »Hören Sie, ich kann unter diesen Umständen keinen Totenschein ausstellen. Ich möchte nicht beschwören, dass er umgebracht wurde, aber es gibt hier einiges, was nicht zusammenpasst. Ich bin kein Gerichtsmediziner, aber es wäre nicht schlecht, wenn man sich diesen Fall mal genauer anschauen würde.«

In diesem Moment kommt der andere Polizeibeamte mit stolzer Miene zurück. »Wir haben Ergebnisse: Er wird in Belgien gesucht wegen Hehlerei von Sozialgütern und Mitgliedschaft in einer Verbrecherbande. Offensichtlich ist der Kerl nicht ganz sauber.«

»Ein Grund mehr für eine kleine Untersuchung. Dieser Typ kann nicht nur Freunde haben«, füge ich hinzu.

»Wenn Sie wollen, Doktor (ich mag es, wenn man mich so nennt), können wir einen TIC rufen.«

»Einen was?«

»Einen TIC, einen Spezialisten der Kriminalpolizei. Es gibt vier davon im Département.«

»Ersetzt ein TIC den Gerichtsmediziner?«

»In gewisser Weise ja. Das kann eine Voruntersuchung sein für die Aufklärung des Falls.«

»Ah, gut ... Und was macht man, damit ein TIC kommt?«

»Einer ist sowieso gerade in Chamonix wegen der Untersuchung der drei Autos, die letzte Nacht abgefackelt wurden.«

»Okay, dann rufen Sie ihn an.«

Karine ist von dieser Geschichte voll und ganz gefesselt. Das ist mal was ganz anderes als die normalen Fälle des SMUR, wie Übelkeit von Touristen, die ihren Magen mit einem Fondue Savoyarde zum Platzen gebracht haben. Sie beobachtet alles: die auf den Boden gefallene Sonnenbrille, das Buch, das der Mann offenbar gerade gelesen hat, und sogar seine Schuhmarke.

Die Feuerwehrmänner sind fleißig dabei, die Informationen über Funk zu übermitteln, wobei sie die komplexen kodierten Abläufe befolgen, die ihnen so wichtig sind.

Nach zehn Minuten kommt der berühmte TIC. Ich habe einen ganz anderen Typen erwartet, einen von der kräftigen Sorte, mit Lederweste, einem Handy in jeder Tasche und einem Notebook im Aktenkoffer. In Wirklichkeit ist er ein junger Mann, gut frisiert, in einem marineblauen Overall und mit sehr sauberen Turnschuhen. Er bewegt sich mit Leichtigkeit, fast auf Zehenspitzen, als hätte er Angst, Indizien zu vernichten. Alle Untersuchungen, die ich gemacht habe, führt er mit Professionalität durch und macht dabei Fotos aus allen Blickwinkeln. Das Opfer wird komplett entkleidet und genau untersucht bis hin zur Gesäßfalte. Bei einer etwas sorgfältigeren Suche werden neben dem Handtuch schließlich auch die Rasierklingen gefunden, mit denen er sich wohl die Arterien aufgeschnitten hat.

Nach einer Stunde Untersuchung kann das Szenario rekonstruiert werden. Ein Typ auf der Flucht, der in Belgien gesucht wird, stiehlt in Italien ein Auto mit Papieren und fährt bis zum Tunnel im Aostatal. Fahrt mit dem Bus über die Grenze und durch den Tunnel nach Chamonix. Depressionen, das Geld schon ausgegeben oder gestohlen, die Einsamkeit ... Und dann das Ende in einem armseligen Hotelzimmer.

Ich unterschreibe den Totenschein. Einige Witze kursieren, so als ob die Tatsache, dass der Typ ein Gauner war, alle beruhigt hätte. Ich sitze neben Karine auf den Treppenstufen und fülle den blauen Bogen aus, der die Geschichte beendet. Wir haben ein wenig Kriminalkommissar gespielt, und einen Moment lang dachte ich, ich wäre wirklich einer.

»Okay, wie heißt er denn nun?«, frage ich Karine.

»Sullivan mit zwei l, Yan!«

»Geburtsdatum?«

»22. Juni 1954.«

»Geschlecht?«

»Groß!«

»Ach, hör auf mit dem Quatsch!«

Ich fahre heim. Es ist Nacht geworden im Tal. Es ist Vollmond, und die Berge schimmern wie am helllichten Tag. Ich muss noch an diese Sache denken, eine düstere, nebensächliche Meldung, eine typische Vorortgeschichte. Diese Stadt steckt voller Überraschungen.

Nachtwache

Im selben Augenblick flackerte 2000 Meter höher die kleine Flamme einer Kerze, die sich verzehrte. Kein Windhauch störte die Träume und Gedanken von Stania. Sie schmiegte sich an Marco, der in seiner geflickten Daunenjacke steckte. Micky zog sie in seinen Bann. Seine Augen glänzten im Licht der Flamme. Mit leiser Stimme berichtete er von seinen Alleingängen.

Micky war spätabends zu ihnen gestoßen. Marco kannte ihn ein wenig, das war aber auch schon alles. Micky war bekannt für seine Solobegehungen. Er war selten mit anderen unterwegs. Dabei war er weder ein Dickschädel noch ein asozialer Typ, sondern liebte nur seine Unabhängigkeit. Er sah auch nicht beeindruckend aus, war viel kleiner als der Durchschnitt, hatte einen kleinen Buckel und lange Unterarme, wodurch er aussah wie eine Spinne. Er war ein kleiner, hartnäckiger Bergbewohner mit großen Ohren, die ihm zweifellos seinen Spitznamen »Micky« eingebracht hatten. Er verdiente seinen bescheidenen Lebensunterhalt als Verkäufer in einem Sportgeschäft, was ihm ermöglichte, seine Arbeitszeit nach dem Wetterbericht zu planen.

Sie waren nur zu dritt an diesem Abend, um im Fourchebiwak zu übernachten. Die großen Routen in diesem Teil des Massivs waren nicht mehr in Mode. Zum Glück gab es noch den Kuffnergrat, der einige Alpinisten anzog. Stania hatte erwartet, dass mehr hier seien, zumal der Wetterbericht für die ganze Woche bestes Wetter angekündigt hatte.

Innerhalb weniger Stunden hatte Stania die Schale dieses kleinen, introvertierten Mannes aufgebrochen. In der Intimität und der Gemütlichkeit des Biwaks hatte er sich ein wenig offenbart, während er die Fragen von Marco beantwortete und von seinen furchterregenden Solotouren an Eisfällen berichtete, von denen einer überhängender war als der andere. Wenn man ihm so zuhörte, war er unzählige Male fast gestorben und hatte so bestimmt all seine Joker schon längst ausgespielt. Stania hing an seinen Lippen.

Marco blieb ein Zweifler. Er hatte sich überreden lassen, den Brenvasporn zu machen, aber nur um ihr einen Gefallen zu tun. Stania war Polin. Seit sie klein war, lebte sie nur für die Berge. Sie war es gewohnt, arm zu sein, und hatte bei Marco Unterschlupf gefunden. Die beiden passten perfekt zusammen: Er verdiente seine Brötchen ohne besonderen Ehrgeiz als Grafiker in einer Werbeagentur, sie lebte von kleinen Aushilfsjobs. Der Brenvasporn war ein anspruchsvolles Projekt für sie. Eine lange Tour fern der viel begangenen Routen. Sie folgt dem südöstlichen Ausläufer des Montblanc und endet am Brenvasattel. Danach muss man auf der Route der drei Montblanc-Gipfel in entgegengesetzter Richtung zurück zur Aiguille du Midi.

Für Micky war das ein normaler Spaziergang. Wenn man nach dem ging, was er sagte, dann war es nur ein Hatscher und nicht mehr, eine Trainingstour für ein geheimes Projekt. Sie legten sich zum Schlafen unter die alten feuchten Decken, die herumlagen.

Drei Uhr morgens. Der Schnee knirschte unter den Steigeisen. Stania ging voraus. Marco folgte wortlos zehn Meter hinter ihr und fixierte den Lichtkegel seiner Stirnlampe, der über die Sastrugi auf der Gletscheroberfläche hin und her schwenkte. Um den Einstieg in den Pfeiler zu erreichen, muss man nacheinander die beiden oberen Arme des Brenvagletschers überqueren. Dieser Wegabschnitt ist nicht besonders gefährlich, und so konnten sie mitten in der Nacht ihren Gedanken freien Lauf lassen. Zunächst galt es, den Kaffee zu verdauen, dann, den richtigen Rhythmus finden.

Micky hatte sich eine gute Viertelstunde vor ihnen auf den Weg gemacht. Er musste am Nachmittag zurück in Chamonix sein. Das hatte er seinem Chef versprochen. Stania konnte gerade noch den kleinen Lichtschein seiner Lampe erahnen, der mindestens 300 Meter vor ihnen auf- und abhüpfte. Micky war bereits in seinem höllischen Tempo unterwegs. Er fühlte sich leicht. Einen Zeitplan erstellen, über die Brenvaflanke fliegen, die Kraft seiner Atmung spüren, seine Überlegenheit ... Die Berge! An keinem anderen Ort konnte er sich so entfalten wie hier. Eine so grandiose und so gefürchtete Welt lag in Reichweite seiner kleinen Gestalt. Er dachte an David und Goliath, als er den letzen Hang unter dem Bergschrund anging.

Auf einmal war da dieses unerwartete und lächerliche Gefühl zu schweben, eine nutzlose, hilflose Bewegung beim Versuch, sich in der Leere festzuhalten. Ein Blitz, ein heftiger Schmerz in den Rippen – und Dunkelheit.

Den Kopf voller Ideen

Stania war sehr früh aufgestanden. Sie empfand ein Gefühl der Leere, vermischt mit Angst. Marco schlief tief und fest. Sie hatten gestern Nachmittag gerade noch die letzte Seilbahn erreicht, um hinunterzufahren. Die Tour war völlig problemlos verlaufen. Sie war nur ein bisschen lang zum Ende hin. Der Gegenanstieg über den Grat hinauf zur Seilbahnstation war der reinste Horror gewesen. Sie mussten ihre letzten Energiereserven mobilisieren. Marco hatte ein wenig geflucht, dann hatte er geschwiegen, weil er keine Luft bekam.

Das schöne Wetter hielt an, es war zunehmender Mond. Ideale Bedingungen also, um wieder aufzubrechen. Stania war in einer hyperaktiven Phase. Alle möglichen Ideen für Touren gingen ihr durch den Kopf. Sie hatte zwar noch überall Muskelkater, wusste aber, dass noch andere Projekte auf sie warteten. Am schwierigsten war es, Marco zu überzeugen. Er liebte es eher, sich den Bergen auf genießerische Art zu nähern. Mit der Mühe, die er sich gegeben hatte, um Stania zu begleiten, hatte er sich seine Ruhepause mehr als verdient. Heute wollte Stania die Zeit nutzen, um Himbeeren für ihre Marmelade zu pflücken. Es war die beste Zeit dafür. Und morgen würde sie sich ein Paar gute Steigeisen kaufen. Ihre eigenen waren schwer und stark abgenutzt. Wenn man sah, was es heutztage alles gab: robuste Steigeisen, leicht und schnell fixierbar. Es war lächerlich, sich keine anzuschaffen.

Durchkreuzte Pläne

Heute Abend habe ich die Dropping Zone schon früh verlassen. Die Ferien sind zu Ende, und die Einsätze nehmen ab. Da der Mechaniker beschlossen hat, einen Großputz des Dragon zu machen, habe ich mich still und leise auf den Weg nach Taconnaz gemacht: Ich muss Trompete üben. Es sind nur zwei Zeilen, die ich lernen muss, mein Problem dabei ist aber, einen ruhigen Moment zu erwischen, in dem ich niemanden störe. Cécile und ich haben uns auf einen Kompromiss geeinigt: Wenn sie mit dem Staubsauger zugange ist, kann ich mich entfalten. Wenn dann aber das Telefon klingelt, ist nicht gesagt, dass das jemand hört.

»Manü! Maaanüüü! Telefon, die Gendarmerie.« Ungehalten gibt sie mir den Hörer, während ich meine Trompete vorsichtig in ihre Box zurücklege.

»Hallo Manü? Hier ist J.-B.! Störe ich?«

»Ja, ich spiele Trompete …«

»Ah, tut mir leid, aber ich muss dich wegen morgen früh informieren. Wie suchen einen, der von seiner Tour nicht zurückgekommen ist. Einen von hier: Micky. Kennst du ihn?«

»Ja, ich sehe ihn manchmal an der Kletterwand. Er trainiert wie ein Tier!«

»Angeblich ist er gestern allein in der Brenvaflanke losgegangen. Gestern Nachmittag und heute hätte er arbeiten müssen. Salvetti, der Chef des Sportgeschäfts, hat angerufen und uns gebeten, nach ihm zu suchen.«

»Jetzt?«

»Nein, morgen früh um sechs Uhr. Aber man weiß nicht genau, wo er ist. Du kannst daheimbleiben, wir rufen an, wenn du gebraucht wirst.«

»Okay, alles klar!«

Man kann nicht mal zwei Minuten üben! Letzte Woche habe ich schon meine Unterrichtsstunde verpasst. Ich muss unbedingt ein wenig üben, sonst hält mir Alain, mein Lehrer, der um einen ganzen Kopf größer ist als ich, eine Standpauke. Ich hole mein Instrument wieder heraus und denke dabei über das nach, was kommt. Solche Situationen verlaufen immer gleich: Entweder kommt der Heli unverrichteter Dinge zurück, da der Kerl, den man suchte, heimfuhr, ohne jemanden zu benachrichtigen, oder man findet einige Wochen, Monate oder sogar Jahre später eine tiefgefrorene Leiche ...

Nachdem ich am Abend noch einige Seiten meines Thrillers gelesen habe, schlafe ich rasch ein und denke an den kleinen Mann voller Energie, der sich irgendwo im Massiv herumtreibt. Ich mache mir keine Illusionen über sein Schicksal. Nach drei Tagen befürchte ich, dass man ihn steif gefroren am Fuß der Flanke findet.

Micky

Es ist, als hätte ihm jemand einen Eiszapfen in den Rücken gebohrt. Ein starker Schmerz durchzuckt ihn von Kopf bis Fuß und zwingt ihn dazu, sich zusammenzukrümmen. Micky wacht aus seinem Albtraum auf. Es fühlt sich an, als zöge jemand die Klinge eines Eiskratzers an seinem Rückgrat entlang. Der Typ, der ihm das antut, scheint Spaß daran zu haben, dabei noch auf die Kante zu drücken, damit es noch mehr weh tut.

Er liegt im Dunkeln zwischen zwei Eisblöcken. Als er versucht, sich umzudrehen, um dem Eiskratzer zu entgehen, wird ihm ein Messer in die Brust gestoßen. Die Luft bleibt ihm weg, und so gibt er nur einen stummen Schrei von sich, der ihm keine Erleichterung bringt.

Nach und nach wird ihm die niederschmetternde Realität bewusst. Micky öffnet das linke Auge, das andere bleibt zu. Zwei eisige Wände verlaufen in einem Spitzbogen nach oben. Er liegt ausgestreckt auf dem Rücken. Sein Rucksack ist zerfetzt und liegt völlig verwickelt unter seinem Kopf. Das hat vermutlich seinen Aufprall gedämpft. Er hat fürchterliche Schmerzen in der Höhe seines Beckens. Seit wann ist er schon hier? Sein Gedächtnis kehrt zurück: die Nacht auf dem Fourchebiwak mit Marco und Stania, das Knirschen des Gletschers bei Vollmond. Dann diese Spalte, die er erst im letzten Moment gesehen hat, sein verzweifelter Versuch, den Pickel einzuschlagen, und der unendlich lange Sturz. Alles war so gut gelaufen – wie blöd er doch war. Er ist allein auf dem Grund dieses Loches, in einem Teil des Massivs, wo niemand vorbeikommt. Und die beiden anderen, die hinter ihm waren, warum haben sie das nicht gesehen? Er stellt sich das am Seil gehende Paar vor, das sorgfältig jede Spalte umgeht, wie das in allen guten Bergsteigerbüchern immer empfohlen wird.

Von oben dringt das Tageslicht schwach durch die Schneedecke. Es muss spät am Tag sein. Es ist unmöglich, eine Vorstellung davon zu bekommen, wie viel Zeit vergangen ist. Plötzlich spürt Micky ein starkes Bedürfnis zu pinkeln. Wenigstens diesbezüglich scheint noch alles zu funktionieren. Als er sich erleichtern will, merkt er erst, wie zerschlagen er ist. Seinen Hosenschlitz zu öffnen erfordert dämonische Anstrengungen und das Ertragen unsäglicher Schmerzen. Nie hätte er geglaubt, dass er solche Qualen aushalten würde. Seine Hose ist nicht geschaffen für so arme Typen wie ihn, die dabei sind zu krepieren.

Er muss es schaffen, sich aus seiner unbequemen Lage zu befreien und nachzudenken. Dafür hat er schließlich auch jede Menge Zeit. Umso wichtiger ist es nun, die guten Seiten seiner Situation zu betrachten. Die Gefahren der Berge offenbaren sich meist in stressigen Situationen, die von einem verlangen, dass man rasch handelt und dabei möglichst auch die richtige Entscheidung trifft. Alles spielt sich im Bruchteil jener Sekunde ab, die dem Drama vorausgeht: der Griff, der ausbricht, das Seil, das reißt, die Lawine, die herabrauscht … Alles eine Frage des Schicksals und der Überlegungen im Vorfeld. Auf dem Grund dieses Loches ist das anders. Das ist die andere Seite der Gefahr, ihr kaltes und unabänderliches Gegenteil. Das Unglück ist geschehen, daran lässt sich nichts mehr ändern. Das Urteil ist gefällt.

Diese eisigen, düsteren Wände sind taub gegenüber seinem Weinen, den verzweifelten Schreien und seinem Leiden; sie reflektieren nur sein Bild, das schon der Vergangenheit angehört. Angesichts der langen Agonie, die ihn erwartet, wird Micky von Übelkeit befallen. Nein! Noch ist nicht alles vorbei. Er muss etwas tun. Er richtet sich auf und brüllt dabei vor Schmerzen. Sein Becken quält ihn, und sein Bein reagiert nicht. Ein Schock – er ist sicher querschnittsgelähmt!

Einige Minuten lang lässt er sich gehen und heult. Er spürt, wie Ameisen in seinem Oberschenkel hochkrabbeln. Er versucht, sich zu bewegen. Es klappt, er kann sein Bein bewegen, ist also nicht gelähmt. Endlich eine gute Nachricht. Ein wenig Hoffnung kehrt zurück.

Micky gelingt es, seinen Rücken etwas besser abzustützen. Dann stellt er eine Liste der Schäden auf: eine offene Wunde am Kopf, die seine Mütze mit den Haaren verklebt hat, wahrscheinlich einige Rippenbrüche, sicherlich ein Beckenbruch und zahlreiche Prellungen, die er lieber nicht zählt. Wie durch ein Wunder hat er seine Handschuhe anbehalten, und es sieht aus, als wären seine Arme noch funktionstüchtig.

Als er sich auf den Händen abstützt wie ein beinloser Krüppel, entzieht er sich erstmals der eisigen Kammer, in der er einzwängt war. Jetzt ist der Augenblick gekommen, seine Lage etwas besser einzuschätzen. Diese Geschichte erinnert ihn an eine andere. Obwohl er kein Fan von Bergfilmen à la Maurice Herzog ist, dem 1950 zusammen mit dem Bergführer Louis Lachenal die Erstbesteigung des Annapurna gelungen war, ließ er sich vor einiger Zeit von einem Freund dazu überreden, gemeinsam den Film »Sturz ins Leere« nach dem gleichnamigen Buch von Joe Simpson anzuschauen. Die Geschichte dieses Kerls, der auf dem Grund einer Spalte einen Ausweg entdeckt, ist nicht gerade alltäglich! Auf ihn trifft das allerdings wohl nicht zu. Er kann den Grund absuchen, wie er will, das hier ähnelt eher einer Mausefalle als einem Weg in die Freiheit. Dafür ist aber die

Spalte, in die er sich einsperren ließ, nicht so tief. Das Problem dabei ist nur, dass die Wände überhängend sind.

Micky braucht mehrere Stunden, um sich auszuruhen und vorzubereiten. Fest entschlossen, sich aus diesem Grab zu befreien, greift er dann die Eiswände an. Er hat drei Eisschrauben gefunden, doch sein Pickel steckt zehn Meter weiter oben am Spaltenrand. Das wird ihm eine Lehre sein, das nächste Mal eine Handschlaufe zu benutzen!

Seine Rippen schmerzen fürchterlich. Bei der geringsten Bewegung des Oberkörpers empfindet er einen Schmerz, der über seine ganze Brust ausstrahlt und die Atmung blockiert. Die Rippen hatten ihn schon zur Ordnung gerufen, als er nach einem Geistesblitz sein Handy aus dem Rucksack holte. Das war zwar intakt und geladen, aber er hatte keinen Empfang … Auf dem Grund einer Spalte hinter dem Montblanc wäre das auch zu schön gewesen, um wahr zu sein! Die gebrochenen Rippen hatten sich sofort bemerkbar gemacht. Er hatte eine ganze Weile gebrüllt vor Schmerz, dann fünf Minuten gewartet, bis er wieder bei Atem war.

Mit zwei Schlingen bastelt sich Micky eine Trittschlinge, um sich damit von Schraube zu Schraube fortzubewegen. Die Technik, die er sich ausgedacht hat, ist ganz einfach: Er will eine Schraube so hoch oben wie möglich eindrehen, sich daran selbst sichern und dann eine andere Schraube direkt darunter zum Einhängen der Trittschlinge eindrehen. Anschließend wird er sich in der Trittschlinge mit Hilfe des weniger schmerzenden Beins aufrichten, um die dritte Schraube noch weiter oben einzudrehen. Danach muss er sich an der obersten Schraube fixieren, um die unterste Schraube entfernen zu können. Und so weiter … Ein Kinderspiel – bei gutem Eis und mit einem intakten Becken.

Micky macht sich an die Arbeit. Seine Armbanduhr zeigt fünfzehn Uhr an. Wie konnte er bloß so lange bewusstlos sein? Das nennen die Ärzte wohl Koma. Er muss jedenfalls oben sein, bevor es Nacht wird. Das scheint machbar zu sein. Wenn er erst einmal draußen ist, wird er sich zum Fourchebiwak schleppen und dort Zuflucht finden. Er kann es schaffen.

Das Setzen der ersten Schraube zeigt ihm rasch, auf was er sich eingelassen hat. Das Eis ist blau, klar und hart wie Stahl. Schon das simple Drehen mit Druck auf die Schraube ist unerträglich schmerzhaft für ihn. Zwei Stunden später ist es ihm noch nicht einmal gelungen, sich hochzuhieven, um sich an der zweiten Schraube zu fixieren.

Er ist schweißgebadet. Die Anstrengung, die er aufbringen muss, ist übermenschlich. Es beginnt dunkel zu werden. Micky hat es nicht einmal drei Meter hoch geschafft. Das Hängen im Gurt ist eine Qual. Es ist unmöglich, diese Tortur auszuhalten.

Nach mehreren Stunden Arbeit erreicht Micky schließlich den oberen Teil der Wand. Das graue, milchige Eis lässt bezüglich seiner Festigkeit nichts Gutes erwarten. Während er den Druck seines Handgelenks beim Eindrehen der nächsten Schraube verstärkt, springt mit dumpfem Ton ein Riss durch die ganze Platte. Micky dreht die Schraube weiter ein und hofft dabei, dass sie im festen Eis darunter greift. Aber das Eis löst sich und damit auch die Schraube, in der er mit der Trittschlinge steht. Micky kippt und stürzt Kopf voraus hinunter. Er hört in dem Moment seine Beckenknochen krachen, als ihn der Schmerz fast ohnmächtig werden lässt.

»Jetzt ist es aus, ich werde sterben«, denkt er resigniert. Er wartet darauf, dass die letzte Schraube herausgerissen wird. Aber sie hält. »Das ist doch nicht zu fassen: Die, die halten sollte, fliegt raus, und die, die rausgehen müsste, die hält!«

Das Ende des Hilfsseils, das er hinten an seinem Gurt befestigt hatte, um seinen Rucksack nachzuziehen, baumelt vor seiner Nase. Mit einem letzten verzweifelten Kraftakt macht er damit eine Schlinge und fixiert sie oben in der letzten Schraube, an der jetzt alles hängt. Dann macht er mit dem Seil einen Halbmastwurf, hängt ihn in den Schraubkarabiner seines Gurtes ein und lässt sich mit dieser behelfsmäßigen Technik langsam ab, bevor womöglich alles ausreißt und er vier Meter abstürzt.

Das Schwierigste an diesem Manöver ist, zuvor die Selbstsicherung aus der Eisschraube zu entfernen. Micky leidet so sehr, dass er nicht zögern würde, alles zu kappen, wenn er ein Messer zur Hand hätte. Um die Selbstsicherung zu entlasten, bleibt ihm nichts anderes übrig, als eine der beiden anderen, frei baumelnden Schrauben wieder einzudrehen, seinen Fuß darauf zu stellen, seine Selbstsicherung auszuhängen und sich dann zum Boden abzulassen. Dort fällt er zusammen wie eine leblose Masse. Ihm ist übel, aber er hat nichts mehr im Magen. Kalter Schweiß überzieht sein Gesicht. Er sieht, wie sich über ihm die dunkle Spalte zu drehen beginnt. Ein starkes, eisiges Frösteln durchzuckt seinen Körper. Dann verliert er erneut das Bewusstsein.

Stania

Stania bleibt mit dem Fuß am Teppich hängen und stürzt fast auf einen Japaner, der gerade den Laden verlassen will. Sie entschuldigt sich, es ist ihr peinlich. Der Japaner reagiert darauf mit einer höflichen Verbeugung. Die Schuh- und Steigeisenabteilung ist im Untergeschoss. Sie weiß ganz genau, was sie will: Grivel-Steigeisen mit Schnellverschluss. Die hat Micky ihr empfohlen. Außerdem sind sie jetzt zum Ende der Saison im Sonderangebot. Da muss sie zuschlagen. Micky ist offenbar nicht da. Sie hätte gerne von ihm erfahren, wie seine Tour vorgestern abgelaufen ist.

Bruno kommt auf sie zu. Normalerweise arbeitet er im oberen Stockwerk. »Salü, Stania, alles okay?«, erkundigt er sich mit abwesendem Gesichtsausdruck.

»Salü, Bruno!«

»Suchst du was Bestimmtes?«

»Ja, Steigeisen, von Grivel. Micky hat mir gesagt, es gäbe welche im Schlussverkauf.«

»Ah ja, wir müssten noch einige Paare davon haben.«

»Ist Micky da?«, fragt Stania auf gut Glück.

»Weißt du das denn nicht?«

»Was denn?«

»Man sucht ihn überall, er ist vorgestern von seiner Tour nicht zurückgekommen. Er erschien gestern nicht zur Arbeit und war heute morgen noch immer nicht zurück.

Salvetti hat dann die Gendarmen alarmiert. Sie haben überall nach ihm gesucht. Keiner weiß, wo er stecken könnte!«

»Micky? Aber ich war vorgestern doch mit ihm zusammen. Er wollte den Brenvasporn gehen. Ich war mit Marco dort!«

Zwanzig Minuten später stolpert Stania ins Gebäude des PGHM. Ein Mädchen kommt gerade mit verheultem Gesicht und roten Augen heraus. Als Stania dem Gendarmen am Empfang erzählt, was sie weiß, läuft dieser los, um das Mädchen aufzuhalten. Sie ist die Freundin von Micky. Stania hat sie noch nie getroffen. Sie sieht zurückhaltend und schüchtern aus. Jetzt betrachtet sie Stania voller Hoffnung. Micky hatte ihr nicht einmal gesagt, wo er hingehen wird. Jetzt geht es darum, den Sektor zu bestimmen, in dem er verschwunden sein könnte.

Als Stania darüber nachdenkt, wird ihr bewusst, dass sie überrascht gewesen war, dass sie Micky bei Tagesanbruch nicht mehr über ihnen gesehen hat. Der lange Grat aus Schnee und Eis, der sich bis zum Brenvasattel emporzieht, ist vom Gletscher aus zu sehen. Sogar als sie unten in den Pfeiler eingestiegen sind, hätten sie ihn auf der Gratschneide sehen müssen. Normalerweise kann man den gesamten Aufstieg über die Brenvaflanke bis zu den Séracs am Ausstieg gut überblicken. Schließlich dachte sie, dass Micky so schnell gewesen sei, dass er schon oben angekommen sein musste.

Stania versucht, sich an alle Probleme zu erinnern, auf die er gestoßen sein könnte. Beim Zustieg versperrte eigentlich nur eine Spalte den Weg vor dem ersten kleinen Sattel. Mit Marco hatte sie diese sorgfältig unten umgangen. Sie erinnerte sich nicht daran, eine Spur gesehen zu haben, die dort endete. Es hatte seit mehr als zehn Tagen nicht mehr geschneit, der Gletscher war aper. Micky hätte auch kurz vorm Ausstieg ausrutschen können, dort, wo der Grat am stärksten vereist war. Aber es gab auch noch so viele andere Stellen, beispielsweise beim Abstieg, wo er in eine Spalte hätte stürzen können.

»Dragon, hier Cordial.«

»Ja, Cordial, ich höre!«, antwortet Jean, der Bordmechaniker.

»Räumt den Heli nicht auf, es gibt noch eine Suchaktion.«

»Wenn es sich um den Typ von Salvetti handelt, lass es mal gut sein. Wir haben schon überall nach ihm gesucht. Wenn du keine näheren Angaben hast, werden wir nicht viel tun können. Wir können nicht jeden Meter am Montblanc absuchen!«

»Ja, es gibt aber Neuigkeiten. Wir haben jemanden, der ihn in der Brenvaflanke gesehen hat. Ich rufe dich an per TPH.«

TPH ist die Abkürzung für Telefon. Wenn es um detaillierte Informationen geht, dann vermeidet man, diese über den Notruf mitzuteilen, da in Chamonix viele ständig auf dieser Frequenz zugeschaltet sind. Da sind alle möglichen Leute darunter: leidenschaftliche Fans der Bergrettung, Nostalgiker, Voyeure und Idioten, die dann den größten Mist verbreiten. Es gibt sogar welche, denen es Spaß macht, falsche Notrufe abzusetzen. Ich kann mich an einen Typen erinnern, der es schaffte, ein gutes Dutzend Rettungsleute in Aufruhr zu versetzen. Durch seinen simulierten Hilferuf auf Höhe der Montagne de la Côte, unter dem Gipfel des Montblanc, löste er eine Suchaktion aus, bei der der Hubschrauber zwei Tage lang in über 4000 Meter Höhe kreiste. Als schließlich die erforderliche Ausrüstung aus Lyon da war, mit der man den kleinen Schlauberger, dem das so viel Spaß machte, hätte lokalisieren können, hatte er seine Anrufe eingestellt. Man teilt also immer nur das Wichtigste über Funk mit und nennt dabei keinesfalls Namen.

Benoît Debraise – Ben –, der Bergretter im Dienst, übernahm die Sache. Das ist einer mit Locken und großen unschuldigen blauen Augen. Sobald es sich um eine etwas heikle Angelegenheit handelt, wird sein Kampfgeist geweckt, und dann ist er bereit, Berge zu versetzen, um der barmherzige Samariter zu sein. Außerdem hat er eine Schwäche für hübsche Frauen. Er ist es, der Stania abholt und zur Dropping Zone bringt.

Um zwanzig Uhr, als sich der Himmel schon verdunkelt und das Massiv langsam rot wird, startet der Dragon und macht sich auf den Weg zur Brenvaflanke. Yvon, der Pilot, glaubt nicht so ganz daran, aber er hat ein gutes Sandwich im Magen, der Sonnenuntergang ist wunderschön, und so hat er nichts gegen diese Verlängerung. Yvon war nie ein Bergsteiger auf hohem Niveau. Wenn er sieht, wie sich um ihn herum all diese Halbwüchsigen solo in verrückte Touren stürzen, ist er hin und her gerissen zwischen Bewunderung und Bestürzung. Er ist ein guter Familienvater. Allein schon beim Gedanken daran, wie er sich jedes Mal den Hintern abfriert bei seinem Überlebenstraining, einem Kurs, den er jedes Jahr absolvieren muss, verliert er jegliche Lust darauf, sich in diesem Gelände anders zu bewegen als hinter dem Steuerknüppel seines Hubschraubers.

Stania ist ganz aus dem Häuschen. Ihre Gefühle sind widersprüchlich: Auf der einen Seite ist die Freude groß, bei Sonnenuntergang über das Massiv zu fliegen, auf der anderen Seite hat sie Angst, Micky leblos am Fuß des Sporns zu finden. Es ist das erste Mal in ihrem Leben, dass sie in einen Hubschrauber steigt – und sie war noch nie direkt mit dem Tod in den Bergen konfrontiert.

Die vier Besatzungsmitglieder der Alouette suchen den Pfeiler nach jedem Detail ab. Sie fliegen auch kurz am Beginn der Major-Führe vorbei, für den Fall, dass Micky im letzten Moment sein Ziel geändert hat.

Die Schatten der Nacht werden im gesamten Sektor länger. Auf Stanias Bitte bleibt Yvon noch einmal stationär über dem offenen Maul der kleinen Spalte kurz vor dem Einstieg in den Pfeiler stehen. Als sie auf diese klaffende Wunde hinabblicken, denken zwar alle fünf dasselbe, aber Ben spricht es als Erster aus: »Morgen früh müssen wir auf jeden Fall in dieses Loch hineinschauen. Es liegt genau auf der Spur … Was denkst du, Stania?«

»Einverstanden«, antwortet sie mit ihrem leichten östlichen Akzent. In der Dunkelheit hätten sie zwei Tage zuvor leicht in diese Falle tappen können.

»Auf geht's, wir fliegen heim!«, bestimmt Yvon. »Ich kann jedenfalls nichts mehr erkennen und hab auch keinen Sprit mehr. Abflug morgen früh um sechs mit der kompletten Ausrüstung.«

Brenva

Ich schaue mir mit den Kindern einen Zeichentrickfilm an. Heute habe ich nicht viel getan. Es war einer jener Tage, an denen viel los ist, aber nichts läuft. Millionen Dinge sind zu regeln, Tausende Versprechen sind zu halten – da weiß man nicht, wo man anfangen soll. Ich bin zwischen dem Krankenhaus, der Dropping Zone und dem Haus hin und her gefahren, habe versucht, die Arbeit für den nächsten Monat zu organisieren, und 51 E-Mails beantwortet, die seit drei Tagen meine Mailbox verstopften: viele Anfragen für Praktika mit Hubschraubereinsatz, Fragen zur Höhenkrankheit im Vorfeld von Expeditionen, zu korrigierende Artikel und haufenweise Spams, die man nie loswird.

Dragon hat oben auf der Suche nach diesem berühmten Micky eine Tour gemacht. Keine Neuigkeiten. Das ist auch kein Wunder! Darauf zu hoffen, einen kleinen Mann in einem fünf Kilometer langen Massiv zu finden, in dem es jede Menge Fallen gibt, und das, ohne zu wissen, wo er wirklich hingegangen ist, ist dasselbe, wie eine Bakterie in einem Eisblock zu finden!

Um 22 Uhr ruft mich Ben an, um mir zu sagen, dass sie Informationen über Micky haben. Eine Polin hatte ihn am Fourchebiwak getroffen. Er hatte vor, den Brenvasporn zu machen und dann heimzugehen, um nachmittags zu arbeiten. Dragon hat einen weiteren Suchflug am Ende des Tages gemacht – ohne Erfolg. Die Bergretter wollen morgen früh dort abgesetzt werden, um in einer Spalte am Beginn der Route zu suchen, direkt auf der Spur … Ich werde bereit sein. Aber mir ist nicht klar, was ich noch tun kann für jemanden, der drei Tage in einer Spalte verbracht hat.

Bei dieser Art von Einsatz geht es weniger darum, Leben zu retten, als darum, die Leiche zu finden. Manchmal entstehen daraus unglaubliche Situationen. Manche Familien sind bereit, ein Vermögen dafür auszugeben, ihren Verstorbenen heimzuholen. Ich war Zeuge bei einem solchen Vorfall, als ein Junge, den ich kannte, in den bolivischen Anden bei einem Spaltensturz ums Leben kam. Mehr als fünfzig Dorfbewohner wurden angeheuert, um an diesem Berg bis in 5000 Meter Höhe aufzusteigen und den Körper zu bergen, der siebzehn Meter unter der Oberfläche des Gletschers eingeklemmt war. Die Familie trat sehr überzeugend auf, aber sie brachte für einen elenden Lohn das Leben dieser armen Menschen in Gefahr.

Die große weiße Hand

Auf dem Grund der Spalte zittert Micky ununterbrochen vor Kälte. Er muss auch gegen den Typen kämpfen, der ihn ständig nervt: »Auf geht's, Micky, du bist eine Null! Das ist kein Fehler des Materials, sondern nur deiner.«

»Nein, ich spinne ja. Oha, da brummt etwas! Ich kenne doch dieses Geräusch!« Er schwebt zwischen Himmel und Erde, zwischen Eis und Schnee.

Das Brummen weckt ihn auf. Er kennt dieses Geräusch ... Sich bloß nicht gehen lassen. Es wäre so leicht, einzuschlafen und sich einfach in diese große weiße Hand fallen zu lassen. Es wäre so erholsam, keine Schmerzen mehr zu spüren und sich nicht mehr zu bewegen. Durchhalten ... Es muss sein! Er weiß es. Das steht in allen Bergbüchern, die er verschlungen hat: Wenn du einschläfst, holt dich der weiße Teufel.

Immer dieselben Halluzinationen laufen vor seinem inneren Auge ab wie ein Film. Er sieht sich in den Händen von Wissenschaftlern ohne Gesicht, als Objekt der Wissenschaft, eingefroren in einem Eisblock. Die ersten Auftauversuche! Er sieht sich als Ebenbild eines Orang-Utan, behaart von Kopf bis Fuß. Die kleinste Bewegung des Beckens, die winzigste Geste mit dem Finger – schon werden Schmerzkrämpfe ausgelöst. Der Lärm des Hubschraubers verschwindet. Es ist so viel leichter, weiterzudämmern.

Dieses blöde Klingeln! 6.30 Uhr! Cécile ist als Erste am Telefon, das sie glücklicherweise auf ihrer Seite behalten hat. »Ja, hallo? Ja, ich geb ihn dir!«

Sie gibt mir den Hörer und schläft sofort wieder ein.

Ich meckere: »Ja?«

»Manü, aufstehen. Sie haben Micky heute Morgen gefunden. Er ist auf dem Grund einer Spalte. Du musst zur DZ, sie warten auf dich, um wieder hochzufliegen.«

»Lebt er?«

»Keine Ahnung!«

Ich ziehe rasch meine Hose an, renne die Treppe hinunter und versuche dabei, die letzten Stufen nicht zu verpassen. Ich hasse es, wenn ich mich bei Sonnenaufgang beeilen muss. Zum Glück habe ich meine Sachen gestern Abend vorbereitet. Draußen herrscht absolute Stille, kein Windhauch regt sich. Die Frische des Morgens zwickt in den Nasenflügeln. Das Auto bockt und hustet – geschafft, endlich geht's los.

»Manü, beeil dich! Sie warten auf dich!« Jean, der Bordmechaniker, ist frisch und einsatzbereit. So wie seine Maschine ist er sauber, perfekt geölt und geschniegelt.

Der Heli ist schon warm und bereit, in die eisigen Höhen hinaufzueilen. Ich kann nicht umhin, mich an der Schönheit der Landschaft zu erfreuen. Das Spektakel ist jedes Mal überwältigend. Im Hintergrund recken die im Gegenlicht düster und beängstigend wirkenden Grandes Jorasses ihre Spitzen der Morgendämmerung entgegen.

Der rötliche Schein auf der anderen Seite des Montblanc verblasst im zunehmenden Tageslicht. Seine Hänge erwärmen sich langsam unter den ersten Strahlen, während das dicke, rote Insekt dicht über das Spalier der nebeneinanderliegenden Spalten hinwegfegt. Das von den Forbesstreifen, den alten Gletscherzungen, gezeichnete Band des Mer de Glace verschwindet hinter uns, um sich im noch dunklen und stillen Tal aufzulösen.

Der Gletscher der Combe Maudite erwartet uns, der Motor verliert an Kraft. Wir machen einige kleine Schlenker dicht am Grand Capucin vorbei, fliegen über die Ausläufer der Tour Ronde hinweg und gewinnen dann etwas an Höhe, bevor wir endlich den Col de la Fourche überqueren. Ameisen sind da unten auf dem Schnee, rote und blaue, die sich an einer winzigen offenen Wunde zu schaffen machen. Ich steige aus.

»Weiter … weiter … stopp!«

»Okay, blockiert!«, antwortet mir Jack über Funk.

»Achtung, wir müssen das statische Seil freimachen, es hat sich am Spaltenrand verklemmt.«

»Wie?«

»Kappt das Statische, es bringt sonst die Wechte zum Einsturz. Lockert das Seil ein wenig und kappt es.«

»Verstanden, wird gemacht!«, krächzt es aus dem Funkgerät.

Ich sehe das weiße Seil, das sich entspannt und zuckt. Ich hänge an der Rettungstrage und lasse es zu, dass ich in ein Loch versenkt werde, während ich an einem wenige Millimeter dicken Stahlseil hänge. Schon von der Oberfläche abgeschnitten, tauche ich in eine andere Welt ein. Ins große eisige Blau.

Am Spaltengrund entdecke ich Ben, der zu mir hochschaut. Er hat zwei Schrauben in die Wand gedreht, um sich daran zu sichern. Ein Körper liegt zu seinen Füßen, reglos.

Arnold

Arnold regt sich auf: »Entweder Sie tun jetzt, was ich sage, oder Sie gehen. Aber heulen Sie dann bloß nicht, wenn wir Sie heute Nacht holen müssen, weil Sie querschnittsgelähmt sind.«

»Lassen Sie mich doch in Ruhe. Ich kann heimgehen, wann ich will. Ich bin doch kein Kind mehr!«, erwidert ihm der Sechzigjährige mit dem gebräunten Gesicht.

Victor Barleduc, Ex-Marketingdirektor der Bluesky-Laboratorien, der gerade Urlaub in seinem Chalet in Les Praz macht, ist nicht gewohnt, dass man ihm Befehle erteilt. Arnold greift erneut an: »Genau, wenn Sie kein Kind mehr sind, dann seien Sie doch vernünftig!«

Arnold ist heute in Höchstform. Er ist heute Morgen schon hektisch und gibt Vollgas. Das ist sein dritter Tag im Bereitschaftsdienst, und die Nacht war anstrengend gewesen. Die Alkoholiker haben ihn jede Stunde gestört, er fand keine Ruhe.

Nach zwei Tassen starkem Kaffee bringt er um neun Uhr die ganze Station in Aufruhr. Die Krankenschwestern rennen in alle Richtungen und versuchen mit seinen Anweisungen klarzukommen, die er schon mindestens zweimal abgeändert hat. Im Wartezimmer warten fünf Personen auf Verbände ihrer am Vortag verstauchten Knöchel. Zwei Nervensägen fallen über die Sekretärin her und wollen ihre

Krankenakte haben oder verlangen Bescheinigungen. Das Telefon hört nicht auf zu klingeln, und das ganze Team ist am Anschlag.

Zum Glück gehört Simon, der zweite Notarzt im Dienst, zur ruhigen, sogar sehr ruhigen Sorte. Er hat in aller Ruhe seine Visite begonnen, unberührt von der allgemeinen Aufregung. Geduldig hört er den wirren Reden der Patientin im zweiten Stock zu, die in der Nacht eingeliefert wurde. Er wäre bestimmt dabei eingenickt, hätte ihn Martine nicht geschüttelt. Aber sein Phlegma hat den Vorteil, den Druckanstieg bei Arnold zu kompensieren, der beschlossen hat, seinen Kunden nicht loszulassen.

Die Diskussion hatte stark angefangen. Victor Barleduc wurde von seiner Frau und seiner Tochter gebracht, die ihn verstört am Fußende seines Bettes aufgefunden hatten. Er hatte sie mit verlorenem Blick angeschaut und war nicht in der Lage gewesen, sich daran zu erinnern, was er in den letzten drei Tagen gemacht hatte. Sein Gesicht sah verzerrt aus, die Mundwinkel waren nach unten gezogen. Er sah aus wie ein geschlagener Hund. Seine Frau hatte ihn kaum wiedererkannt.

Arnold hat seine Brille falsch aufgesetzt. Je mehr er sich aufregt, desto schiefer hängt sie. Fügen Sie zu diesem Porträt noch zottelige Haare dazu, schon haben Sie den idealen Auftritt, um Ihren Patienten Vertrauen einzuflößen!

Nadia würde ihn gerne dreißig Sekunden unterbrechen, um ihn zu fragen, welche biologischen Untersuchungen sie bei dem Patienten in der anderen Koje durchführen soll, zumal Arnold das in seinen Computer nicht eingegeben hat. Aber es gelingt ihr nicht. Der junge Pole, der auf der Durchreise war, hatte sich mit einer gewaltigen Angina bei ihnen vorgestellt. Arnold hat ihn im Verdacht, Träger des Hühnergrippenvirus zu sein. Seit Arnold vor Kurzem aus Thailand zurückgekehrt ist, verdächtigt er jeden, mit diesem berüchtigten Virus der Geflügelpest infiziert zu sein.

Barleduc ist aufgestanden, um sich wieder anzuziehen. Er hat beschlossen, das Krankenhaus zu verlassen. »Hören Sie mir zu! Legen Sie sich hin und hören Sie mir zu«, verlangt Arnold. »Hören Sie mir zu, Monsieur Barleduc!«, wiederholt er genervt.

»Hör ihm zu, Liebling!«, wiederholt auch Madame Barleduc. »Hör auf den Doktor, sie müssen noch einige zusätzliche Untersuchungen machen!«, verdeutlicht sie und seufzt dabei.

Victor Barleduc legt sich brummend wieder hin.

Am Leben

Er ist kalt! Ich würde sogar sagen: Er ist gefroren. Was meinst du, Ben?«

Ben betrachtet mich starr, als ob sein eigenes Schicksal davon abhinge. »Für dich ist er also nicht tot? Ich hatte also recht, dich kommen zu lassen?«, fragt er mich aufgeregt.

»Ja, gut gemacht! Man kann nicht viel tun, damit er davonkommt, aber man muss auch nicht viel tun, um ihm vollends den Rest zu geben!« In dem Moment, in dem ich das sage, frage ich mich, wie ich so verrückte Sätze sagen kann. Aber anders kann man es tatsächlich nicht sagen. Micky ist steif, die Gliedmaßen trocken und unbeweglich. Er spricht nicht mehr und scheint zu atmen aufgehört zu haben.

Ich halte ihm zwei Finger unter die Nase, und es kommt mir vor, als würde ich einen flüchtigen Hauch wahrnehmen. Das ist eine simple, aber wirkungsvolle Technik, die ich im Laufe der Jahre zu schätzen lernte. Die Hautoberfläche der Fingerrücken ist mit zahlreichen thermosensiblen Rezeptoren ausgestattet. Ich kenne keinen besseren Indikator, um zu überprüfen, ob die Leute noch atmen. Bei einer Unterkühlung verlangsamt sich der Organismus; die Zahl der Herzschläge, die Atemfrequenz und die Atemtiefe verringern sich. Der Sauerstoffverbrauch der Zellen wird halbiert, wenn die Temperatur des Organismus 25 Grad erreicht. Das Herz-Kreislauf-System, das die für die Organe lebensnotwendige

Energie liefert, reduziert seine Arbeit in Folge eines genialen Kontrollsystems.

Micky atmet spontan, er lebt, ist zwar offensichtlich völlig fertig, aber am Leben! Ich ziehe das Mini-EKG und das digitale Sauerstoffsättigungsmessgerät heraus, um meine Hoffnungen zu bestätigen. »Da, Ben, steck ihm das auf den Finger.« Ich versuche währenddessen, Mickys Jacke oben zu öffen, um das Mini-EKG hineinzuschieben. Das ist ein kleines, geniales Gerät, das für solche Situationen perfekt ist. Metallkontakte, die an der richtigen Stelle auf der Haut des Thorax befestigt werden, ermöglichen es, auf dem Bildschirm eine elektronische Aufzeichnung der Herzaktivität zu erhalten.

Das Bild ist nicht gerade ausgezeichnet, aber es reicht. Spikes, senkrechte Linien, zeichnen die Kontraktion der Herzkammern gleichmäßig im Rhythmus von dreißig Schlägen pro Minute nach.

»Das geht nicht, Manü, das hört nicht auf zu blinken«, sagt Ben beim Versuch, die Sauerstoffsättigung des Blutes am Ende des Fingers von Micky zu messen.

Er hat dem Verletzten die Handschuhe ausgezogen, dessen Finger sehen aber erfroren aus. »Lass mal, Ben, hol lieber das Ohrthermometer. Seine Finger sind zu kalt dazu.«

Das digitale Sauerstoffsättigungsmessgerät mit Infrarot gibt die Sauerstoffsättigung des Blutes an. Wenn der Blutfluss aus dem einen oder anderen Grund verlangsamt ist, dann kann man schlecht messen. Ich fahre damit fort, Micky abzuhören, und versuche eine Bilanz der Schäden zu erstellen. Man kann nicht aus einer solchen Höhe herabstürzen, ohne sich etwas zu brechen. Micky trägt nicht mal einen Helm. Zweifellos gehört er zu jener Klasse von Bergsteigern, die es vorziehen, ihr Leben dem Schicksal anzuvertrauen. Diese Leute glauben, dass der Helm nur unnötiges Gewicht darstellt und nur ein armseliger Schutz ist vor den Kräften des Bösen. Später wird Mickys Helm in seinem Rucksack gefunden …

Die Rippen, das ist mal sicher! Bei Spaltenstürzen sind immer die Rippen gebrochen. Es wäre interessant zu wissen, ob sie die Lunge perforiert haben … In diesem Fall kann das Aufwärmen sehr komplex werden. In Gedanken stelle ich eine Liste zusammen mit den Verletzungen, die für Mickys Schicksal entscheidend sind. Ich gehe generell systematisch vor, beginne oben am Körper und arbeite mich dann nach unten. So muss ich nicht zu viel nachdenken in einer Umgebung, die für intellektuelle Überlegungen nicht gut geeignet ist. Der Schädel, die Lungen, die Blutung im Bauchraum, der klassische Milzriss, das Becken und die Oberschenkelknochen. Ich schließe immer ab mit der Inspektion des Rückgrats und der Untersuchung der unteren Gliedmaßen, um mich zu vergewissern, dass keine größere Verletzung des Rückenmarksnervs vorliegt. Natürlich ist Micky nicht ansprechbar.

Ich helfe Ben, die Sonde des Thermometers in Mickys Ohr zu stecken. Dieses Thermometer ist das Werk eines Schweizer Ingenieurs aus dem Kanton Waadt. Alle Spezialisten wissen, dass die Kerntemperatur eines Individuums sich auf unterschiedliche Weise messen lässt und dass man die zuverlässigsten Werte erhält, wenn sich die Sonde dicht beim Herzen befindet. Das ist jedoch rein empirisch und Ursache heftiger Diskussionen unter den Wissenschaftlern, von denen einige der Ansicht sind, dass es die Temperatur des Gehirns und nicht die des Herzens ist, welche die wichtigsten Formen der Adaptionsmechanismen bestimmt. Derzeit gilt das Messen per Herzkatheter als Referenzwert. Eine Messung, die natürlich im Kontext einer Notfallklinik nicht realisierbar ist. Alternative Messungen mittels einer rektalen oder einer ösophagealen Sonde, also einer Sonde durch den After oder durch die Speiseröhre, dienen im Umfeld des Krankenhauses als erste Näherungswerte. Es ist aber kaum vorstellbar, einen Verletzten in den Bergen nackt auszuziehen und ihm auf dem Schnee liegend ein Kabel in den Hintern einzuführen. Und eine Sonde durch die Nase oder den verkniffenen Mund eines Unterkühlten in die Speiseröhre einzuführen wäre dieselbe Herausforderung. Das Ohrthermometer des Herrn Métraux ist daher ein einzigartiges Hilfsmittel, auch wenn es nicht ganz so präzise Ergebnisse liefert.

Ich betrachte den ansteigenden Temperaturwert auf dem kleinen Display aus flüssigen Kristallen. Es bleibt bei 23,4 Grad stehen.

»23 Grad! Ist das denn möglich?«, fragt mich Ben.

»Ja, das ist schon möglich, und es entspricht seinem klinischen Zustand.«

»Das ist schlimm, in diesem Stadium. Wo bringen wir ihn hin?«

»Zuerst einmal gilt es, Ruhe zu bewahren und Dummheiten zu vermeiden. Wir werden das auf ruhige Weise angehen. Ich brauche die Rettungstrage, das KED-Rettungskorsett und einen Stand-by-Hubschrauber für Genf!«

»Okay, ich rufe sie!«

Beim Betrachten von Micky bin ich völlig hingerissen von seiner Widerstandsfähigkeit. Drei Nächte in diesem Loch, und das nach dem Sturz, den er hatte! In gewisser Weise ist das der Beweis, dass er »keine größeren Verletzungen aufweist, die seine Lebenserwartung in Frage stellen könnten« – ein Ausdruck, der bei Notärzten bestens bekannt ist. Sein wahres Problem ist die Hypothermie. Wir müssen ihn da ganz sanft herausholen, damit sein Herz nicht schlappmacht. In diesem Stadium der Hypothermie kann jede kleine Stimulation einen Herzstillstand auslösen. Ein einziger Fehler im Umgang mit ihm …

Neben der Wiederauferstehung Christi ist die Literatur voll von wundersamen Auferstehungen, die einen völlig sprachlos machen. Vor Kurzem war eine davon Gegenstand einer seriösen Veröffentlichung, die uns sehr betroffen machte.

Während einer Skitour fiel eine junge Skandinavierin bei der Durchquerung einer Mulde in ein Loch. Durch großen Zufall und durch die Beschaffenheit der Spalte, durch die unten ein Gletscherbach floß, wurde sie mit dem Körper im Wasser und dem Kopf an der Luft eingeklemmt. Die Skier, die noch immer an ihren Füßen waren, hatten sich über ihr verklemmt und erschwerten das Herausziehen. Ihre Freunde benötigten mehr als neunzig Minuten, um sie dort herauszuholen. Sie hatte einen Herzstillstand. Die Freunde hatten gute Erste-Hilfe-Kenntnisse und machten eine Herzmassage, bis sie im Reanimationsbereich eines Universitätskrankenhauses eingeliefert war. Bei der Einlieferung in den Schockraum betrug ihre Körperkerntemperatur 13,7 Grad, und ihr Herz stand noch immer still. 160 Minuten waren bereits vergangen. Das Mädchen kam in die Herzchirurgie und profitierte dort von der Erwärmungstechnik durch Blutaustausch mit der Herz-Lungen-Maschine. Die Kapillarelektrochromatografie (CEC) ist derzeit noch das beste Mittel, um Unterkühlte schnell zu erwärmen. Man kann mehr als fünf Grad pro Stunde gewinnen. Zur Verwunderung aller hat das Herz der Norwegerin wieder angefangen zu schlagen, nachdem sie auf dreißig Grad angewärmt und dann defibrilliert worden war. Wenn man bei einer Konferenz Gordon, einem der bedeutendsten kanadischen Spezialisten, zuhört, wie er die Geschichte erzählt, und dann auf einem Video sieht, dass sich das betroffene Mädchen klar ausdrückt und gesteht, dass sie wohl einige Schutzengel strapaziert hat, frage ich mich mit knirschenden Zähnen, wie viele noch lebende Opfer wir wohl begraben haben.

Die Arme von Micky sind verkrampft, Venen sind nicht zu sehen. Ich ziehe es daher vor, keine Infusion zu legen. Was würde das denn jetzt noch nützen? Außerdem hätte ich Probleme, einzugreifen, während ich beim Hochziehen mit ihm in der Luft hänge.

Ich werde mich zusammen mit Micky hochziehen lassen, um ihn vor Stößen zu schützen. Wir packen ihn sorgfältig in das KED-Rettungskorsett und in eine Halskrause ein, zusammen mit dem Mini-EKG, dessen Kabel ich angeschlossen und mit seinem Torso verbunden habe. Die Augen auf unseren Weg geheftet, stelle ich überrascht fest, dass ich bete, während wir uns leise Richtung Himmel bewegen. Der Ausstieg aus der Spalte ist wie immer der heikelste Moment. Micky hält aber durch.

»Manü, Dragon ist wegen eines Oberschenkelknochens wieder weggeflogen, während du da unten im Loch warst. Ich habe den Fox aktivieren lassen für den Flug nach Genf. Siehst du das noch immer so?«, fragt mich Jack, während ich meine Steigeisen ablege.

»Ach, Scheiße! Das ist nicht gut, ich brauche ihn wirklich …«

»Ja, aber die brauchen dich bestimmt auch wegen des Oberschenkelknochens. Was machen wir mit Micky?«

»Warte mal, gib ihm Sauerstoff! Inzwischen rufe ich Arnold an. Er muss Frühdienst haben. Er wird nach Genf gehen … Scheiße, kein Netz … Das kotzt mich an!«

»Geh über Cordial«, schlägt mir Jack vor.

Ich habe auch keine andere Wahl, aber ich mag es nicht, wenn es kompliziert ist, die Hälfte der Informationen geht verloren.

Ich erreiche Cordial über Funk, damit ein möglichst kurzer und zugleich vollständiger Bericht an Arnold im Krankenhaus übermittelt werden kann. Am schwierigsten wird es sein, eine Verbindung mit der 15 herzustellen, um denen dort zu erklären, dass wir einen Platz in Genf benötigen. Seit einiger Zeit haben wir viel Energie investiert, um die Abläufe beim Transfer unserer Unterkühlten ins Kantonsspital von Genf festzulegen. Es ist die einzige Klinik mit einem CEC im Umkreis von einer Stunde Entfernung. Um eine

Chance zu haben, unsere Patienten zu retten, müssen wir direkt mit der Herzchirurgie zusammenarbeiten, die uns ihre Unterstützung zugesagt hat. Arnold hat sich sehr engagiert, damit das funktioniert. Ich bin überzeugt davon, dass er dafür sorgt, dass der Transfer unter den besten Bedingungen abläuft. Bis dahin sitze ich fest und kann nur warten.

Aber wenn ich schon Geduld haben muss, dann kann ich mich auch gleich beschäftigen. Und da wir es nun etwas besser haben als auf dem Grund der Spalte, bereite ich eine Infusion vor. Ich injiziere Micky 250 Milliliter physiologisches Serum, das sich unten in meinem Rucksack befand und noch lauwarm ist. Ich hätte ihm keine Lösung verabreichen können, die ihn womöglich noch mehr ausgekühlt hätte. Gut zu wissen, dass man zwischen einigen zusammengenähten Stücken Cordura ein wenig Wärme konservieren kann. Ich danke dem Himmel, dass ich meine Ausrüstung gestern Nacht mit ins Haus genommen habe.

Eine große Klinik ist nicht alles

Arnold, die Bergretter suchen dich. Du musst dich fertigmachen und einen Unterkühlten nach Genf bringen.«

»Ach je, ich habe hier alle Hände voll zu tun!«

»Es ist Manü, der dich rufen lässt. Er hat zwei Einsätze zur selben Zeit.«

»Was hat der Unterkühlte von Manü denn?«

»Keine Ahnung, die Bergretter haben mir das nicht gesagt.«

»Welche Temperatur hat er? Ist er verletzt?«

»Ich sag dir doch, dass ich nichts weiß. Ruf sie an!«

»Gut, dann muss Simon übernehmen. Ich habe Barleduc gerade erst davon überzeugen können, dass er zur Untersuchung dableibt. Es wäre nicht gut, wenn er abhauen würde. Viel Geduld scheint er nicht zu haben.«

»Das kannst du laut sagen!«

Arnold, der schon mit dem Ablauf der Rettung beschäftigt ist, lässt alle stehen und hängt sich ans Telefon. »Hallo? Ja, was ist da los? Hier ist Arnold!« Der diensthabende Gendarm am anderen Ende der Leitung fragt sich bestimmt, warum der Typ am anderen Ende so aufgeregt spricht. »Wo denn? Am Fuß der Brenvaflanke ... Wie viel? 23 Grad ... Hat er einen Herzstillstand? Das weißt du nicht ... Was? Der Heli, in fünf Minuten ... Gut, okay.«

Arnold legt den Hörer auf und schaut Nadia mit abwesender Miene an. »Mist! Ich habe vergessen, ihn zu fragen, ob er das CODIS* benachrichtigt hat. Ja, das haben sie sowieso schon getan, als sie den anderen Hubschrauber angefordert haben.«

Nadia versucht, durch Ableiten die Gedankengänge von Arnold zu verstehen. Sie versteht nicht alles, aber Arnold beantwortet seine Fragen ja meist selbst.

»Also gut, ich rufe in Genf an!«, beschließt er plötzlich. Wenn es darum geht, andere zu überzeugen, dann ist Arnold der Star. Er könnte Waffeleis in der Antarktis verkaufen! In fünf Minuten ist die Sache erledigt. »Sie nehmen ihn auf!«, ruft er stolz über seinen Sieg. Als er dann zum Büro rennt, bleibt er plötzlich stehen, dreht sich zu Nadia um und ruft entsetzt: »Scheiße, ich habe ja meine Sachen gar nicht dabei!«

Arnold findet doch noch einen Helm: den von Grand Chef. Wie seine Brille sitzt auch der schief auf seinem Kopf. Er hat auch einen alten Klettergurt aufgetrieben und eine Goretex-Jacke, die beide im Büro herumlagen. Das reicht, vermutlich muss er nicht einmal die Maschine verlassen. Und dann hat er noch den Notarztrucksack des SMUR geklaut.

Der Heli hat ihn abgeholt, und er versucht jetzt seine Aufregung zu beherrschen, indem er die schwindelerregenden Grate des Ostpfeilers am Montblanc du Tacul betrachtet, die unter seinen Augen vorbeiziehen. Der Ecureuil-145-Hubschrauber steigt mit beeindruckender Geschwindigkeit auf ... Kein Vergleich zur Alouette! Schon ist links die Nordwand der Tour Ronde zu sehen.

* CODIS: Centre opérationnel départemental d'incendie et de secours, Einsatzzentrale des Départements für Brände und Rettungseinsätze. Das CODIS zu informieren entspricht dem geregelten organisatorischen Ablauf, der es ermöglicht, über die verschiedenen Sanitätseinrichtungen zu verfügen, um Verletzte von einem Sektor in den anderen zu transportieren – beispielsweise von Chamonix nach Genf.

»An Doc von Fox!«

»Ja, ich höre!« Ich höre das Geräusch der dicken Hummel, die zu uns hochsteigt. Es ist wohl der Bordmechaniker, der mich anruft.

»Arnold hätte gerne mehr Infos über deinen Verletzten.«

»Also: ein Unterkühlter mit 23 Grad, das Herz schlägt, zusätzliche Verletzungen: Thorax und vielleicht das Becken ... Seit zwei Tagen in einer Spalte. Glasgow 5*, nicht intubiert.

»Gut, wir nehmen ihn so mit und fliegen schnellstmöglich nach Genf.«

»Okay, alles klar, wir sind bereit.«

Zwei Minuten später steht die dicke Hummel über uns. Ein weißer Schneesturm versteinert uns auf der Stelle. Micky wird ruck, zuck hineingeschoben wie eine Pizza, und schon verschwindet der weiße Tornado so schnell, wie er erschienen ist. Der Lärm nimmt ab, dann umhüllt uns wieder die Bergeinsamkeit. Man hat uns unseren Verletzten gestohlen.

Eine halbe Stunde später setzt Fox mit den Kufen auf dem Dach des Genfer Kantonsspital auf. Ein Schweizer Arzt kommt zusammen mit den Pflegern, um den Verletzten in Empfang zu nehmen. Arnold steigt Kopf voraus aus. Micky hat sich während des Flugs gut gehalten, ist aber auch nicht wärmer als zuvor. Um keinen »Afterdrop« zu riskieren, haben sie vermieden, die Heizung im Helikopter einzuschalten. Es ist schon so ein Wunder, dass Micky keinen Herzstillstand hat.

Das gigantische Schweizer Hospital hat alles, um einen zu beruhigen. Es ist offensichtlich, dass es über alle Mittel verfügt. Micky wird auf eine gut geölte Rollliege geschoben und

* Glasgow 5: medizinische Klassifikation, die ermöglicht, den Bewusstseinszustand eines Patienten einzuschätzen (von 3 – hirntot – bis 15 – Normalzustand)

rollt sanft bis zum Schockraum, wo ihn ein Team der besten Notärzte erwartet: Da sind ein medizinischer Koordinator, zwei Anästhesisten, drei Krankenschwestern, ein Radiologe, ein Internist und zwei Pfleger. Wir amüsieren uns oft darüber, indem wir die Struktur von Chamonix mit der von Genf vergleichen. Da heißt es dann: Dort kümmern sich zehn um einen Patienten, während sich bei uns einer um zehn Patienten kümmert. Daher stammt auch der bekannte Spruch: Alle für einen, einer für alle!

In der Notaufnahme des Kantonsspitals hat jeder seine Aufgabe: Da ist die Schwester, die die Spritzenpumpen anhängt, der Spezialist, der sich um den Ultraschall kümmert, ein anderer, der intubiert, einer, der die Drainage legt, einer, der die Röntgenaufnahmen macht, eine Schwester, die den Blasenkatheter legt, und eine, die alles aufschreibt und sich um die Aufnahme kümmert. Zu zehnt ist es schon um einiges bequemer. Leider macht das auch nicht unfehlbar!

Arnold kommt mit einem der Bergretter in den Raum. Der Kontrast ist ergreifend: »Der Mann aus den Bergen« hat den Helm noch immer falsch auf. Zum Glück hat er nicht vergessen, die Steigeisen abzulegen!

Schweizer Ruhe herrscht im Raum. Arnold präsentiert seinen Kranken: »Junger Bergsteiger, den man nach zwei Tagen Suche in einer Spalte gefunden hat, Unterkühlung, 23 Grad, aber das Herz schlägt mit 35 …«

Während er berichtet, hat sich das Team darauf vorbereitet, den Patienten auf den Untersuchungstisch zu heben. Arnold fährt fort: »Er hat vermutlich gebrochene Rippen, es besteht Verdacht auf Beckenbruch …« Man zieht Micky aus, indem seine Kleidung aufgeschnitten wird. »Eine Kopfwunde, wir konnten aber keine neurologische Untersuchung machen.«

Man staffiert ihn mit allen Überwachungsinstrumenten aus: Herzfrequenz, Sauerstoffsättigung, EKG, rektale Sonde … Arnold muss seinen Bericht unterbrechen, da er im

Weg steht. Zusammen mit dem Bergretter verlässt er den Raum, um die Geräte und die Sauerstoffflasche zu holen. Als er in den Raum zurückkehrt, ist er völlig konsterniert: Sie haben mit der Herzdruckmassage begonnen.

»Aber was machen Sie denn da?«, ruft Arnold verblüfft.

»Ausgeprägte Bradykardie, kein Puls, Blutdruck völlig unten …«, antwortet ihm der junge Anästhesist, die Augen aufs EKG geheftet. Arnold ist spachlos. »Keine Wahl«, fügt der Schweizer Arzt hinzu.

Arnold spürt, wie ihm eine Hitzewelle zu den Ohren aufsteigt. Er sieht rot. »Das ist doch normal, er hat 23 Grad! Der Blutdruck ist immer sehr niedrig bei diesen Temperaturen. Sie dürfen ihn nicht massieren, Sie bringen ihn ja um!«, schreit er.

Ein zweiter Arzt schaut ihn fragend an. Der Anästhesist wirkt plötzlich weniger selbstbewusst. Er weiß nicht genau, ob er weitermachen oder aufhören soll. Er traut diesem französischen Arzt nicht. Er hört für einen Moment auf, um sich den EKG-Verlauf anzuschauen. Es zeigt ein Kammerflimmern an. Micky stirbt. Der Anästhesist fängt mit überzeugter Miene wieder an zu massieren. Arnold hält das nicht aus. »Aber er ist doch bradykard und stabil! Wir bemühen uns seit über einer Stunde damit, ihn nicht zu verlieren, und Sie provozieren ein Kammerflimmern durch eine Herzdruckmassage! Bei Unterkühlten darf man das nicht!« Er wiederholt: »Sie werden ihn töten!«

Der Anästhesist verliert erneut seine Sicherheit. Arnold ist verzweifelt und dreht sich um, um die Folgen nicht sehen zu müssen. Er kann nichts anderes sagen als: »Bah, jetzt müssen Sie weitermachen mit der Herzdruckmassage … und defibrillieren Sie ihn bloß nicht, bevor seine Temperatur angestiegen ist. Das geht nicht.«

Im selben Moment betritt ein Mann diskret den Schockraum. Es ist Doktor Polpoth, unser institutioneller Partner im Bereich der Unterkühlung. Er gilt als einer der besten

Spezialisten auf diesem Gebiet. Er ist der Autor einer jüngeren Publikation, in der er auf alle Fälle von Hypothermie mit Herzstillstand verweist, die durch CEC gerettet werden konnten. Dank ihm können wir darauf hoffen, diese Theorie jetzt in die Praxis umzusetzen. Aber es wird Zeit brauchen, bis das System funktioniert. In einer riesigen Infrastruktur wie dem Genfer Krankenhaus dauert es lange, bis sich Information verbreitet. Viele Notfallmediziner, darunter ganz ausgezeichnete, kennen sich bei Hypothermie nicht aus. Es gibt diesbezüglich so viele Feinheiten, dass auch die Spezialisten noch nicht alles verstehen.

Trotz der Bemerkungen von Arnold handelt der junge Anästhesist weiter nach seiner Logik und versetzt Mickys Brust einen elektrischen Schock. Das Herz beginnt wieder zu schlagen. Die Anwesenheit von Polpoth scheint alles wiederhergestellt zu haben. Dazu dienen also die hohen Tiere!

Die angeregte Diskussion beginnt wieder. Polpoth, der auf den fahrenden Zug aufgesprungen ist, weiß nicht, auf welche Seite er sich schlagen soll. Der Ablauf ist überhaupt nicht festgeschrieben. Arnold muss gehen und lässt seine Schweizer Kollegen etwas verunsichert zurück. Polpoth ist verlegen. Man darf die kleinen Teams, die mit wenigen Mitteln vor Ort arbeiten, nicht unterschätzen. Diese Chamoniarden haben nicht ihren Verstand verloren. Die Größe eines Krankenhauses ist nicht alles …

Drei Tage später steht Stania am Fußende von Mickys Bett. Er ist noch ein wenig benebelt, aber wieder bei Kräften. Er blickt vergnügt, sein Gesicht ist aber noch etwas verschwollen. Der Beckenbruch wird noch mehrere Monate schmerzen, am schlimmsten sind momentan aber die Rippen. Der Schmerz ist betäubend. Richtig Spaß haben – das geht noch nicht.

Stania betrachtet diesen kleinen Mann, der aus dem Nichts zurückkehrte, und ist ein wenig stolz, dass sie an diesem Wunder teilhat. Ich bin auch vorbeigegangen, um Guten Tag zu sagen. Vielleicht werde ich ihn auch irgendwann mal fragen, ob er das schwarze Loch, den Tunnel, gesehen hat und das helle, weiße Licht, wie jene es beschreiben, die auf der Schwelle des Todes standen.

Clocheton

Ich hätte mir denken können, dass es so nicht geht. Morgen früh fahren wir in den Urlaub. Familienurlaub, unantastbar: Arco, Italien, Pizza, Wärme, Mozzarella, Eis und »tutti quanti«! Es wäre zu schön gewesen, schon am Abend in aller Ruhe die Sachen der Kinder zu packen. Ferner die Zelte zu checken, die Familienkutsche herzurichten und die Palmen ins Freie zu stellen. So hätten wir frühmorgens losfahren können, in aller Ruhe und glücklich darüber, keinen Stress mehr zu haben.

Ich bin gerade heimgekommen. Der letzte Einsatz hat einen bitteren Nachgeschmack bei mir hinterlassen. Ich habe meinen Verletzten in der Ambulanz in einem viel alarmierenderen Zustand zurückgelassen, als es zunächst aussah. Der Alarm klang relativ banal: Ein Wanderer war auf einem Weg gestürzt und blutete am Kopf. Er hatte nicht das Bewusstsein verloren … Damien von den Bergrettungsgendarmen hatte mich angerufen. Ich war noch im Krankenhaus, wo ich eine Oma hingebracht hatte, der es auf einem Weg übel geworden war. Fox war zum Volltanken weggeflogen. »Hallo, Manü, kommst du runter?«, hatte mich der Spaßvogel gefragt.

»Ah, sehr witzig! Warum denn?«

»Ein Wanderer. Eine Kopfwunde, und es blutet anscheinend.«

»Okay, wenn es blutet, kann ich vielleicht helfen. Frag mal Fox an, ob er mich in fünf Minuten an der DZ des Krankenhauses abholen kann.«

»Okay, ich ruf ihn per TPH an.«

Ich mag unsere Abkürzungen, all die Codes, die nur wir verstehen. Am Anfang ist das lustig, man hat den Eindruck, Indianer zu spielen, aber man gewöhnt sich daran, und irgendwann färbt das dann auf das Vokabular in der Familie ab.

Wir wurden mit der Winde über dem Col du Montets abgesetzt, mitten zwischen den Sträuchern und Steinen. Wir hatten zuvor zwei Minuten gebraucht, um den Verletzten ausfindig zu machen, obwohl seine Position von oben gesehen ganz eindeutig war. Er befand sich mitten im wilden Lattich, etwa zehn Meter unterhalb vom Weg. Er lag reglos unter einem Strauch.

Seine Frau sah gar nicht so erschrocken aus. Bevor ich noch meinen Rucksack abstellen konnte, fiel sie mit Fragen über mich her: »Was hat er denn? Ist es schlimm? Blutet er stark? Ist ihm kalt?« Ich bat sie freundlich, mir zwei Minuten Zeit zu lassen, um ihn zu untersuchen.

»Geht's denn?«

Er beantwortete meine Frage bejahend. Er war ruhig, viel ruhiger als seine Frau. Ich fand ihn auf Anhieb sympathisch. Er bemühte sich, folgsam zu sein. Ich war überzeugt davon, dass er zu jenen Individuen gehört, die noch Vertrauen haben zum medizinischen Korps. Auf Anweisung seiner Frau und eines Wanderers, der dort vorbeikam, hatte er sich keinen Millimeter bewegt, während er auf die Bergrettung wartete. Alle dreißig Sekunden fragte sie ihn, ob es denn gehe, und er antwortete geduldig, dass es gehe.

Manchmal hat man den Eindruck, am Schauplatz eines Verbrechens anzukommen. Niemand wollte irgendetwas anfassen, aus Angst, dabei mögliche Indizien zu vernichten. Er lag mit dem Gesicht auf dem Boden, mit der Nase mitten in einem großen Blatt. Eine beeindruckende Wunde in der Kopfhaut spaltete seinen Kopf von der Stirn bis zum Hals. Und das blutete!

Die Kopfhaut wird von Hunderten kleiner Arterien versorgt, die sehr stark bluten können. Vor allem wenn man nicht daran denkt, die Blutungen durch Komprimieren zu stillen. Ich war erstaunt, dass das keiner gemacht hatte, während sie auf uns warteten. Seine Frau beispielsweise. Solche Wunden darf man nicht unterschätzen, da es schwierig ist, zu beurteilen, wie viel Blut man so verlieren kann. Angesichts unserer heutigen Möglichkeiten, die Gefäße aufzufüllen, wäre es inzwischen aber undenkbar, einen Verletzten auf diese Weise zu verlieren.

Als ob seine Frau meine Gedanken gelesen hätte, fragte sie mich theatralisch: »Wird er verbluten?« Hätte sie gesagt: »Lassen Sie ihn ausbluten wie ein Schwein?«, dann wäre das nicht schlechter gewesen, um die Moral des Verletzten zu heben.

»Normalerweise nicht, deswegen sind wir ja hier. Wir werden ihm eine Infusion geben, um seinen Verlust zu kompensieren.«

»Welchen Verlust denn?«

»Den Blutverlust!«

»Ah.« Und dann brüllte sie für meinen Geschmack etwas zu laut: »Michel, geht's dir gut?« Zweifellos war sie überzeugt davon, dass man die Leute um jeden Preis daran hindern muss, einzuschlafen, damit sie nicht sterben.

»Ja, es geht«, antwortete der Verletzte, der immer schwächer wurde. Vor allem wollte er, dass man ihn in Ruhe ließ.

»Achtung, ihm ist übel«, sagte seine Frau plötzlich beunruhigt.

Sie nervte mich. Nun war ich dran, ihn zu fragen: »Michel, geht's?« Ich fand, dass er immer weniger reagierte. Ich versuchte, seine Frau zu vergessen, die mich mit ihren Fragen nervte, und konzentrierte mich auf meinen Patienten.

Als ich ihn abklopfte, speziell an der Wirbelsäule, fand ich keine andere schmerzhafte Stelle.

Wir packten alles um ihn herum aus. Ich legte ihm einen dicken Zugang an einer gut erkennbaren Vene an, um eine Infusion anzuhängen. Ich zögerte einen Moment lang, ob ich ihm nicht eine Speziallösung mit höherer Kochsalzkonzentration geben sollte. Sein distaler Puls war aber stark. Ich entschied mich für eine makromolekulare Lösung, die für den Anfang besser geeignet ist. Kaum hatte ich die Nadel angesetzt, kollabierte Michel. Er war ganz weiß geworden und hatte die Augen geschlossen. Es war so, als hätte ich in einen Luftballon gestochen.

»Michel, geht's dir gut?«, fragte seine Frau wieder.

Offensichtlich ging es ihm überhaupt nicht gut! Die Flüssigkeit lief aber in Strömen. Ich holte rasch meine Tasche mit konzentrierter Kochsalzlösung heraus. Wir würden ihn doch nicht auf diese Weise verlieren!

»Michel, geht's denn?« Auch mir fehlte es eindeutig an Phantasie bei meiner Fürsorge.

»Ja, es geht, aber mir ist übel«, erklärte er mit schwacher Stimme.

Das beruhigte mich. 300 Milliliter hatte er schon bekommen und wurde langsam wieder wach. Der Puls begann unter meinen Fingern wieder zu zittern, aber er schlug schnell. Ich hatte mir nicht einmal die Zeit genommen, mein Blutdruckmessgerät herauszuholen. Bei einem Notfall braucht man keine Zahlen. Wenn der radiale Puls verschwindet, liegt der Blutdruck im Allgemeinen unter einem Wert von sechzig, und dann muss man sich beeilen.

Michel ging es besser. Ich wusste nicht, ob es die Infusion war, die ihn rettete, oder ob es einfach eine Übelkeit durch Überreizung war. Die zweite Erklärung war mir lieber. Wir mussten ihm die Halskrause anlegen. Es war schwierig, auf der Kopfhaut einen Kompressionsverband anzulegen, ohne den Nacken zu bewegen und ohne die ganze Vegetation der

Umgebung mit einzupacken. Nach drei Verbänden übereinander sickerte das Blut immer noch auf die Trage durch. »Scoop and run« bot sich da an.

Nach einer raschen Aktion per Winde flog der Heli direkt nach Sallanches. An Bord komprimierte ich das Blut an Michels Kopf mit der Hand. Auf dem Boden rann eine Blutspur nach vorn. Die Ecureuil 145 flog mit 240 Stundenkilometern. Ich sah das Krankenhaus von Chamonix unter uns vorbeisausen. Alle operativen Abteilungen waren aus wirren politisch-wirtschaftlichen Gründen geschlossen worden. Es scheint so, als seien die kleinen Krankenhäuser gefährlich und unrentabel. Man hatte es vorgezogen, diese Abteilungen ins Krankenhaus von Sallanches zu verlegen, 25 Kilometer weiter unten im Tal.

Und mein Verletzter verlor Unmengen von Blut. Ich hatte ihm nicht erklärt, dass er nun zehn Minuten länger bluten musste, damit es preiswerter wird für die staatliche Krankenversicherung. Die Zentralisierung: die neue Krankheit! Ich konnte mir den Gedanken nicht verkneifen, dass man dabei das, was man auf der einen Seite einsparte, auf der anderen Seite wieder verlor. Man schaffte größere Helikopter an, die schneller und stärker sind, aber man verlängerte die Flugstrecken.

Als ich den Verletzten in die Ambulanz brachte, sah ich sofort, dass es dort auch rundging. Alle Kojen waren belegt, sogar die für die Reanimation. Alle waren am Rennen. Ich hätte gerne gehabt, dass mir jemand zuhört, aber ganz offensichtlich waren alle mit anderen Dingen beschäftigt. Ich war kurz davor, direkt zum Operationsblock hinaufzugehen, um meinen Patienten in die Hände eines Chirurgen zu übergeben. Einen derart Verletzten kann man nicht auf dem Flur zurücklassen. Schließlich fand ich Fanny, die Krankenschwester spielte. Sie nahm die Informationen auf, so gut sie konnte, und hob die Augen dabei gen Himmel. Man musste hoffen. Sie würde es weitergeben. Sie sah erschöpft aus, schenkte mir aber dennoch ein verschmitztes Lächeln. Das ist auch so ein Fehler bei diesen großen Aufnahmestationen: Es gibt zwar viele Leute, aber niemanden, der dir zuhört.

Dann fuhr ich heim zum Abendessen, in der Hoffnung, dass der Urlaub ab heute Abend beginnen würde. Doch um 20.30 Uhr klingelt das Telefon. Darauf hätte ich wetten können!

»Manü, wir haben da noch ein Problem. Kannst du zur DZ kommen?«

»Leg los, erzähl mal!«

»Da hat einer sein Bein im Riss am Clocheton eingeklemmt.«

»Na gut, da muss man doch nur daran ziehen!«

»Das haben sie auch gemacht, aber es sitzt fest.«

»Okay, ich komme!«

Ich brauche noch fünfzehn Sekunden, um mir den Rest des von Cécile aufgewärmten Frikassees reinzuschaufeln. Dann springe ich in den Subaru, der noch keine Zeit hatte, abzukühlen. Cécile seufzt. Natürlich bin ich ein wenig sauer, dass ich wieder anfangen muss, aber der Einsatz klingt interessant. Die Luft ist warm und der Sonnenuntergang wunderschön. Also …

Auf der Dropping Zone geht's rund. Sie haben die ganze Schlosserei herausgeholt: Ölkanne, Kompressor, Schlagbohrmaschine. Man drückt mir eine Plastiktüte mit Eiswürfeln in die Hand, die ich mit idiotischem Ausdruck betrachte.

»Wir haben gedacht, dass sie das Bein vielleicht zum Abschwellen bringen, wenn es seit mehreren Stunden eingeklemmt ist.«

Ich bin nicht überzeugt davon, aber ich nehme die Tüte mit. Es ist nicht nötig, dass deswegen jemand beleidigt ist.

Laurent und Tintin sind schon da oben. Zeb und Filou bereiten gerade alles vor, um das Stromaggregat hochzubringen und mitzuhelfen. Man muss an alles denken, auch an die Scheinwerfer, da es dunkel wird. Das wird wie in Las Vegas sein! Während die Turbine des Fox aufheult, versuche ich mir die Szene vorzustellen: der Typ am Gipfel des Clocheton, eingeklemmt in seinem Riss wie eine Ratte in der Falle. Der Clocheton am Brévent ist eine kurze klassische Route der alten Art. Genial für alle, die ein Minimum klettern wollen bei einem Maximum an Seilmanövern: Abseilen mit Pendelquergang, Seilwurf, Seilbrücke ... Der Clocheton selbst ist eine kleine Spitze von fünfzig Meter Höhe in den Aiguilles Rouges. Über eine Seilbrücke kann man die rund zehn Meter weit entfernte Spitze erreichen. Sein Gipfel ist wirklich sehr spitz, es gibt keinen Platz für ein Biwak.

Der Fox hebt ab. Ich sitze auf der hinteren Bank und verdaue das Frikassee. Was kann ich für den armen Kerl wohl tun? Ich bin Arzt und kein Straßenarbeiter. Ich werde mich jedenfalls nicht breitschlagen lassen zu einer Amputation im Hauruck-Verfahren. Hoffentlich lässt sich das ohne größere Schäden regeln.

Ich habe gelernt, mit allem zu rechnen. Man bricht ganz friedlich zu einem Gesundheitsspaziergang auf und muss dann die ganze Nacht über schuften wie ein Bergarbeiter. Ich habe die warme Jacke mitgenommen und das Ketamin, meine unfehlbare Waffe in der Schlacht. Der Clocheton zeigt endlich seine spitze Nase im diffusen Licht der einbrechenden Nacht.

Ich mache mich bereit für den Ausstieg. Zuerst hänge ich meinen Rucksack an die Anseilschlaufe meines Gurtes. Ich muss heute Abend etwas daneben sein, denn ich mache alles falsch. Mit dem neuen Hubschrauber hat sich das Ritual verändert. Deshalb muss man umso mehr aufpassen. Alles wirkt beim Training so einfach, aber im Gelände draußen genügt eine Kleinigkeit, und alles läuft schief. Ich fixiere die Sicherungsschlinge an der Anseilschlaufe, die durch einen Stahlring verstärkt ist, und gehe auf Chris, den Mechaniker, zu, der mir ein Zeichen gibt.

Das ist der richtige Moment. Der Fox steht völlig ruhig, es könnte nicht besser sein. Ich setze mich an die Seite. Christian gibt mir das Seil der Winde, das ich ebenfalls im Stahlring einhänge. Es zieht mich wie eine Feder, ich drehe mich um und stehe mit dem Hintern über der Tiefe. Es folgt die erste Dummheit, trotz fünfzehn Jahren Berufserfahrung: Ich habe vergessen, meinen Kopfhörer abzulegen: ein großer Klassiker! Das Kabel des Hörers dehnt sich. Chris wirft mir einen bösen Blick zu. Er hasst es, wenn man sein Material kaputt macht. Dann folgt die zweite Dummheit: Der Rucksack verklemmt sich unter der ersten Schlinge, und ich habe große Schwierigkeiten, ihn freizubekommen. Und dann habe ich auch noch die falschen Handschuhe mitgenommen. Sie sind nicht weich genug. Bloß nicht das Windenseil anheben, das könnte wehtun. Deshalb hält Chris es gespannt.

Endlich. Mit etwas Nachdruck löst sich das Problem. Der Schwenkarm der Winde zieht mich von der Kanzel weg. Ich hänge unter den Rotoren und über dem Clocheton. Endlich schaue ich mir das Spektakel an. Ich sagte es ja schon: wie Las Vegas! Die roten und grünen Lichter des Luftschiffs, die Scheinwerfer auf voller Leistung und der scharfe Grat, an dem schon vier Personen hängen – das Bild ist noch viel absurder, als ich es mir vorgestellt hatte.

Der Gefangene des Risses, ein Australier, ist bis zum Oberschenkel im obersten Riss verklemmt, etwa fünfzehn Meter unter dem Gipfel, auf dem Zeb rittlings sitzt. Tintin hängt darunter, neben dem Kletterer. Ich komme direkt bei ihnen an. Ich drehe mich, packe die Hand von Tintin, der mich zum einzigen Bohrhaken zieht, an dem er bereits seine Selbstsicherung eingehängt hat. Darunter – die Tiefe. Zum Glück sichert Zeb alle zusätzlich mit zwei Seilenden, die er an seinem Stand fixiert hat. Die dicke Hummel fliegt davon, nachdem sie uns das Material abgelassen hat. Nach dem Tornado folgt die Stille. Mir gefällt diese Situation plötzlich. Sie ist so selten, dass ich es sage. Ich rufe: »Ich liebe das! Einsätze wie diesen müsste man öfter haben!« Die anderen antworten nicht, sie sind schon konzentriert.

Für den Australier ist es natürlich nicht so toll, aber er scheint kein Französisch zu verstehen. Er schaut mich beunruhigt und gleichzeitig auch voller Hoffnung an. Ich erkläre ihm, dass ich Arzt bin. Er sieht nicht aus, als würde er mir glauben, darüber hinaus kann ich an seinen Augen ablesen, dass er keine Möglichkeit sieht, wie ich ihn da herausziehen könnte. Zweifellos hätte er einen Sprengstoffspezialisten bevorzugt.

Wir geben ihm erst einmal eine warme Daunenjacke, da er seit mehr mehr als drei Stunden festsitzt und sich in seinen Shorts den Hintern abfriert. Ich rekonstruiere die Szene. Seine Freundin, die ihn dreißig Meter tiefer sicherte, hat ihn nicht gesehen, als er sein Bein einklemmte. Beim Versuch herauszukommen, muss er noch tiefer hineingerutscht sein. Sie brauchte eine gewisse Zeit, bevor ihr klar wurde, was ihm passiert war. Dann schaffte sie es, mit Hilfe eines zweiten Seiles, das sie zum Glück mitgenommen hatten, abzuseilen, und lief zur Brévent-Seilbahn, um die Bergrettung zu alarmieren.

Tintin erklärt mir die Lage. Der gebeugte Oberschenkel ist in diesem Riss blockiert, der nicht einmal dreißig Zentimeter breit ist. Sie haben versucht, ihn von oben herauszuziehen. Ohne Erfolg. Ich bringe das Öl. Wir leeren ihm die ganze Kanne auf den Schenkel. Seine Shorts bekommen einiges ab, aber das ist ihm egal. Der nächste Kletterer, der hier vorbeikommt, sollte tunlichst diesen Riss meiden, wenn er keinen Abflug machen will!

Es wird wieder aufregend. Man zieht ihn, man bringt überall Steigklemmen an ... Nichts zu machen. Er kann sich winden und ziehen, wie er will, je mehr man ihn zieht, desto mehr sitzt er fest. John, so heißt er, bleibt gefangen.

Ich denke über weitere Aktionen nach, die immer aggressiver ausfallen. Die erste besteht darin, ihn ruhigzustellen, damit man ihn mit der Seilwinde herausziehen kann. Dabei würde er vermutlich ganz schön heulen. Ich öffne meinen

Rucksack. Ich stelle nicht ohne Stolz fest, dass dessen Konzeption als Brieftasche Situationen dieser Art bestens angepasst ist: Nichts fällt heraus, und ich habe alles in Reichweite auf der linken Seite, um an meinem Verletzten zu arbeiten, der rechts von mir ist. In der Luft hängend, lege ich ihm an einer Vene am Unterarm den traditionellen Zugang mit Korken, während Tintin mir die Spritze vorbereitet. Ich injiziere ihm das Medikament und erkläre ihm, dass es wie Morphium wirke und ihn entspannen werde. Ich wage es nicht, ihm zu sagen, dass wir ihn mit der Winde hochziehen wollen wie eine Kuh!

Jetzt müssen wir auf die restliche Ausrüstung warten, die gerade vom Talboden zu uns hochgeflogen wird, wie zu hören ist. Die Hummel kehrt zurück und stellt sich direkt über unsere Köpfe. Die Rotorenblätter zielen in der Nacht haarscharf am Clocheton vorbei. Es ist wunderschön. Die Scheinwerfer beleuchten den Gneis. Jeder ist beeindruckt von der Schönheit dieses Spektakels. Die Präzision der Seilwinde bei Nacht überrascht. Alles kommt auf einem Absatz an. Die Hummel fliegt davon. Die Arbeit beginnt wieder.

Filou kümmert sich um den Kompressor, der unten auf einer kleinen ausgesetzen Scharte deponiert wurde, während Zeb und Laurent die Paillardet-Winde auf dem Gipfel des Clocheton installieren. Ich frage mich, wie sie das auf einer so kleinen Fläche anstellen wollen. Gleichzeitig kommt die Schlagbohrmaschine zu uns herunter. Vielleicht ist es möglich, die Schuppe zu zerbrechen, die das Bein in Höhe des Knies blockiert.

Ich lasse das Verlängerungskabel zu Filou ab, der fünfzehn Meter tiefer steht. Es reicht, kein Meter zu viel. Der Kompressor legt los. Zunächst werden wir enttäuscht: Der Bohrer zittert wie eine Sardine, hat aber keine Kraft. Das reicht gerade mal, um eine Flechte zu entfernen. Wenn ich dagegen die Dicke der Schuppe sehe … Außerdem geht der Kompressor aus, sobald man ein bisschen Druck macht. Ich zweifle, ob das klappt. Schon male ich mir in Gedanken radikalere Alternativen aus: eine Injektion Ketamin, Zug mit Gewalt durch die Paillardet-Winde und ihr Stahlseil. Was wird das bloß geben? Wir werden ihm das Knie kaputt machen. Und warum reißen wir ihm nicht gleich das ganze Bein aus, wenn wir schon mal dabei sind? Ich sehe bereits die Schlagzeilen in der »Dauphiné Libéré«: »Après les Dents de la Mer, Les Dents de la Montagne«, nach den Zähnen des Meeres die Zähne der Berge, in Anspielung auf den französischen Filmtitel von Steven Spielbergs »Der weiße Hai«. Und weiter: »Einem bewusstlosen Alpinisten wird von einem Riss das Bein ausgerissen!« Das muss natürlich unbedingt vermieden werden, das ist nicht professionell.

»Filou, gib mal Vollgas bei deinem Kompressor. Hier läuft nichts.«

»Ich bin auf der höchsten Stufe«, antwortet Filou.

Tintin lässt nicht locker, er versucht es aus allen möglichen Winkeln. Ich beobachte ihn, nicht gerade überzeugt davon, und warte auf den Moment, in dem er sagen wird: »Das kotzt mich an! Dieses blöde Miststück.«

Aber plötzlich gibt es einen Knacks, die Gneisschuppe, die das Knie einklemmt, zerspringt. Tintin klemmt sie zwischen zwei Finger und zieht sie heraus. Geschafft! Wie durch ein Wunder hat sich die ganze Schuppe gelöst.

Tintin lässt sie hinunterfallen und schaut mich dabei fröhlich und mit einem Leuchten in den Augen an. John bewegt sein Knie und zieht es mit bestürzender Leichtigkeit an. Die Erlösung. Ich spüre, dass er in der Narkose schwimmt, jener der Erleichterung vermischt mit der des Morphiums. Tintin singt aus voller Kehle, als hätte er ein Tor im Finale geschossen. Er ist noch zufriedener als der Australier.

»Habt ihr das gesehen, Jungs! Doc, du kannst deine Sachen einpacken. Die brauchen wir heute nicht mehr. Es ist erst Mitternacht, und du kannst in den Urlaub abhauen!«

Das steht fest, ich werde in Urlaub fahren!

Epilog

Diese Straße nimmt einfach kein Ende. Wenn man zum Plateau d'Assy hochfährt, folgt eine Kurve der anderen. Es ist Herbst, und es regnet. Ich komme von einer Expedition zurück, die ungewöhnlich war, aber heiter. Ich brauche diese Pausen am anderen Ende der Welt, um die Maschine wieder in Gang zu bringen und mich von der Last der Bereitschaftsdienste zu befreien, die sich in meinem »moralischen Schlupfwinkel« ansammeln. Der Ratna Chuli ist ein herrlicher Gipfel. Wenn man den Höhenangaben vertraut, die sich je nach Karte deutlich voneinander unterscheiden, dann ist er etwa um die 7000 Meter hoch. Im Gegensatz zum ersten Gipfel, den wir versucht haben, haben wir diesen bezwungen. Außergewöhnlich gute Wetterverhältnisse, ein wunderbarer Blick über das tibetische Hochland, Erinnerungen, die sich mir für immer ins Gedächtnis eingegraben haben.

Wie gewöhnlich musste ich mich mit den ewigen Problemen der Expeditionsmedizin herumschlagen, meistens in Verbindung mit der Akklimatisationsphase. Nichts Schlimmes diesmal. Nur ein Höhenlungenödem im Basislager. Wir haben es mit Bravour behandelt, dank der entsprechenden Medikamente, die ich mitgenommen hatte, und vor allem dank des Certec-Bag, einer mobilen Luftdruckkammer, die wir immer dabeihaben.

Als wir nach Kathmandu zurückkehrten, nützte ich einen freien Tag, um Khando zu besuchen. Ich hatte ihr meinen Besuch nicht angekündigt, für den Fall, dass ich vielleicht doch nicht hätte kommen können, und auch, um sie zu überraschen. Anne, die ich rasch gefunden habe, war schwanger. Sie war eine völlig andere Frau! Ich hätte sie fast nicht wiedererkannt, als sie am Eingang des buddhistischen Bodnath-Tempels in Kathmandu, an dem wir uns verabredet hatten, auf mich zukam. Sie brachte mich zu Khandos Schule, der Mount Kailash High School, die auf einem kleinen Hügel liegt.

Khando kam auf mich zu, mindestens ebenso eingeschüchtert wie glücklich, und ein wenig steif in ihrer Schuluniform, die aus einem grünen Pullover mit V-Ausschnitt, einem grauen Faltenrock, einer weißen Bluse mit kurzem Kragen und einer schief sitzenden, schmalen schwarzen Krawatte besteht. Das ganze Ensemble war nicht neu, roch aber gut nach Waschmittel. Wir haben uns herzlich umarmt. Danach wussten wir nicht so recht, was wir sagen sollten, und so bekam ich eine Führung durch die ganze Schule. Das war sehr nett.

Ich war beruhigt. Khando weinte ein wenig, als ich wieder ging, aber ich wusste, dass es ihr gut geht. Ich weiß auch, dass sich früher oder später alles finden wird. Ich bestehe darauf, dass sie sich besonders in Englisch anstrengt. Ich erkläre ihr, dass sie, wenn wir uns noch ein wenig gedulden, öfter in die Schule von Taconnaz kommen kann. Ich weiß nun auch, dass sich Khandos Aufenthalte in Frankreich zukünftig dank der tibetischen Schule leichter organisieren lassen.

Ich parke im großem Parkhaus der Reha-Klinik auf dem Plateau d'Assy. Ich bin ein wenig zu früh dran. Das Spektakel in der Empfangshalle zeigt mir gleich, wo ich bin. Zwei Jungs im Rollstuhl unterhalten sich am Fahrstuhl, ein müdes Mädchen träumt vor der Glasscheibe und raucht dabei eine Zigarette. Sie hat einen Infusionsständer an der Leine, der ihr einziger Gefährte zu sein scheint. Eine Großmama schleppt sich mit kleinen Schritten über den Gang und wird dabei von einem bärtigen Jungen gestützt, der einen weißen Kittel trägt. Ich frage an der Rezeption nach der Zimmernummer, die mich interessiert, und gehe in den zweiten Stock. Ich nähere mich der Tür und zögere ein wenig: Wie werde ich ihn antreffen? Ich habe einerseits so wenig, andererseits so viel zu erzählen. Seltsamerweise habe ich ein wenig Angst. Ich atme tief durch und klopfe dann an die Tür.

Jarvis sitzt in aller Ruhe in einem Sessel beim Fenster und hat ein Buch auf den Knien. Nie hätte ich ihn wiedererkannt. Einen Moment lang frage ich mich, ob ich im richtigen Zimmer bin. Dieser Typ war tot: Wie hätte ich mir auch vorstellen sollen, dass dieses Gesicht einen Ausdruck, eine Identität haben könnte? Er schaut mich ruhig und fragend an. Ich werde ihm wohl seine Geschichte erzählen müssen … unsere Geschichte!

MALIK

Andy Cave

Ins Licht

Aus den Kohlegruben Englands auf die Gipfel der Welt. Aus dem Englischen von Ulrike Frey. 400 Seiten mit 16 Seiten Farbbildteil. Gebunden

Grimethorpe, die Hochburg des Kohlebergbaus, bekannt aus Filmen wie »Ganz oder gar nicht« und »Brassed off«: Wie schon sein Großvater und sein Vater arbeitet Andy Cave seit seinem 16. Lebensjahr in mehr als 1000 Meter Tiefe. An den Wochenenden schafft er sich den nötigen Ausgleich durch erste Klettertouren. Immer mehr entfernt er sich von den anderen, die in ihm wegen seiner Passion einen Spinner sehen. Doch Cave vollbringt das Außerordentliche: den Aufstieg an die Spitze der internationalen Bergsteigerszene. Nach den Alpen, wo er mehrere neue Routen legt, zieht es ihn in den Himalaja; dort bezwingt er elf der schwierigsten Gipfel. 1997 gelingt ihm in einer Vierergruppe die erste Besteigung des Changabang über die gefürchtete Nordwand. Dann aber reißt beim Abstieg eine Lawine seinen Freund Brendan in den Tod.

02/1080/01/L

MALIK

Alexander Huber

Der Berg in mir

Klettern am Limit. 320 Seiten mit 32 Seiten Farbbildteil. Gebunden

»Alexander Huber hat die Zinnen-Direttissima, nur mit einem Magnesiabeutel und Kletterschuhen an den Füßen, free solo geklettert. 500 Meter absolute Exposition, ohne Sicherung und Rückzugsmöglichkeit, eine geniale Tat, die an Eleganz kaum zu überbieten ist.« (Reinhold Messner)
Seit über zehn Jahren brechen die Huberbuam am Berg gemeinsam Rekorde. Jetzt erscheint die Autobiografie von Alexander Huber, in der er Erfolge und Rückschläge thematisiert, Konflikte offen anspricht und die eigenen Grenzen auslotet – er, der mehrere spektakuläre Routen im Fels eröffnete, dessen Kreativität und Durchstiegswille faszinieren und dessen Risikobereitschaft immer wieder aufs Neue schockiert. Offen spricht er über Verantwortung, jüngste alpine Trends und darüber, wie die Zukunft des Bergsports zu schützen ist.

02/1078/02/R